社会工作
常用技术教程

王丹丹　邓明国◎编著

中国社会出版社
国家一级出版社 · 全国百佳图书出版单位

图书在版编目（CIP）数据

社会工作常用技术教程 / 王丹丹，邓明国编著
. —北京：中国社会出版社，2021. 9（2023.11重印）
ISBN 978-7-5087-6605-8

Ⅰ. ①社… Ⅱ. ①王… ②邓… Ⅲ. ①社会工作—技术培训—教材 Ⅳ. ①C916. 2

中国版本图书馆 CIP 数据核字（2021）第 173887 号

书　　名：社会工作常用技术教程
编　　著：王丹丹　邓明国

出 版 人：浦善新
终 审 人：李　浩
策划编辑：金　伟
责任编辑：陈　琛

出版发行：中国社会出版社　**邮政编码**：100032
通联方式：北京市西城区二龙路甲 33 号
电　　话：编辑室：（010）58124836
销售部：（010）58124864
传　真：（010）58124846
网　　址：shcbs. mca. gov. cn
经　　销：各地新华书店

中国社会出版社天猫旗舰店

印刷装订：北京虎彩文化传播有限公司
开　　本：170mm×240mm　1/16
印　　张：16. 5
字　　数：253 千字
版　　次：2021 年 9 月第 1 版
印　　次：2023 年11月第 2 次印刷
定　　价：80. 00 元

中国社会出版社微信公众号

目　录

前　言

社会工作帮助个人提升社会功能、解决或预防问题的产生，需要一个连续的、有目的的改变过程。本书将改变过程从逻辑上划分为几个阶段：从第二章到第七章分别介绍了社会工作的三个助人过程。每个人都与周围的事物发生着联系，而在相互交互的过程中，人们必然会沟通。同样，社会工作者要帮助人们预防和解决社会问题，必然会与服务对象本人乃至相关的所有系统发生互动和沟通。因此，沟通贯穿在整个社会工作助人过程中。

(1) 社会工作助人关系的建立是一个过程

助人关系被看作是社会工作实现助人目标的灵魂。社会工作者作为改变系统中的要素之一，充当协助服务对象改变现状的媒介，而要有效地协助服务对象改变，就要在前期与服务对象的接触过程中建立一个良好的专业助人关系。社会工作者能够通过良好的助人关系与服务对象讨论如何处理困难或解决问题。

(2) 改变是一种过程

改变不是一种突变，而是由量变到质变的过程，是服务对象逐渐形成自我改变意识的过程。社会工作者促使服务对象在自我觉悟、自我引导和自我行动中教育和改变自己。同时，改变是一个内部的系统的过程，改变必须从系统内部开始，服务对象有了改变的动机，社会工作者才能与服务对象一起发现需求、分析问题、采取行动。

第二章介绍了人类沟通的相关内容，例如沟通的定义、沟通的形式、有效沟通等，希望拿到本书的人能够了解并学习有效的沟通技能，以运用在服务过程中。

第三章主要介绍作为一个社会工作者，我们如何与服务对象建立关系，如何协助服务对象说出自己的故事。关系建立的技巧是社会工作服务的核心要义，如果社会工作者不能同服务对象建立起信任友好的专业关系，就不可能有接下来的工作，有效助人就成为空谈。与服务对象建立和保持良好的专业关系也需要技巧，除了基础的沟通技巧以外，还包括真诚和有同理心的回应技巧，表现对案主的温暖和关怀的技巧，这些技巧都会在本章一一向大家说明。

第四、五、六章是社会工作助人过程中的第二阶段，分别是探索阶段和洞察阶段，回答案主正面临什么样的需求，他最紧迫需要解决的是什么。在探索阶段，首要的是专注案主的言语和非言语行为，并仔细倾听案主讲述的每一件事情，社会工作者通过肢体行为的关注和仔细倾听来了解案主需求。其次是了解案主的想法以及鼓励案主进行情感的探索、情感反应和自我探路，这些在本阶段经常会被用到。探索的重要性在于服务对象有机会表达他们的感觉，也能思考他们面临的复杂问题。这时，社会工作者犹如一面镜子，因为社会工作者在这个时候会允许案主透露自己，并且当察觉到社会工作者的认真倾听时案主会更容易主动表达自己和发现自己的问题。当服务对象开始思考自己的问题时，常常会被自身的防御和焦虑卡住，像在绕圈子，而不是洞察和作出改变。此外，探索阶段让社会工作者有更多的机会了解他们的服务对象。在建立关系阶段，社会工作者也许不能在一开始就知道案主的感觉和问题所在，所以在洞察阶段的目标是强化察觉。在洞察阶段，社会工作者与案主一起致力于了解他们自己的想法、感觉和行为，并协助案主对问题的来源能有所觉察，并处理治疗关系的课题，使个案案主拥有适当的责任感和控制感。洞察之所以重要是因为可以帮助个案案主从崭新的观点来看问题，重新认识自己，所以洞察能够提升服务对象自我了解的程度，让他们能够负起责任并有效控制他们的问题。

第七章是介绍社会工作助人过程中的行动阶段，在这一阶段，需要思考的是采取什么样的行动才能够达成目标。行动阶段的整体目标是帮助案主探索如何进行改变的想法，然后实行行动的计划。这个阶段的主要技巧包括行为语言、开发社会支持等内容。必须要提出的是，在行动过程中每一步行动都需要许多技巧的配合、实施。

以上介绍了社会工作在助人实践过程中的几个阶段，每个阶段在干预过程中都是非常重要的，良好的专业关系有助于我们探索案主的想法，而深入的探索有助于案主获得自我觉察。当案主有了自我觉察以后，就为他的自主行动做好了准备。这是一个相互影响的过程，当案主作出决定的时候，也能够更加激发案主在其他问题上的探索、觉察，形成一个有益的循环。当然，本书技巧不可能解决助人过程中遇到的所有问题，也不是机械地将所有问题解决方案固化，更像是提供一张地图，为社会工作者提供方向和引导。因此，它只能作为助人过程中的路标，而不能将其看作是社会工作实务活动的全貌。在实际工作过程中，社会工作者应该根据实际情况调整工作过程，运用学会的知识和技巧来弥补抽象模式的不足。

《社会工作常用技术教程》从2019年开始编写，历时3年完成，中间得到很多人的帮助和支持。其中，重庆市社会工作中心的项目主任黎键对本书贡献最大，她参与了本书编写的全过程；重庆市冬青社会工作服务中心的胡玲对本书亦有贡献；在校对阶段，得到了2019级在校生黎雅洁、谢林君、闫红娟、吴思洁的帮助，在此一并表示感谢。

第一章　社会工作助人技巧概述

引　言

小宇从小生活在一个幸福的家庭，父母都很关心和疼爱他。然而，在他小学四年级的时候父母离婚，家庭发生了变故。他无法接受这个打击，开始辍学、吸烟、打架，认识了很多社会不良青少年，在一次抢劫中被公安机关逮捕，最后被法院判决社区矫正。从此，小宇一蹶不振，断绝与外界联系，对生活、学习失去兴趣。在小宇被判社区矫正后，司法所所长将小宇转介给社工小王。社工小王引导小宇宣泄情绪，并厘清其非理性信念，让小宇在这个过程中感到被关怀、被支持，逐渐可以在社工会谈中表达恐惧、孤独以及失落感，并在社工帮助下重返学校。

如果你有助人意愿帮小宇，想了解社工助人过程中用了哪些技巧和方法，本书能够帮助你。一方面，为社工提供协助服务对象学会沟通、发现自我，并在服务过程中学习促成改变的技巧；另一方面，帮助对社工感兴趣的人思考我们在助人过程中采用哪些核心技术和工具。

第一节　社会工作助人技巧概述

本章是社会工作技巧的简介，介绍社会工作技巧与价值理念的关系以及社工在使用社会工作技巧时应该遵循的价值理念。

每个人在成长过程中可能面临挑战和困难，有些困难是个体缺乏对自己所处环境的正确认识，有些困难是因为个体情绪和行为方面的困扰所引起的。例如，留守儿童缺乏父母关爱，对自己的兴趣、个人特征缺乏自我了解和未来希望选择辍学，而后在社会上迷茫彷徨。还有大学生毕业时就业不顺利而灰心失意，不知所措，对未来生活产生恐惧。

每个人在生活中都会因为面临困境和危机产生压力，一般人会用自己习惯的方式缓解压力。如果自身习惯的方法不能解决会向身边的人求助，如父母、朋友、同学；或者向专业人士求助，如律师、医生、心理咨询师、社工等，专业人士会根据专业训练去帮助他们解决困难，专业性助人工作由此产生。

一、什么是专业助人工作

任何人都离不开他人的帮助，也必须帮助别人。从这个意义上讲，每个人都既是受助者，也是助人者。专业助人工作是指由专业人士为个人或群体提供物质或者观念上的帮助，使得个人或群体可以解决问题、减轻痛苦或增强能力以满足个体成长需要。专业助人工作一方面强调助人者价值，即发挥了其帮助受助者的主观能动性；另一方面强调受助者在此过程中不会因此失去尊严和对生活的掌控。实际上，助人者是一个较为广泛的群体，他可以是家人、朋友，也可以是心理咨询师、教师、医生等专业的助人工作者。

美国芝加哥大学伊根（Gerard Egan）教授把助人者划分为四个等级。当我们遇到问题或感觉到困难时，给我们提供帮助的亲友、同事甚至是陌生人，都是四级助人者；帮助我们的医生、教师、上司等为三级助人者；指引我们的牧师、神父等为二级助人者；为我们提供专业帮助的心理医生、心理学家和社工为一级助人者。四级、三级、二级助人者为非正式助人者。伊根教授认为：世界上到处都有非正式的助人者，所以这世界充满了爱。但遗憾的是，他们中的绝大多数都没有接受过助人的专门训练，因此，常常效果不佳或事与愿违。作为一级助人者，专门处理人的社会、心理等问题的专业人员，必须接受专业知识学习和技能的训练（Gerard Egan，1993）。[①]

本书中的助人者主要是指一级助人者中的社工。在现代社会，特别是

① 蔡昌淼．社会工作理论对大学生思想政治教育工作的启示［J］．中外企业家，2007（01）：88-91.

20世纪80年代以来，社会工作已经成为专业化的解困救难手段。社会工作作为一种重要工作，发挥着解决社会成员的困难、维持社会秩序的功能①。社会工作专业服务的提供者，在评估人们需求、改进社会服务、协调利益关系、落实社会政策、化解社会矛盾、增进社会和谐、推动社会进步等方面发挥着越来越重要的作用。

二、社会工作技巧的含义

我们在工作中经常会遇到一些服务对象，看上去他们的问题很多、很复杂，比如下面这种情况。

（案主：女，35岁）我与孩子他爹结婚之后，他就整天在外面鬼混，喝酒，工作的钱也不怎么给我们，现在孩子长大了，要读书，马上要交学费了，我找他要钱，他还抱怨我说我一天在家里只知道用钱。去年开始，孩子也不怎么听话，每天都在外面上网打游戏，学校为此请家长都请了两回，回家也是把自己关在家里，不知道在做什么。我想出去找个工作或者赚点儿钱吧，可是婆婆总觉得这样很丢人，有时候过年回娘家，娘家人觉得你既然嫁出去了，有些事情不是他们不想管，想管也管不了。我们现在就靠低保过日子了，他爹一天还在外面打牌，有时候输了回来还要对我发脾气。这样的日子真的不知道什么时候到头……

如果在社区做社工，我们会发现这样的事情并不少见，一般居民能解决的问题，他们都会自己解决，之所以寻求社工帮助，就是因为他们面临的问题都很复杂，案主的情绪也比较乱。而这时，有些社工会帮助案主先整理问题，确定改变的方向；有些社工会帮助案主从消极的情绪里面走出来，对未来恢复乐观的希望；有些社工会去案主家里做家访，调查事实到底是怎样的，会不会有夸大的成分。先做什么，后做什么，怎么做，只要是在法律和专业伦理允许的范围内，都是属于工作者自己判断的范围内。而如果我们问一个工作者为什么要这么做，许多工作者会告诉我们一个背后的理论支持（比如任务中心模式、理性情绪理论，等等），但也有工作者会告诉我们：

① 徐永祥．论现代社会工作在和谐社会中的建构功能［J］．学海，2005（01）：53-56.

我遇到过很多这种个案，经验上来讲一般都是这样，至于为什么可能也说不太清楚。

这种说不清楚的东西，我们就称之为“技巧”。有些时候我们看一个工作者对案主的情绪和困境束手无策，但另一个工作者三言两语就能澄清案主的问题；有的工作者千方百计难以理解案主，另一个工作者很容易就获得案主的信任。而我们问他的时候，可能他也说不出所以然，这种说不出的东西，就是技巧。那么，如何界定技巧，到底有哪些技巧，怎么学习这些技巧？

首先，技巧界定。社会工作技巧产生是因为要解决非常复杂、不可预测和困扰人类经验的因素，需要构建自己的技能“工具箱”，以推进助人活动[①]。有的强调技巧是一种方法或能力，例如 Barker 认为技巧是善于运用技艺、知识、才能、性格或其他的资源的方法（Barker，1991）[②]。与此同时，也有学者指出技巧是社工运用策略以实现社会工作的目的的能力（Smalley，1967）[③]，工作员在既定的时间且有特殊目的的情景下，所采用的一组行为或职务，是行动的知识（Henry，1991）[④]。有的强调技巧是实践的组成部分，它把知识与价值观结合起来并转化成关怀与满足需求的行动；抑或是一种引导实现特殊目标或活动的组织行为（Johnson，2004）[⑤]。

本书认为，社会工作技巧是将社会工作知识转化为有效介入个人、家庭、团体与社会的能力。也就是说，知识是死的，我们将知识运用出来，成为改变案主（个人、家庭、小组）和社区的能力，这种过程以及结果就是技巧。这也回答了前面的问题，为什么技巧是说不清楚的，因为工作者对知识进行了“个人化”，而每一个个体不同，所以个人化产生的技巧也就不同。

其次，社工包含哪些具体技巧。有的学者提出的技巧包括：有效的沟通、评估问题与服务对象工作的能力、连接需求与资源、发掘资源与改变

---

① ［英］特里维希克．社会工作技巧 实践手册 第二版［M］．上海：格致出版社，2010.

② Barker，M.，Child，C.，Gallois，C.，Jones，E. and Callan，V. J.（1991），Difficulties of Overseas Students in Social and Academic Situations［J］．Australian Journal of Psychology，43：79-84.

③ 隋玉杰．个案工作（第二版）［M］．北京：中国人民大学出版社，2019.

④ 隋玉杰．个案工作（第二版）［M］．北京：中国人民大学出版社，2019.

⑤ 隋玉杰．个案工作（第二版）［M］．北京：中国人民大学出版社，2019.

社会结构（Barker，1991）[①]。全美社会工作者协会列出了社会工作者必备的12项技巧：

（1）有目的地倾听；要听懂说话者的话，并让他感受到你的理解。

（2）引导出信息并整理相关事实，据以了解案主的社会经历，准备进行预估与报告。

（3）创造并维持专业的助人关系。

（4）观察并解析案主言语与非言语的行为，以及运用人格理论与诊断方法的知识[②]。

（5）鼓励案主（包括个人、家庭、团体和社区）靠自己的力量解决自己的问题，并获得信任。

（6）针对敏感的情绪问题进行支持性，但不具有威胁性的讨论。

（7）以创新的方法解决案主的需求。

（8）决定在终结治疗关系上需要做哪些准备工作。

（9）带领进行研究或者分析研究和专业文献的发现。

（10）在冲突的各方协调。

（11）提供机构之间的联系服务。

（12）根据技巧对不同案主的适用性来运用技巧和方法，并通过分析与沟通，让服务资助方、群众或立法者了解社会的需求。

上面给出的内容更像是一个技巧清单，而在我们能阅读到的文献中，多数文献是以服务的不同阶段（准备、预估、制订计划、服务实施、评估、结案）来归纳技巧的，但这样做有一个问题，就是在事实上把技巧局限在了个案工作的范围里面，对小组和社区活动的技巧仅仅作补充性的介绍。所以，本章在这个基础之上，以个案工作、小组工作、社区工作的维度重新归纳服务技巧，着重介绍个案面谈技巧、小组游戏和讨论带领技巧、社区活动的策划与执行技巧。但要提醒的是，这些技巧内容并不能涵盖社会工作技巧的方方面面。例如在此之外还存在工作者的自我认识和探索的技巧，这同时也是工作者必须具备的素质。我们很难想象一个工作者

---

① Barker, M., Child, C., Gallois, C., Jones, E. and Callan, V. J. (1991), Difficulties of Overseas Students in Social and Academic Situations［J］. Australian Journal of Psychology, 43: 79-84.

② 韩晶．流浪乞讨人员救助管理中的社工介入研究［D］．山东大学，2008.

可以真诚地面对案主沟通，但在沟通结束之后却立刻在电话里对机构大发抱怨。

最后，如何学习技巧。Cournoyer（2008）认为技巧是指一组独立且具体的认知与行动，它源于社会工作的知识、价值观、伦理与义务；符合能促进行为改变的特质；在阶段性实务工作的脉络下，符合社会工作的目的。这个定义回答了技巧的来源和内涵，也就是说，虽然每个人对技巧的个人化程度有差别，但并不代表技巧的学习方式是不能交流的，这也是我们学习本章乃至本书的原因①。

西奥多森等（Theodorson，1969）给出一个比较全面的学习建议。他认为社会工作技巧是通过学习发展出来的、复杂而有组织的行为系统，它指向一个特殊的目标，或以一个特殊的活动为中心。这一定义包含三层含义：一是有组织的行为，即它由不同的行为要素组织而成，如图 1-1 所示是在特定情境中产生的行为，社工运用所学的理论、知识、技术、方法，经过不断的学习、训练而进行的助人实践过程；二是它以一个特殊的活动为中心，即它有一个特定目标，使用相关技巧的主要目的在于帮助服务对象缓解或消除困境，满足服务对象自身发展的需要；三是它是通过不断学习发展而来②。不难理解，这个关于社会工作技巧的论述强调行为系统和实践要素两个方面。其中，行为系统就是指特定的言语和非言语应该如何操作；而实践要素包括特定情境、价值理念、个性特征。理论知识是在讲授的基础上根据自身的成长经历而去不断思考、内化、修正。

三、社会工作技巧在助人实践中的重要性

社会工作技巧对于专业实践的重要性其实不需要多说，当我们看到资深的工作者和督导们能够用另一种眼光和方法看待案主和社区问题并采取不同的服务行动的时候，便会明白技巧可以大大提高我们的服务效率和服务质量，尤其是取得案主的信任。但除此之外，我们对社会工作技巧的认识还应该有所提升。

---

① Cournoyer，Barry. 社会工作技巧手册［M］. 朱孔芳，杨旭，丁慧敏，译. 上海：华东理工大学出版社，2008.

② 王思斌. 社会工作概论（第三版）［M］. 北京：高等教育出版社，2004：100-101.

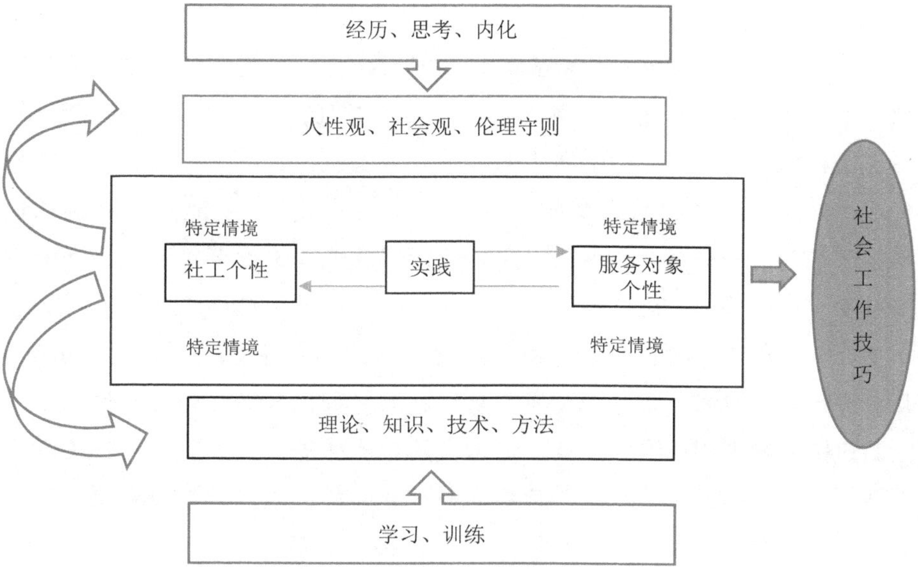

图 1-1　社会工作技巧学习过程

（一）社会工作技巧是价值观和知识的结晶

首先，与其他的知识性学科不同，社会工作专业强调对人的改变，同时也相信人的改变，相信人的价值和自我选择，这一切的信念被称为社会工作的价值观和伦理，也就是我们对个人和社会有一个“应然”的理想。同时，社会工作者对个人和社区的改变要遵循一定的理论和方法，而其中很多的理论和方法都有经验依据，这些是“实然”的描述。所以，技巧不仅仅是来自“实然”的知识，也来自“应然”的伦理。举个例子，当我们在服务过程中意识到案主人格上的一些严重的缺陷（例如，案主总是抱怨别人、夸大事实，却从不改变自己的观点），工作者是否应该立刻告知案主这些“实然”的观察结果？也就是说，工作者是否可以“真诚地”回复：“你怎么每次都在抱怨你的丈夫和孩子，却从不看自己的问题呢？”一般的答案是否定的，因为我们需要去评估告知后可能会对案主造成的危害以及对专业关系的影响，也是出于不伤害案主的伦理需要。而在这个时候，如何引导案主进一步认识自己的缺陷并使案主自己产生改变的意愿，这就需要工作者运用技巧了。所以，社会工作技巧是专业价值观和专业知识的结晶。

（二）社会工作技巧是专业能力的直接体现

另外，一个人评价工作者的能力如何，一方面是看工作者是否取得资格证书和他的工作资历，但具体而言，我们是通过在一个具体的服务中，看工作者如何展现将知识个体化的技巧来评价工作者的工作能力的。就好像面对同样的或者相似的案例，有的工作者三言两语就能发现问题的症结，有的工作者却需要花很久时间，这背后反映了工作者是否运用了恰当的技巧，也直接地体现了工作者的专业能力。另外，社会工作者在机构正式工作的过程中，会享有培训和交流的权利，当我们出去参加不同的培训班、工作坊的时候，常常是去体验某种新的服务模式或者技巧，这些不仅来自讲师对知识的研究和呈现，也来自培训团队的实践经验。而作为学员的我们，一方面要去体验这些技巧的原理和内涵，另一方面也需要把这些技巧应用到我们的机构和服务领域当中，再一次进行“个人化”。也就是说，我们在专业学习和实践的过程中也是在不断培养自己的能力，形成自己的“服务风格”，真正地活用这些技巧。

（三）社会工作技巧是专业能力的本质触动“改变”

在工作过程中，合理地使用技巧在服务对象改变过程中具有“催化”的效果。首先，提供情感支持和情绪舒缓。其次，促进服务对象自我觉察，即服务对象开始以新的方式认识自己。再次，帮助服务对象看到自身的价值和希望。最后，帮助服务对象学习生活技能，增强适应社会生活的能力。

练习

我的困扰

- 我觉得我什么事情都做不好，尤其是与别人比较起来，我更觉得我一无是处。
- 上学对我来说是件痛苦的事情，坐在教室里听不懂又不能睡觉，实在是太难受了，但是没有学历什么都做不了，难道我就只能这样痛苦下去吗？
- 面对我的父母，我很矛盾，他们爱我，为我付出一切，所以我只好遵从他们的意愿做他们希望我做的事情，其实我对此有点怨恨，我是不是很不孝？

● 现在的婚姻是很脆弱的，外面环境那么复杂，诱惑那么多，总是担心自己的配偶有外遇，什么保证、承诺都没有用。

● 人活着究竟有什么意义，一大堆的规范，数不完的责任，到底是要为自己活还是为别人而活？

● 都说家是避风港，但是我的家就是一个战场，我想逃出去……

上面列举了一些例子，你可以思考现在令你困扰的一些事情并写出你自己的问题、不满与挫折，尽可能地去写。

第二节　社会工作技巧与价值理念

虽然社会工作技巧学习至关重要，但价值观是社会工作服务成效的核心，社工所秉持的信念融合在服务中并且能够影响服务对象。社会工作的宗教起源和它的社会福利制度的密切关系，决定了社会工作是一种以价值为本的专业①。作为社会工作的灵魂，价值的重要性不仅在于它界定了社会工作的目标和意义，还在于它界定了社会工作的技巧和方法，机构的项目、目标以及社工的行为和态度②。总之，价值贯穿社会工作实践始终。

一、社会工作技巧与价值理念的关系

对于一般初学者而言，很容易把社会工作技巧等同于促进面谈和介入的技巧，例如如何布置个案会谈室、在态度和仪表上如何增加服务对象对社工的信任、如何与服务对象进行有效沟通等等。表面上看，这些都是可以在经验层面上直接观察到或在课堂上能学习到的技巧，也可以通过服务对象的反馈评估技巧运用的适切性。由于这些技巧本身的表述很明确，加上其结果和效能在某种程度上有一定的操作规范，这些技巧类似其他学科或者活动所言的技术层次，而不用牵扯社工的主观想法，社工只需要客观

---

① 黄耀明．传统文化与社会工作价值观的本土化［J］．漳州师范学院学报（哲学社会科学版），2006（03）：40-44.

② 任丽红．社会工作与积极性社会救助制度的建构［J］．社会工作，2007（03）：29-31.

地掌握相应的知识，便可以正确地应用这些技巧了[①]。从这一角度来看，由学习相应的知识到技巧的运用，是属于从一个事实层次到另一个事实层次的过程。在实际的教学过程中，有关社会工作技巧的传授和运用并非如此。

本书强调在理解和使用社会工作技巧时，要清楚技巧和价值理念之间的关系。高登斯坦（H. Goldstein）是这样来说明价值和社会工作技巧的关系的："价值是社会工作技术的源泉，是对某些人进入某种职业的动机和社会工作与服务对象互动关系的特征、关系的解释。总之，在社会工作的结构中，价值被置于重要的战略地位。"（H. Goldstein，1973）[②] 狄姆斯（N. Timms）说："价值不仅一直被看作是代表社工的庄严的偏爱，而且也是社会工作技术的源泉。"（N. Timms，1983）[③] 英国社会工作协会在讲到社会工作任务时也指出："技术产生于价值"，但是他并没有指出产生的形式。伯恩斯坦（S. Bernstein）在对群体工作的讨论中，明确指出群体工作的方法和技术与价值的关系。他说除非价值被界定、被评估和被实施，否则事情就是瞎搞。价值给予它以见识、眼光和辨别力。没有实施方法的价值将是不幸的价值。价值、方法、技术是互动的，服务对象和工作者可以互相学习，价值就是这个互动过程中的组成部分[④]。

从对价值和技巧关系的这些看法可以知晓，价值是技巧的基础，技巧是价值的具体展现，二者都是社工的服务中重要的组成部分，缺一不可。

二、技巧使用限制：文化价值与价值的实用性

价值是文化的核心，而文化是一个更加开阔的现实世界。一个较大的文化图像是：共同的信念、假设与价值，相互作用产生的规范，驱动着共同的行为模式。当然，文化这个名词通常并不运用于个体，而是运用于家庭、组织、单位、社群当中。然而，社工通常直接服务的是个体或者家庭这样的小团体，因此，当我们把一个基本的文化架构放到个体的角度上，

---

① 乔世东．论社会工作技巧的道德基础［J］．社会科学辑刊，2009（03）：39-41.

② 蒋荣华．从社会控制到人道主义——社会工作价值观的转型［J］．社会，2004（11）：34-36.

③ Timms N. Social Work Ethics Values：An Enquiry［M］. London. Routledge & Kegan Paul，1983.

④ 王思斌．社会工作概论（第三版）［M］．北京：高等教育出版社，2004：42-43.

它将是这样的：

（一）文化、个人文化和价值

1. 在整个生命过程中，个体发展出关于自己、他人和周围世界的假设与信念。例如，一个从小被周围人群忽略、剥削和虐待的人，往往会认为这个世界是暴力和无情的。

2. 价值是是非对错善恶美丑的判断标准，是在人生中主动或被动学会的。例如，一个社工在进行服务的时候，所秉持的价值观受学校中所受教育以及职业伦理约束。

3. 假设和信念、价值相互作用，产生了规范——也就是，在我们内心中所认为的“该做的事情”和“不该做的事情”。例如，遭受过创伤后压力症候群痛苦的服务对象，会有“不要相信人们，否则你会受到伤害的信念”。

4. 这些规范成为了内在和外在的行为模式，而这些行为模式就如往常一般，构成了个人或个体文化的基线——我的生活方式。例如，小宇和其他人在一起的时候，他总是保持在一种高度警觉的状态，当他受不了自己的紧张状态，就会选择逃避或者暴力来解决这种压力。

个人的文化并不是在一个真空状态下发展出来的，人们所发展的信念、假设和价值深受所处环境的影响。在任何特定的文化中，人们将所在环境的文化信念、价值和规范加以个人化。也就是说，在同一文化中的人，会以不同的方式调适这些信念、价值和规范（Massimini 和 Delle Fave，2000）①。个体文化不是团体文化的复制品，即使生活在相同的文化背景中，个体文化之间的差异也是非常大的。社工在介入服务对象的问题时，会了解服务对象的文化背景和个人的文化。

（二）价值的实用性

价值不只是理想，也是作决定的适用标准。它是行为的驱动力。每个人都有自己的文化价值理念，社工也一样，我们将社工在工作中的价值体系称为工作价值。工作价值可以帮助社工决定如何帮助服务对象。如果社工没有一套工作价值，就会在开展工作时犹豫不决。文献指出，社工的价

① Massimini, Delle Fave. Individual Development in a Bio-Cultural Perspective [J]. American Psychologist, 2000, 55 (1).

值理念影响服务。举例而言，如果社工认为所有的男人都应该外出做一份高收入的工作，这可能无意地使男性服务对象不敢选择做“家庭煮夫”。价值观对于助人行为的影响是微妙的，有时候一个无心的非言语行为，像是某个特定时刻的微笑或者点头都可能影响服务对象的行为，因此，身为一个专业的助人工作者，反思并经常留意自己的行为价值是非常重要的。

三、使用社会工作技巧时应遵循的价值理念

社会工作价值观不同于个体的价值观，也不同于一般的社会价值观，它是社工专业共同认同的价值偏好，代表着整个专业团体内部对社会正义、服务、个人价值与尊严、人类关系重要性、社会团结等一般看法以及对专业活动标准的认定①。同时，社会工作价值观对社工与服务对象、社工和服务机构以及社工同行之间的关系进行了详细的规定，决定了专业工作者在特定情形下采取的工作手法与干预策略。

在社会工作领域，专业价值目标包含终极目标和工具性目标。前者主要是关注人类社会的总体福利、整体制度的安排以及社工的重要任务，后者是通过专业行动来实现的具体事务目标。王思斌在《社会工作概论》（第三版）中提到，根据社会工作专业价值的国际普遍性原则，结合中国社会和文化的实际情况，将社会工作的专业价值概括为敬业、接纳、自决、个别化和尊敬人②。本书从社会工作价值观的操作原则出发，将社会工作价值分为基本信念和实践原则两个部分。

（一）基本信念

1. 尊重

尊重的含义不仅仅在于对服务对象保持符合社会文化习俗的理解和称谓，更重要的是要认识服务对象自身的生命价值和基本权利，充分保障他们获得基本的资源和可靠的专业服务的权利，帮助他们解决困难，满足他们生存和发展的需要③。

---

① 李芳，何雪松，童小军，梁建雄．社会工作价值观的本土化［J］．中国社会工作，2017（25）：12-13.

② 王思斌．社会工作概论（第三版）［M］．北京：高等教育出版社，2004：52.

③ 刘培育．逻辑工作者的社会责任［J］．徐州师范大学学报（哲学社会科学版），2011，37（04）：123-125.

对社会工作专业来说，尊重不仅是一种思想上的认知，还是一种道德上的实践。尊重主要体现为社工主动接触，与服务对象沟通过程中保持平等的态度，尊重服务对象表达的观点、意见和决定。

社工可以和服务对象共同分享与服务内容有关的个人感受和经验，以及社会工作专业对有关问题的看法，并尽力提供解决问题的建议。社工不能直接或者间接驳斥服务对象提出的意见或建议，也不应将自身的价值观强加于服务对象，还不应该指责和批判服务对象的言行和价值观，更不能向服务对象发泄自己的负面情绪。

2. 独特性

社工应相信每个服务对象都是独特的个体，都有不同的生命体验、人格特质和潜质。社工要遵循个别化原则，在服务的过程中以服务对象为中心，以个人的问题为处置依据，针对服务对象的差异制订计划、使用不同的技巧。每位服务对象都是一个不同于他人的个体，每个问题都有其特殊性，因此服务技巧的提供也必须遵循特殊的环境背景和情境①。

3. 相信人能够改变

社工坚信人有能动性，具备改变的潜力。社工作为“转变代理”促进改变发生的人，通过人性关怀、心理辅导和治疗、资源链接等促进人的变化和全面发展。这些改变发生的核心是社工对服务对象潜能的信任：相信服务对象可以改变，有能力面对并解决自己的问题。

在社会工作实践中，社工应始终相信服务对象的潜能和能动性，坚信通过专业服务和干预后，服务对象在心理、情绪、沟通技能以及社会适应能力等方面都会获得不同程度的提高，进而可以促进服务对象建立自信，帮助他们提升解决自身问题的能力。②

（二）实践原则

1. 接纳

社工进行专业服务时，不能从是非判断的角度去决定对服务对象的喜恶，而是要追求理解、接受、相信服务对象，视服务对象为“伙伴”。不能因为服务对象的生理、心理、种族、性别、年龄、职业、社会地位、信

---

① 曾秀平．探析肢体语言在社会工作实务中的运用［D］．华中师范大学，2012.

② 滕远．社会工作服务机构的形象塑造研究［D］．湖南师范大学，2010.

仰等因素而产生任何歧视，更不能因为上述原因而拒绝为服务对象提供社会服务①。接纳不等同于认同，它是指社工对服务对象在价值观与个人背景特征等方面的包容，也是建立专业助人关系的重要前提。

2. 个别化

个别化是因人制宜。每个服务对象因为家庭背景、成长经历、生活遭遇等不同，社工应当充分理解服务对象的特殊性，而不是使用固定服务技巧，要充分考虑到服务对象在性别、年龄、职业、社会地位、政治信仰、宗教以及精神或生理状况等方面的价值差异及其与社会主流价值之间可能存在的冲突，尊重个性化的需求，充分挖掘个人潜能②。

3. 非批判

社工应避免用主流社会价值观衡量服务对象，避免指责和批判服务对象的言行与价值观。作为一种专业服务活动，社工应坚持与服务对象一起工作，共同分享对问题和需要的看法，探讨解决问题的策略和方法。在社会工作实践中，“非批判”原则具体表现为社工对服务对象的性格、性取向、生活方式、宗教、政治倾向等不作倾向性的判断，理解服务对象在观念和生活方式上的选择。

4. 保密

社工应当保护服务对象的隐私。未经服务对象同意或允许，社工不得向第三方透露涉及服务对象个人身份资料和其他可能危害服务对象权益的隐私信息。除非在特别的情况下必须透露有关信息时，社工应当向机构或有关部门报告，并告知服务对象有限度公开隐私信息的必要性及采取相关保护措施③。如果在紧急情形下，必须打破保密原则而来不及提出报告时，社工应当提供相关证据并补办手续，以记录必要的工作程序。

这里有三条关于违反保密原则的情形。第一，当社工需要和督导讨论案例，以期成长为一名优秀的社工；第二，当个案向社工透露伤害自己或他人的企图时，在法律上，社工有义务向相关部门透露情况；第三，当个案向社工透露虐待儿童、老年人或是残障人士的情况，社工在法律上同样

① 王玺帏．爱人而助人［D］．首都经济贸易大学，2015.

② 黄苑泽．社会工作方法对家庭夫妻暴力介入的作用［D］．华中科技大学，2012.

③ 周诗萌．社会工作对“独家记忆”的保密原则［J］．现代商业，2017（06）：181-182.

有义务向有关部门报告情况。因此一般而言，在服务一开始，向服务对象告知保密原则的相对性，并签署相应的知情同意书。

〔范例〕

个案知情同意书

本着“以人为本，助人自助”的原则，维护您和社工的利益，保证对服务的顺利进行，就社会工作基本原则、服务对象及社工的责任和义务作如下说明：

一、服务说明

1. 保密原则：您的个人信息及咨询的相关问题不会被随意谈论，您的信息登记表不会被带出个案工作室之外的任何地方。一般来说，您是否接受过咨询以及咨询的内容都不会被透露给中心以外的非专业人员。

但下述几种情况除外：

（1）您出现自我伤害或伤害他人的倾向。

（2）您的问题涉及法律责任。

（3）为了能更好地帮助您，社工可能提出个案讨论或申请督导，但仅限专业场合，同时须隐去服务对象的个人化信息。

2. 为了方便后续的个案跟进服务，会将您的真实姓名、联系方式及紧急联系人等信息登记在案，这些个人资料只用于个案工作中的管理，不会透露给其他任何单位和个人。

3. 如果社工中心或社工需要对会谈进行录音或录像时，需征得您的同意。

4. 每次会谈时间一般为50分钟。会谈次数由您和社工协商决定，双方严格遵守。

二、服务对象的权利和义务

1. 坦诚。以积极的态度对待咨询，坦诚地向社工表露自己，不掩饰或伪装。

2. 自愿。您有权决定中止或结束咨询，可以自主选择社工，与社工协商修正咨询的方向及方法。

3. 自主。努力实现自我成长，为咨询负责，不期待社工帮忙作决定。

4. 尊重社工。尊重社工的个人和职业，不进行具有侮辱性的行为。

5. 坚持按设置接受咨询。个案是需要有一个过程的，不要希望一次会谈就“根治”。

6. 遵守约定的会谈时间。如无意外情况，个案需要在规定的时间、地点进行会谈。

三、社工的权利和义务

1. 真诚。热情诚恳地对待您，耐心倾听，建立互相信任的专业关系。

2. 保密。对服务对象的咨询访谈内容严格保密，对有关资料妥善保管，不在咨询室以外的地方随便谈论服务对象的事情。

3. 尊重。尊重服务对象的思想和意愿，接受服务对象的情绪情感。

4. 当社工个人有限制时，坦诚地告诉服务对象并及时转介。

5. 避免双重关系。社工不得接受服务对象的礼物，且不在咨询之外与服务对象进行咨询性质的面谈。

四、双方承诺

我已经读完本《个案知情同意书》，愿意与社工/服务对象建立个案关系，在个案过程中履行相应的权利和义务。

□口头知会：　　　　日期：

□书面协议：

服务对象（监护人）签字/手印：　　　　　　日期：

社工签字：　　　　　　　　　　　　　　　日期：

社会工作助人实践过程中常常会遇到保密的问题，社工尊重服务对象的隐私，不将服务过程中分享的信息透露出来是十分重要的。有时候，社工和服务对象在专业关系之外有所接触，或者他们有共同的朋友的时候，保守秘密可能具有挑战性。无论如何，专业关系的成功可以部分归因于：服务对象相信和社工所分享的事情可以被保守。

5. 案主自决

案主自决是指在不影响他人的权利下，个人作决定以及行动的权利。在社会工作实践中，社工有义务向服务对象提供必要的信息，服务对象有权利在充分知情的状况下选择服务内容、方式，并在事关服务对象利益的决策中起到主导作用。如果服务对象没有能力进行选择和决策，社工应根据法律或者有关规定由他人代行选择和决策权利[①]。自决权是个人尊严的体现，除非万不得已，即便是社工出于好意，一般也不主张社工代替服务对象作决定，因为这样容易不利于服务对象发展自尊和挖掘潜能[②]。

四、价值和反价值

（一）专业社工的限制

有价值也就有反价值存在。社会工作反价值既存在于社工与服务对象之间，又存在于社工与机构之间，同时还存在于社工之间。王思斌在《社会工作概论》（第三版）中提到社会工作中的反价值包括操纵和家长作风。操纵是指为了取得某种效果而精心安排的事实，夸大、歪曲真相或者撒谎，这与案主自决相背离；家长作风是指对服务对象自由的某种干预[③]。之所以提出反价值，是因为作为一个专业助人者，社工必须要知道在助人实践过程中他们的限制在哪里。

社工还要在自身能力范围之内工作。例如，如果一个求助者常常听到一个声音叫他站在马路中间。在这个案例之中，如果你没有能力处理，你必须诚实地告诉他，你可以建议他与你的督导或更加资深的社工谈一谈，做个转介，让更有能力、受过专业训练而且善于处理类似案例的社工来处理。

（二）避免有害的双重关系

在助人关系中，社工除了助人身份外还有另一个角色，在专业助人关系以外存在其他关系就叫作双重关系。双重关系可能导致服务对象受到伤害，最常见的是社工为朋友或家人提供帮助，对助人的效果有所影响，原因体现在以下几个方面：第一，原本的目标是帮助服务对象，但是对朋友或家人的目标就变成互相帮助，朋友或家人服务很难达成他们的需求。第

---

① 宋言奇，余力．“嵌入”视角下我国社会工作发展的困境与对策［J］．南通大学学报（社会科学版），2016，32（02）：126-131.

② 杨柳．中国传统文化与社会工作价值伦理的契合与冲突［J］．吉林农业科技学院学报，2016，25（01）：28-31.

③ 王思斌．社会工作概论（第三版）［M］．北京：高等教育出版社，2004：43-44.

二，当解决朋友或家人的问题时，很难保持客观。第三，社工的角色是有权威性的，家人或朋友的角色会削减这种权威性。在有害的双重关系中，另一个最显著的例子是社工与服务对象有性关系。与个案有性关系已经被证实会带来负面结果（Pope，1994）①。因此，很多同业已经发展出相关规定，禁止社工与服务对象有性关系。

五、自我关护

社会工作职业是一种情感劳动，极容易产生耗竭。社工要关注服务对象的需求，却忽视了本身的需求。社工在工作时间内协助服务对象，也应该在非工作时间回应自己、朋友和亲人的需求，并且适时反思潜在威胁，监控自己的人际关系、心理健康与情绪状况，只有自身状态好才能为服务对象提供有品质的服务。

练习

· 谈谈你对于伦理文化上的思考；讨论你如何被文化背景影响。

· 讨论保密和知情同意书可能出现的正向或负向后果，以及这些后果如何影响专业关系。

· 谈谈除了在这节提到的伦理限制外，还有哪些因素可能会对服务对象产生伤害。

· 你赞成社工应该自我照顾的观点吗？举例说明。

第三节　社会工作技巧的理论取向与学习方法

社会工作作为专业助人的学科，对理论取向也应关注。没有理论指导的实践是盲目的。这一节会向大家介绍本书的理论基础，以及在理论框架之下发展出的各个章节的内容。此外，本节介绍经验学习法。

① 张昱，费梅苹．社区矫正实务过程分析［M］．上海：华东理工大学出版社，2005.

一、社会工作技巧的理论取向

（一）人类行为与社会环境取向

社会工作以“人”为对象提供社会服务，人本身复杂且充满差异，况且个人、群体和组织之间存在着密切的联系以及相互作用，因此，需要各种有关“人”“社会”以及“人与社会关系”的知识，这些知识构成了社会工作的理论基础。为此，社工需要与服务对象的家庭、朋友、邻里、社区等社会网络一起工作。这些不同群体相互作用，同时也与他们的生活环境相互影响。这种“人在情境中”“人与环境”交互作用的视角就构成了通用社会工作实务的重要理论基础之一。人类行为与社会环境的理论是关于“人的生理、心理和社会发展的理论，包括人们生活所处的各个社会环境系统的理论，例如家庭、团体、组织和社区的知识”，其理论焦点放在个人群体、社会和经济系统之间的交互作用上，这些知识对于社工的技巧使用是最基本的，同时也是认识服务对象需要和问题的重要理论①。

（二）问题管理和机会发展取向

世界上的每一个人都面临生活上的问题，也都存在着忽视和没把握住让自己在某种意义上“使生活更好”的机会。可以说，一个解决问题的心智是我们人类的本能，这个世界是一个解决问题的实验室，在这个实验室中，必须知道所需要的技巧是需要去学习的，是需要被教导的。

社会工作有很多理论模式来指导社工去更好地进行服务，例如社会工作通用过程模式、社会心理学模式、危机介入模式等等。各模式的理论基础并不相同，但是这些模式在实践中被证明都是有效的，而且所有的模式最后都协助服务对象管理问题和挖掘、发展尚未激发的潜能。这些模式的选择因服务对象的不同而不同。但无论你选择哪种框架和模式，都必须回答以下问题：

- 问题。发生了什么？即服务对象必须处理什么问题。简言之，社工必须知道服务对象当前面临何种困境。

① 王金元．未成年犯罪社区矫正的理论视角与路径选择［J］．学术交流，2011（08）：54-56.

- 需求。服务对象需要的或者想要的是什么？他想要过什么样的生活？他期待做出什么样的改变才能让自己觉得快乐？这是社工要了解服务对象的需求，以帮助我们制定目标。
- 目标与计划。制定什么样的目标，怎样才能达到目标？要制订什么样的计划去创造更美好的未来图像？
- 行动。如何实施行动以获得成就？

这四个问题为本书提供了最基本的架构，本书认为在社会工作的助人过程中，无论运用的是社会工作理论还是使用整合的实务技巧，抑或是个案社会工作、小组社会工作、社区社会工作、社会工作行政等专业方法，都遵循着一定的结构化过程。

社会工作帮助个人与社会系统提升社会功能、解决或预防问题的产生都需要一个结构化的操作，有计划、有步骤地达到改变的目的①。因此，社会工作的助人活动是一个连续的、有目的的改变过程。这些结构化的过程体现在以下三个阶段：

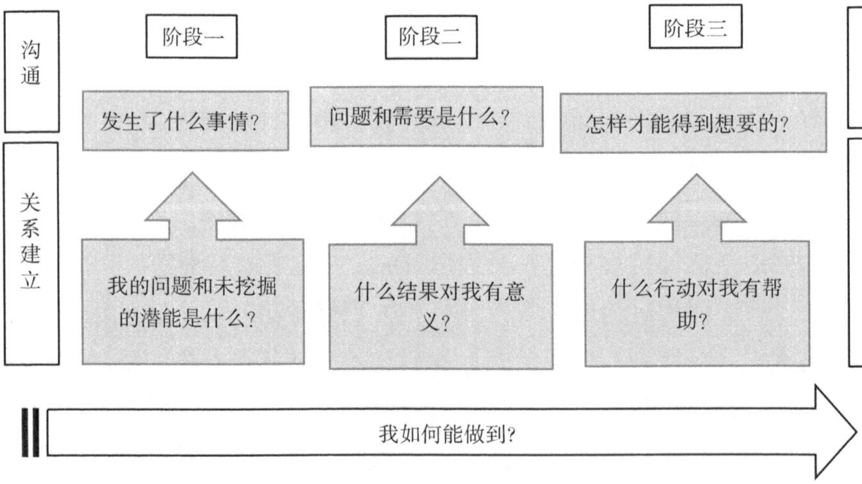

图 1-2　社会工作有效助人过程

（三）工作任务阶段化

对服务对象来说，社会工作助人的每一个阶段都是重要的，都有相应

① 陈静，叶丽凤．系统理论下的高等院校学校社会工作架构［J］．上海大学学报（社会科学版），2002（06）：104-106.

的任务。因此在每一个阶段中，社工都需要习得专门的技巧。一个阶段任务完成得不好，都会影响下一阶段的任务（见表 1-1）。

表 1-1　社会工作任务与技巧

阶段	阶段一	阶段二		阶段三
	关系建立阶段	探索阶段	洞察阶段	行动阶段
任务	建立安全信任的专业关系	收集信息，引导服务对象讲述事件，充分探索问题和自我	刺激服务对象以新的观点思考问题，重新认识自我和问题	采取有效的行动或策略以解决问题
技巧	同感 专注 倾听 好奇 真诚	有技巧地提问 反应感受 澄清 摘要 简述语意 总结	同感 小小鼓励 质询 自我表露 提供信息和建议 刺激觉察	问题解决技巧 行为改变技巧 角色扮演 行为预演 家庭作业 开发社会支持
社工的任务	营造信任的气氛和关系	对服务对象的叙述作出支持性回应	挑战服务对象的限制，发展新观点	协助服务对象制订行动计划，行动过程中需要回馈、修正、鼓励

虽然各个阶段都有先后次序，但是并非意味着必须完成才能够进入下一个阶段。事实上，在服务结束前，任何一个阶段都不会真正结束，对服务对象问题的理解是一个随着时间不断深入的过程，而且问题本身也会随着时间的推移而改变。这要求社工在与服务对象一起工作时不断发现新问题，不断修正原来的计划。可以说，社会工作助人过程并非是直线式的，而是一个螺旋上升式的过程。社工应每完成一个阶段后都要检查上一个阶段的工作是否需要跟进。

二、社会工作技巧教学模式与策略：经验学习法

学习方法是经过学习实践而得出的快速掌握知识的方法，因学习方法与学习的效率高度相关，所以越来越受到人们的重视。学习方法没有固定

的标准，个人条件不同、环境不同、时代不同，采用的方法也会不同。[①]很多人努力学习却得不到回报，付出一样的努力结果却不一样，这里很大一部分原因是学习方法的问题。本书结合社会工作专业性质，主要从经验学习法出发设计了本书的框架和教学思路。

经验学习法最早是美国组织行为学教授科尔博（Kolb D. A.）从认知学习的角度提出“经验学习”的理论，“经验学习”（Experiential learning）是指学习那些从经验中获得的结果和知识，其实质是通过“做”进行学习，而不是通过别人说或者是自己阅读来学习知识[②]。简言之，经验学习法是将主动性和参与性学习机会融入课堂的教学方法，也称为情境学习法（situational learning）、参与学习法（involved learning）或者证据学习法（evidential learning）。科尔博还创造了著名的经验学习四分模型，该模型有四个基本组成部分，分别是：具体经验、反思观察、抽象概念（思维）的形成、情景实践检测（主动验证）[③]。

具体经验、反思观察、抽象思维和主动验证这四个学习模式组成了经验学习的周期[④]。具体经验通常是这个周期的第一步，但值得提出的是，这四种学习模式的顺序并非一成不变，学习的顺序及模式会因个人的取向和学习环境的不同而有所差异。本书鼓励灵活运用这四种学习模式。本书的框架和课程设置依据于经验学习法，在不同的章节设置一些具体的问题或者情境，让你能够投入到“此时此刻”去细心地观察或思考这些问题，从而看到并理解问题的本质，提出改变的策略，学习相应的技巧甚至付诸行动，看是否有效。

1. 具体经验

经验，在哲学上指人们在同客观事物直接接触的过程中通过感觉器官获得的关于客观事物的现象和外部联系的认识。在日常生活中，亦指对感

---

① 苏怡．大学英语阅读模块化教学模式研究——以《全新版大学进阶英语综合教程》为例［J］．现代职业教育，2020（44）：40-41.

② 谢艳园．经验学习法在《小组工作实务》课程教学中的应用与探索［J］．长沙民政职业技术学院学报，2015，22（04）：116-119.

③ David A. Kolb. Experiential Learning：Experience as the Source of Learning and Development［M］. Prentice-Hall，Inc.，Engle-Wood Cliffs，New Jersey 07632，1984，20-45.

④ 刘曼，姜小鹰．“经验学习法”在护生健康教育教学中的应用［J］．中国高等医学教育，2007（02）：85-86+90.

性经验进行的概括总结，或指直接接触客观事物的过程①。在本书中，具体经验是指个人的体验，在过程中着重以敏锐的感受而非通过分析和思考来体会人情事物。

2. 反思观察

反思观察是指通过细致的观察和客观的描述来理解概念和情景，并从不同的角度或角色来引出多个片段图像或者较为完整的图像，强调的是理解而不是实际的运用。例如，在情境扮演中，发生了什么事情？大家的动作表情是怎样的？假如是你，你会如何去做？

3. 抽象思维

抽象思维是利用词进行判断、推理并得出结论的过程，又称词的思维或者逻辑思维。思维的本质特征是以词为中介来反映现实，同时也是人的思维和动物心理的根本区别。抽象思维将具体的情况归纳为可普遍应用的概念，强调思考而不是感觉。抽象思维凭借科学的抽象概念反映事物的本质和客观世界发展的深远过程，使人们通过认识活动获得远远超出依靠感觉器官直接感知的知识②。

4. 主动验证

主动验证是指将得到的概念在现实生活中进行运用，测试其可行性和实用性，并在需要时加以修正。这样做的目的是在实践中主动地影响别人和改变处境，强调实际行动而不是理解。主动验证可以取得新的具体经验，这样一个循环便出现了，即经验学习法。

豪特里指出，经验学习法要求学生积极主动地直接参与并要求他们陈述观点，运用归纳、推理、小组合作等解决问题，从而创造数据学习（data learning）机会③。因此，经验学习法不但重视教学内容，更加注重教学过程，使学生在学习理论知识的同时，也培养学生的价值观及思维方式。

① 王朝元．经验表象运动与动机目的期待——论休闲审美的心理基础［J］．广西师范大学学报（哲学社会科学版），2011，47（06）：87-90.

② 蒋宁．高中物理习题教学中思维能力的培养［D］．山东师范大学，2008.

③ 方阳娥．国外经济学教学中的合作学习法和经验学习法［J］．新乡学院学报（社会科学版），2008，22（04）：129-131.

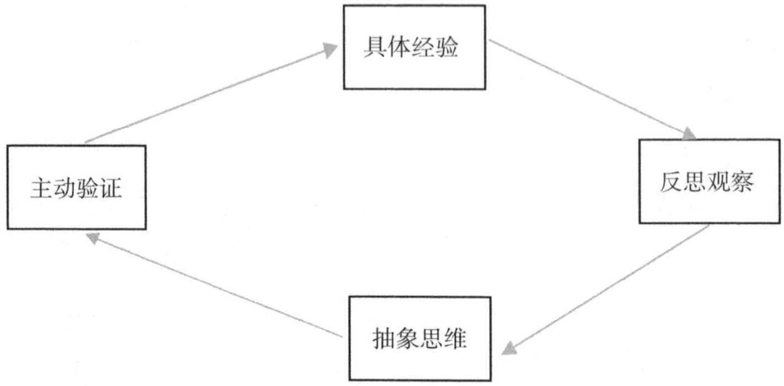

图 1-3　经验学习法

本章思考题

1. 试述社会工作助人技巧的构成及其重要性。
2. 试述社会工作技巧与价值理念的关系。
3. 试述文化环境对个人价值的影响。
4. 试述社工应遵循哪些价值理念。
5. 试述社会工作助人的理论基础。
6. 试述经验学习法的内容和作用。

参考文献

蔡昌淼．社会工作理论对大学生思想政治教育工作的启示［J］．中外企业家，2007（01）：88-91.

徐永祥．论现代社会工作在和谐社会中的建构功能［J］．学海，2005（01）：53-56.

［英］特里维希克．社会工作技巧 实践手册 第二版［M］．上海：格致出版社，2010.

隋玉杰．个案工作（第二版）［M］．北京：中国人民大学出版社，2019.

Barker, M. , Child, C. , Gallois, C. , Jones, E. and Callan, V. J.（1991）, Difficulties of Overseas Students in Social and Academic Situations［J］. Australian Journal of Psychology, 43：79-84.

韩晶．流浪乞讨人员救助管理中的社工介入研究［D］．山东大学，2008.

王思斌．社会工作概论（第三版）［M］．北京：高等教育出版社，2004：100-101.

Cournoyer，Barry. 社会工作技巧手册［M］. 朱孔芳，杨旭，丁慧敏，译. 上海：华东理工大学出版社，2008.

黄耀明. 传统文化与社会工作价值观的本土化［J］. 漳州师范学院学报（哲学社会科学版），2006（03）：40-44.

任丽红. 社会工作与积极性社会救助制度的建构［J］. 社会工作，2007（03）：29-31.

乔世东. 论社会工作技巧的道德基础［J］. 社会科学辑刊，2009（03）：39-41.

蒋荣华. 从社会控制到人道主义——社会工作价值观的转型［J］. 社会，2004（11）：34-36.

Timms N. Social Work Ethics Values：An Enquiry［M］. London：Routledge & Kegan Paul，1983.

王思斌. 社会工作概论（第三版）［M］. 北京：高等教育出版社，2004：42-43.

Massimini，Delle Fave. Individual Development in a Bio-Cultural Perspective［J］. American Psychologist，2000，55（1）.

李芳，何雪松，童小军，梁建雄. 社会工作价值观的本土化［J］. 中国社会工作，2017（25）：12-13.

王思斌. 社会工作概论（第三版）［M］. 北京：高等教育出版社，2004：52.

刘培育. 逻辑工作者的社会责任［J］. 徐州师范大学学报（哲学社会科学版），2011，37（04）：123-125.

曾秀平. 探析肢体语言在社会工作实务中的运用［D］. 华中师范大学，2012.

滕远. 社会工作服务机构的形象塑造研究［D］. 湖南师范大学，2010.

王玺玮. 爱人而助人［D］. 首都经济贸易大学，2015.

黄苑泽. 社会工作方法对家庭夫妻暴力介入的作用［D］. 华中科技大学，2012.

周诗萌. 社会工作对“独家记忆”的保密原则［J］. 现代商业，2017（06）：181-182.

宋言奇，余力. “嵌入”视角下我国社会工作发展的困境与对策［J］. 南通大学学报（社会科学版），2016，32（02）：126-131.

杨柳. 中国传统文化与社会工作价值伦理的契合与冲突［J］. 吉林农业科技学院学报，2016，25（01）：28-31.

王思斌. 社会工作概论（第三版）［M］. 北京：高等教育出版社，2004：43-44.

王金元. 未成年犯罪社区矫正的理论视角与路径选择［J］. 学术交流，2011（08）：54-56.

陈静，叶丽凤. 系统理论下的高等院校学校社会工作架构［J］. 上海大学学报

（社会科学版），2002（06）：104-106.

苏怡．大学英语阅读模块化教学模式研究——以《全新版大学进阶英语综合教程》为例［J］．现代职业教育，2020（44）：40-41.

谢艳园．经验学习法在《小组工作实务》课程教学中的应用与探索［J］．长沙民政职业技术学院学报，2015，22（04）：116-119.

David A. Kolb. Experiential Learning：Experience as the Source of Learning and Development［M］. Prentice-Hall，Inc.，Engle-Wood Cliffs，New Jersey 07632，1984，20-45.

刘曼，姜小鹰．“经验学习法”在护生健康教育教学中的应用［J］．中国高等医学教育，2007（02）：85-86+90.

王朝元．经验表象运动与动机目的期待——论休闲审美的心理基础［J］．广西师范大学学报（哲学社会科学版），2011，47（06）：87-90.

蒋宁．高中物理习题教学中思维能力的培养［D］．山东师范大学，2008.

方阳娥．国外经济学教学中的合作学习法和经验学习法［J］．新乡学院学报（社会科学版），2008，22（04）：129-131.

第二章　助人起点：认识人类沟通

引　言

沟通，是两个或两个以上的人通过一些特殊的途径来交换信息；它包括信息的发送和接收，也包括信息的本身和回馈。沟通是社工和服务对象之间架起的一座助人的桥梁，且贯穿于社会工作服务的全过程。

例如，白先生的妻子因病去世，妻子生前与他感情深厚。妻子生病住院期间，他寸步不离地照顾妻子，对妻子治愈抱有很大期望。妻子去世他难以接受，一直在殡仪馆治丧厅堂内哭泣。为此与其他家人发生了矛盾，其他家人认为他不应该出席妻子的葬礼，但他希望能够陪伴妻子到最后。白先生的女儿因无法调和家人与父亲的矛盾，感到非常焦虑和无措，因此求助社工，希望社工能够帮助其解决当前的难题。社工在服务过程中，通过与各方的有效沟通，使得大家能站在对方角度看待问题，化解了矛盾，缓解了女儿的焦虑情绪。

在案例中，社工不仅通过沟通化解矛盾和协调矛盾，同时与白先生建立了信任关系，而沟通在服务中作为助人的起点，为后续服务打下基础。

本章将讲述人类沟通的起源及其重要性，并就沟通的形式、方法、影响因素进行具体论述。

第一节　人类沟通的概述

一、人类沟通的起源

人类沟通的出现，是为了传递信息，便于相互合作。美国著名发展心理学家迈克尔·托马塞洛（Michael Tomasello）在其著作《人类沟通的起源》（Origins of Human Communication）中写道：人类沟通始于自然、自发性的比手画脚，人类沟通主要仰赖于共享意图，是演化史上为了支持互助活动才应运而生的，即人类沟通是为了与他人产生共同的意图和关注，主动帮助别人，与别人一同分享。[①] 对人类沟通的起源，主要集中在对灵长类动物尤其是类人猿的研究。研究发现，人类以外的灵长类动物主要靠声音和手势进行彼此的沟通。类人猿的手势有两种：一种是用来改变意图，另一种是用来获取注意力。迈克尔·托马塞洛认为，人猿的手势是丰富、复杂的人类沟通与人类语言最初始的起步。在人类祖先进化过程中，历经了手势、符号、语言的人类沟通过程，声音被选择成为了语言的主要表达方式，语言交往也成为促进动物演变到人类的前提条件之一。

二、沟通的定义

关于沟通的定义，在《大英百科全书》中沟通是指“用任何方法，彼此交换信息。即一个人与另一个人之间以视觉、符号、电话、电报、收音机、电视或其他工具为媒介，所从事交换信息的方法”。而《韦氏大辞典》中则认为，沟通就是“文字、文句或信息之交通，思想或意见之交换”。《大英百科全书》和《韦氏大辞典》都指出沟通有信息的交换的意义。[②] 而在社会学、心理学领域，沟通一般是指人与人之间进行的信息交流的过程。

沟通过程中仅有信息的交流和分享，并不能保证沟通一定是有效的。

---

① 迈克尔·托马塞洛．人类沟通的起源［M］．北京：商务出版社，2016.

② 钟海，孙敬华．人际沟通［M］．北京：科学出版社，2012.

社工与服务对象在人生经历、思想观念、文化背景和知识水平等诸多方面都有着明显的差异，并且沟通过程中容易产生一些干扰因素。例如，服务对象传递的信息过多，社工很难一次接收；社工当下情绪低落；服务对象语言表达能力较弱，可能会造成沟通过程中信息的失真或扭曲，不同程度地影响到社工或服务对象对信息的理解，从而影响社会工作服务的效果。

三、沟通在社会工作服务中的作用

社会工作服务是社工与服务对象之间借助不同的媒介进行信息传递和接收的过程。沟通既是助人的起点，同时也贯穿于服务全过程。

（一）沟通是社工与服务对象关系建立的基础

社工与服务对象接触建立在沟通的基础上，正如前面案例中提到的白先生的女儿，是因为服务对象面临着与家人沟通不畅的困境而求助。社工经过与各方的沟通，化解了服务对象与家人的矛盾，从而与服务对象建立了良好的信任关系。在社会工作服务过程中，很多主动求助的服务对象，都是带着问题而来，其中大部分是属于“关系”类的问题，诸如，驻守民政局婚姻登记处的社工面临的夫妻关系问题，社区社工面临的老年人与子女的关系问题以及由此导致的老年人赡养问题，企业社工面临的企业员工与组织的关系问题等等。各领域的社工都会面临服务对象与他人或组织的“关系”问题，这些问题的产生多是因为沟通不畅导致。针对此类服务对象，社工如果能够拓宽和纾解沟通渠道，解决服务对象当下面临的困境，就能够与服务对象迅速建立信任关系，这也将有助于后期社会工作服务的开展。

（二）沟通促进社工与服务对象了解

一方面，沟通能促进服务对象对自我的了解。根据“周哈里窗”可知，将世界的知识分为开放区、盲区、隐私区、未知区。其中，开放区是代表自己知道，他人也知道的信息；盲区就是他人知道而自己不知道的信息；隐私区是自己知道而他人不知道的信息；未知区这个区域指的是自己不知道，他人也不知道的信息。一个人开放的区域越大，幸福感越强。社工通过与服务对象交谈和分享，扩大开放区，缩小盲区和隐私区，打开未知区，促使服务对象重新认识自我，激发潜能，促进改变。

另一方面，沟通能够促进社工专业能力提升。社工在与督导、同工、服务对象的沟通过程中，不断深化对自己的性格特征、处事风格、行为方式的认识，在别人诠释自己的过程中，逐渐明白自己的优势和限制，在不断的沟通过程中改变自己的看法和认知，这也正是社会工作服务的本质——实现服务对象的“改变”。社工只有在沟通过程中提升对自我的认识，才能更好地实现助人，正如一个欲跳河救人的人，如果不会游泳，不仅救不了别人，而且有可能导致自己丧命。

（三）沟通是社工评估服务对象需要的重要渠道

沟通是人与人之间产生相互联系的最主要的形式。人清醒的时候，大约有70%的时间花在各种各样的沟通过程中。与他人交谈、打电话、发信息，或者阅读、听广播、看视频等，都是在进行着沟通。[①] 在社会工作直接服务中，社工需要与服务对象沟通，收集服务对象基本信息，评估服务对象需求，提供社工服务，促进服务对象改变。除此以外，在社会工作行政工作中，与相关方的沟通也极其重要。例如：与项目购买方的及时沟通，增强项目购买方对服务的了解，及时反馈与协调。

第二节　沟通过程及基本要素

沟通是一个过程，整个沟通过程包括八个基本要素，即信息发送者、信息、通道、接收者、反馈、编码、解码和背景。八个基本要素之间相互联系见图 2-1。

一、信息发送者

信息发送者是指拥有信息并试图进行沟通的人。信息发送者是沟通过程中的始发者，他们决定了谁是沟通对象，以及沟通的目的。沟通的目的可以是传递信息，传递信息是沟通的最初级的目的，也是最容易达到的；可以是影响他人，使他人发生改变，这是社工服务服务对象最希望实现的目的；也可以是与人建立某种联系，如第一节中讲到的沟通在社会工作中

---

① 章志光．社会心理学［M］．北京：人民教育出版社，2007.

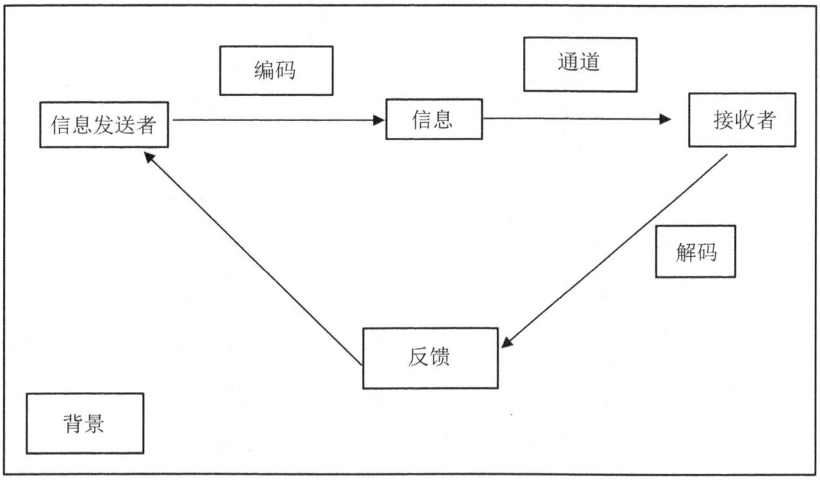

图 2-1 沟通过程及其基本要素

的作用，沟通是建立关系的基础。

信息发送者的概念是相对的，在沟通过程中，社工和服务对象往往互为信息发送者。例如，一位咨询救助政策的服务对象，社工需了解服务对象基本情况，服务对象作为信息发送者，告知社工自己的基本情况；社工向服务对象解答相关政策时，社工作为信息发送者，告知服务对象相关救助政策。

二、信息

信息是指信息发送者试图传递给他人的内容，这些内容往往是沟通者试图传递给他人的观念、态度和情感。因个人的观念、态度和情感不能直接被信息接收者接受，所以它们必须转化为各种能被他人所接受的符号。在多种符号系统中，语言是最为重要的。语言可以是声音信号，也可以是文字符号，它们是能够被察觉的、实现沟通的符号系统。语言具有抽象指代功能，可以代表人、事物、观念、情感等。因此，语言是沟通使用最为普遍的信息载体。

语言沟通的基础是共同的语言经验。没有共同的语言经验，声音符号就是无意义的音节，文字符号也成了无意义的图画。如果一个服务对象说粤语，而社工是北方人，社工就很难从服务对象的声音符号中获得意义，沟通就难以实现。另一方面，不同的人因不同的经验背景，对语言的理解常常是有区别的，即便是使用同一种语言，对于同一个语词，在理解上也可能大不相同。例如，在当下社会，大部分人对社工的了解程度尚浅，当社工对一个不了解社会工作的人讲个案、小组、社区等专业知识技巧时，他是难以理解的。

三、通道

通道是指沟通中信息所传递的方式、途径以及渠道。人们常用的沟通方式不仅仅是面对面的直接沟通，还有借助不同媒介的间接沟通，例如以手机、电视、网络、报纸等为媒介的电话沟通、视频沟通、网络沟通、文字沟通等方式。在所有的沟通方式中，原始的面对面的沟通仍是影响力最大的。在直接服务中，社工与服务对象除了可以通过语言传递信息外，还可以使用眼神、表情、姿态、动作等向服务对象传递信息。同时，在面对面沟通过程中，社工还可以观察服务对象的反馈，调整自己。

四、信息接收者

信息接收者是指接收来自发送者信息的人。信息接收者的信息接收是一个复杂的过程，包括倾听、解码等复杂的心理活动。在沟通过程中，信息发送者与信息接收者的角色是不断转换的。社工在服务过程中，和服务对象往往互为信息接收者。在服务开始阶段，社工更多地作为信息接收者，了解服务对象的姓名、年龄、职业、学历、兴趣爱好、家庭成员、服务需求等基本信息；服务后期，服务对象则更多的是信息接收者，社工提供政策咨询、情绪疏导、行为矫正等服务，服务对象在过程中接收信息，作出改变。

五、反馈

反馈是指信息接收者对信息的反应，将信息传送回发送者的过程。如果反馈显示的是信息接收者接受并理解了信息，这种反馈称为正反馈。如果反馈显示信息发送者发送的信息没有被接受和理解，这种反馈则称为负反馈。如果信息接收者对于信息发送者的信息反应不确定，则是模糊反馈，意味着来自信息发送者的信息不够充分。有效的沟通者是对反馈十分敏感的人，且会根据反馈不断地调整自己的信息。

社工和服务对象在沟通过程中，社工对服务对象所说的话题表示感兴趣或点头称是，给予服务对象正反馈，服务对象在沟通过程中，感受到被鼓励、被理解；社工对服务对象说的内容，表示疑惑、冷漠，给予服务对象的是模糊反馈或是负反馈，服务对象则会在交流过程中，感到沮丧，产生自我否定。社工需对服务对象的反馈敏感，尽量使用正反馈。但是，不能过度要求服务对象，服务对象向社工给予的是正反馈、负反馈还是模糊反馈，无论哪一种都表示服务对象对信息的接收，社工需根据反馈类型进行调整。

六、编码

编码，是指信息发送者将信息内容从一种形式转换为另一种形式的过程，即沟通者将大脑中的信息内容进行提取，选择恰当的语言、表情、行为等方式进行传递的过程。信息发送者必须在大量的记忆里选择沟通的信息，并转化为信息接收者能够接受的形式。

七、解码

解码是信息接收者接收到信息内容后，将其转换为自己能够理解的内容的过程。信息接收者必须根据已有经验，将其转译成信息发送者试图传递的信息。由于发送者和接收者不同经历、受教育水平、生活背景、种族、民族等，解码后的信息与原本的内容不完全一致，因此容易产生误解。

八、背景

背景是指沟通发生的特定场所或环境。背景除了会影响沟通的每一个要素，同时也是影响整个沟通过程的关键要素。在沟通过程中，很多沟通的意义是由背景提供的，甚至同一语言表达的意思也会随着背景的不同而改变。沟通发生的时间或者沟通的参与者所具备的不同个性特征，使沟通的信息都会被赋予不同的意义。

沟通的八大要素，整合成为了一个完整的沟通过程，正如图 2-1 中，信息发送者即信息源在某个场景中，将想要传递的信息进行编码，选择合适的通道将信息发送给信息接收者，信息接收者对接收到的信息根据自己的理解进行解码，并将自己理解的信息反馈给信息发送者。

第三节　沟通形式

沟通的形式多种多样，而且几乎每一种沟通形式都与人们的日常生活密切相关。在人际交往过程中，人们会根据不同的交往对象，选择不同的沟通形式。本书主要讨论几种在社会工作服务中常用的类型。

一、正式沟通和非正式沟通

正式沟通是指在正式的社交情景中发生的信息交流，如会议情景、发表讲话、个案面谈等。在正式的沟通中，沟通者对于言语性和非言语性的信息都会高度注意，言语方面的用词会更加准确，以及语法的规范性。此外，在穿着、手势、目光等方面，沟通者也会十分重视，沟通内容约束性比较强，沟通的仪式比较正规，沟通者通常希望塑造良好的形象，给他人留下好的印象。正式沟通中，往往存在典型的“面具效应”，即人们常常会将自己的不足掩饰起来，使自己的行为举止更加符合社会期望。正式沟通较为严肃，约束力强，一般说来，重要的信息传递和交流多采用正式沟通。

非正式沟通则常指在非正式的社会情境下发生的信息交流，如街谈巷议、家长里短、小群体闲谈、私人交流、小道消息传播等。在非正式沟通过程中，受交谈环境氛围的影响，人们会比较放松，行为举止也会更接近其本来面目，并且沟通者对于言语和非言语信息的使用都比正式沟通更加随意。非正式沟通在社会生活中的方方面面都大量存在，途径繁多且无定式，不受拘束。非正式沟通的优点明显，不拘形式、快捷明了、渗透力强，且可以获得正式途径无法得到的信息。但缺点是难以控制，容易失真，会加剧小团体的形成，产生内耗。

在社会工作服务过程中，社工要根据想要获取的信息，灵活选择正式沟通和非正式沟通的形式。例如，一名做困境儿童服务的社工，首次与困境儿童家庭见面，往往会通过妇联或街道等部门展开正式的见面沟通会议，获得困境儿童家庭的信任和认可。在后期的服务过程中，会更多地进行非正式沟通，与困境儿童家人、社区工作人员、同学等，以“闲聊”的方式了解困境儿童的心理和社交情况，以辅助评估困境儿童需求。

二、言语沟通和非言语沟通

（一）言语沟通

言语沟通是通过语言符号进行的信息传递、思想观点交换以及态度情感的交流，同时也是沟通可能性最大的一种沟通形式。它使人的沟通过程可以超越时间和空间的限制，不仅可以通过文字记载研究古人的思想，还可以将当代人的发展成就流传给后人。一个人的思想在传播媒介的帮助下可以被多人分享。在日常生活中，语言沟通能够使交流双方更为简单明确地接受与理解信息，进行及时准确的信息交换，减少部分交流因素对信息传递的干扰。因此，语言沟通不仅是最准确、最有效的沟通方式，也是应用最为普遍的一种沟通。

在社会工作服务过程中，语言沟通可以帮助社工快速准确清晰地了解服务对象的问题状况和条件环境，是社会工作服务过程中重要且不可缺少的服务技巧之一。

1. 功能

（1）搜集资料。

（2）传递信息。

（3）表达感受、态度和意见。

（4）影响别人。

2. 存在的问题

（1）词汇的意义因人而异。不同的人对同一个词汇、语句或表达方式会有不同的感受和解释，这种情况在一个特定的次文化或俚语方面就最明显了。

（2）某些词汇和表达方式并非人所皆知。有些词汇的表达方式可能只流行于某一个特殊的社会群体或阶层。从事不同专业或工作的人有自己一套行内话。

（3）某些人不擅长辞令表达自己。

（4）偏见造成的误会。有时人会对某一个人或某些事件产生先入为主的成见，这就导致他们用特别的方式去理解别人说的话，也因而歪曲了本来的意思。

（5）言语表达可以否定或掩饰不安的感受。面对如恐惧、尴尬、被拒绝或愤怒的感受时，人们可能会在言语间否定或掩饰自己的不安。所以，与人沟通的时候，不要只顾说话的表面意思，也要察言观色，才能真正理解别人的感受。通过观察一个人言语和非言语行为的一致性，你能判断出他是否表里如一。

3. 社会工作者运用言语沟通的准则

（1）与案主沟通时，要用他熟悉的言语和言语习惯。这样，可使案主容易明白你，而且避免产生误解或不快的感觉。此外，案主还会感到与你更亲密。

（2）要以案主的处境来理解他说话的意思。

（3）除了说话的表面意思外，还要观察其他有助于理解说话内容的暗示，例如案主的非言语沟通。

（4）不要急于下结论。要反复考察自己对案主的问题和心情的理解，以免自己误解了案主。

（5）对于那些拙于以言语表达自己的案主，应通过发问问题、鼓励和有技巧的查询来帮助他们。

（二）非言语沟通

非言语沟通是指人借助于姿势、动作、表情、接触、空间距离等非语言符号实现的沟通形式。非言语沟通有三种实现方式。第一种是通过动态无声性的目光、表情动作、手势语言和身体运动等完成的沟通；第二种是通过静态无声性的身体姿态、空间距离以及穿衣打扮等完成的沟通，这两种沟通被统称为身体语言沟通；最后一种是通过非语词的声音，如重音、声调的变化、哭、笑、停顿等完成的沟通。心理学家称其为副语言。副语言在沟通过程中也起着十分重要的作用，一句话的意义常常不仅取决于语词的字面意义，还取决于它的弦外之音。语调的变化，可以赋予字面相同的一句话完全不同的意义。俗话说“听话听音，锣鼓听声”正是此意。

非言语沟通除了能够帮助信息接收者更为准确地接收信息表达含义之

外，也可以使信息发送者及时调整自己的沟通方式与技巧，帮助沟通双方更好地进行交流沟通，从而进行有效的信息交换，达到沟通目的。所以，社工在服务中，除了要认真倾听服务对象表述的信息外，还需要仔细观察服务对象的非言语信息。例如，一次服务中，社会工作者伍娟和杨颖一起来到服务对象张阿姨家中，因张阿姨突然遭遇丈夫去世的变故，家中有很多兄弟姐妹前来安慰。社工与服务对象及其家人面谈约50分钟后，服务对象出于礼貌在语言沟通中一直与社工保持互动，但服务对象的身体语言则是“掩面”、回避与社工的目光接触、身体表现出疲惫感，从服务对象的非言语沟通表现出想结束此次沟通。

1. 功能

（1）沟通人与人之间的态度和情绪。

（2）补足言语沟通。

（3）当情况或环境不允许使用言语沟通时，就取而代之。

2. 存在的问题

（1）对非言语行为进行解释并没有特定要求，所以误会的可能性很大。

（2）对非言语行为是否故意难以分辨。

3. 线索

（1）外观：面部轮廓、身材、衣饰等。

（2）身体姿态和进行的小动作。

（3）表情：开心、沮丧等。

（4）辅助性语言：语调、语速等。

（5）距离：在合理的社交距离中，或远或近就座。

（6）时间：是否准时等。

练习

阅读下面由社工传达的非言语的暗示，想象你就是案主，若你觉得被鼓励就在括号里标“√”；若你觉得厌恶和不舒服则标“×”。

非言语暗示		非言语暗示		非言语暗示	
挖鼻孔		凝视着你		身体微向前倾	
神色自若		往窗外看		清爽	
往后斜 靠椅背		放松坐姿		适当的 谈话速度	
头部前倾		无精打采		低沉的声音	
拉耳朵		扬眉		开放的姿势	
朝你身上打量		精明的		支吾其词	
与你坐在 同一水平上		微笑		茫然的	
一双脚 上下摆动		座位高过 你的座位		温暖的声音	
摆动手臂		闭起眼睛		声音轻微	
表达清晰		声音尖锐的		不安的	

4. 准则

（1）留心服务对象所提供的非言语行为，获得额外的线索。

（2）在正确使用非言语行为的情况下，表示对案主的同情、关心、信任和支持。

言语	非言语
有意识的 自愿的 主要是传递信息的 可能会误会 受社会阶级、文化或 次文化等因素束缚 内容较具体 谈话中止后就不能继续	通常是无意识的 通常非自愿的 传递感受和态度 准确性高 普遍化 没有具体内容 分手以后不能继续

沟通中言语与非言语的一般性比较

> **模拟训练**
>
> 分组训练，学生 A 花 3min 对学生 B 说一些话，不限内容。说完后，学生 B 和观察员从观察 A 的非言语行为获得信息，并与 A 讨论观察到的信息是否符合他的设想，之后进行讨论分享。
>
> 活动教学：连环泡
>
> 1. 目标：
>
> （1）引发学生课堂积极性；
>
> （2）促使他们关注别人的言语和非言语的行为；
>
> （3）加强对言语和非言语行为的反思。
>
> 2. 时间：约 40 分钟。
>
> 3. 准备材料：麦克风（道具）。
>
> 4. 实施程序：
>
> （1）全体讨论内容，并考虑作为主持人与被访问者注意的事项（言语和非言语）。
>
> （2）老师访问其中一位同学，再由这位同学访问下一位同学，循环往复，直到全体成员都被访。
>
> （3）结束后，交流心得和体会。

三、书面沟通

书面沟通指借助文字或符号进行沟通，如：书信、备忘录等等。书面沟通的形式包括广告、文件等等。由于书面沟通有机会修正内容和便于保存，所以不容易失误，准确性和持久性较高。由于社会工作员一般以面谈的方式开展服务，文字沟通的方式就主要做记录或宣传活动之用，因此我们就不详论文字沟通，而集中讨论言语沟通与非言语沟通。

四、单向沟通和双向沟通

单向沟通是指信息源与信息接收者之间相对位置不发生变化的沟通形式，即信息仅从信息发送者流向信息接收者，双方无论语言、情感等都没有进行信息反馈，如作报告、发指示、下命令等。其优点是速度快、接受面广，缺点则是没有及时的信息反馈，不利于建立双方情感，容易形成误解。

双向沟通是指在沟通过程中，信息发送者和信息接收者的位置不断发生变化，即双方互为信息的发送者和接收者，信息在两者之间双向传递的过程，如讨论、谈话、谈判等。双向沟通使得双方信息能够及时反馈校正、准确可靠，同时有利于建立沟通双方的情况，促进人际关系的和谐，但信息传递速度较慢。

在助人过程中，社工更多地愿意采用双向沟通的形式与服务对象进行沟通。但作为机构领导布置任务时，更多地愿意使用单向沟通的形式，向下级直接下达任务。

五、影响沟通的因素

1. 思想（思考）：当你与别人沟通时，其实你已经对沟通的内容有了一定的看法，你对沟通的内容的主观态度或客观分析，是影响你沟通的主要因素。

2. 语言（谈话或书写）：当你与人用语言沟通时，你的用词和说话方式是非常重要的。

3. 身体（整体表现）：当你与人沟通时，你的外表表现和非语言行为向接收者传递着重要的信息。

4. 情绪（感受）：你对发出或接收到的信息的感受，可以通过言语的特征（如：声调、音量）和非语言行为（如：姿势或手势）显露出来。

5. 动作（行为）：你的行为通常会受到你的经历、习惯、角色和文化特征的影响。在沟通中，你的行为会反映你的动机和需要。

作为信息的发送者，理解以上影响沟通的因素是非常重要的。因为当你反过来作为信息的接收者时，你可以借着观察注意发送者的言语、思想、身体语言、感受和行为来接收和阐释信息。

思考题

1. 请回忆最近一次与朋友、同学、家人或老师的对话内容，试着根据上文所讨论过的五个要素分析你们的沟通内容。

2. 不说话、不言语或什么也不做能不能传递信息？举例解释。

六、沟通中的障碍

当信息的发送者和接收者有以下特征时，就容易产生误会：

1. 不同的文化背景；
2. 不同的性格；
3. 不同的次文化语言和社会经济阶层；
4. 与人不同的沟通习惯。

思考题

请回忆一个或两个你误会别人或被别人误会的例子。描写产生误解时的环境，并解释一下误会的成因和过程。

拓展学习

沟通评估

阅读布莱恩·斯皮兹伯格的“谈话技能评定表”，判断下面各项描述的是面对面交谈时的言语沟通还是非言语沟通？然后，算算你标注了多少项非言语和言语的沟通行为？其中非言语沟通行为的百分比占多少？当你在和某人交谈时，对这些非言语沟通行为的技能使用程度如何？

谈话技能评定表

言语的或非言语的	沟通行为
□言语的　□ 非言语的	1. 讲话语速（不太快也不太慢）
□言语的　□ 非言语的	2. 讲话流利（没有不适当的停顿、沉默、频繁的“啊”）
□言语的　□ 非言语的	3. 有信心的声音（不过于紧张、不安，也不过于自信）
□言语的　□ 非言语的	4. 清晰（清楚的发音和吐字）
□言语的　□ 非言语的	5. 声音变化（不过于单调，也不戏剧化）
□言语的　□ 非言语的	6. 音量（不太大声，也不太小声）
□言语的　□ 非言语的	7. 姿势（不太过于保守/正式，也不太过于开放/随意）
□言语的　□ 非言语的	8. 倾向对方（不太靠前，也不太靠后）
□言语的　□ 非言语的	9. 抖动或紧张抽动（不够专注或注意力分散）
□言语的　□ 非言语的	10. 无意识的动作（抖脚、敲手指、捻头发）
□言语的　□ 非言语的	11. 表情（不是中性的/无表情，也不过于夸张）
□言语的　□ 非言语的	12. 点头回应伙伴的陈述

续表

言语的或非言语的	沟通行为
□言语的 □ 非言语的	13. 用姿势强调你说的内容
□言语的 □ 非言语的	14. 言语幽默或者讲故事
□言语的 □ 非言语的	15. 微笑或大笑
□言语的 □ 非言语的	16. 使用眼神接触
□言语的 □ 非言语的	17. 提问
□言语的 □ 非言语的	18. 谈及搭档
□言语的 □ 非言语的	19. 谈及自己
□言语的 □ 非言语的	20. 鼓励或同意
□言语的 □ 非言语的	21. 表达个人意见
□言语的 □ 非言语的	22. 开始新的话题
□言语的 □ 非言语的	23. 维持话题，并随时补充解释
□言语的 □ 非言语的	24. 打断伙伴发言以进行轮替
□言语的 □ 非言语的	25. 在伙伴发言时讲话

本章思考题

1. 试述在社会工作服务中沟通的作用。
2. 分情况讨论社工应采用的沟通形式。
3. 举例说明社工和服务对象沟通的障碍。

参考文献

郭鹏．史上最强沟通术：教你如何与人交流［M］．北京：机械工业出版社，2009.

迈克尔·托马塞洛．人类沟通的起源［M］．北京：商务出版社，2016.

钟海，孙敬华．人际沟通［M］．北京：科学出版社，2012.

章志光．社会心理学［M］．北京：人民教育出版社，2007.

迈克·米亚特．杰出领导的十大沟通技巧［J］．唯实（现代管理），2012（06）：57–58.

黄陈碧苑，廖卢慧贞，文锦燕．交往技巧的运用与分析［M］．北京：清华大学出版社，2005.

第三章　关系建立：让我们彼此信任

独自居住的吴奶奶现年88岁，与家人关系恶劣，与邻居、同事也甚少来往。在生病失去自理能力后多次打电话向辖区派出所、社区居委会求助。社工接触吴奶奶后，发现她难以与他人建立信任关系。住院期间，对医生、护士和护工不信任，例如做CT时，不愿意将自己随身携带的包和外套给医生保管，要携带在自己身边；不相信医生对自己病情的诊断；甚至因为不相信儿子会照顾自己，而与侄子签订了赡养协议。如果吴奶奶也像不信任医生、护士、护工、儿子那样不信任社工，社工就难与吴奶奶建立关系。

从吴奶奶的案例中可以看出，信任关系的建立是关键，它决定着对服务过程整体结果的影响，与服务过程中采取的任一具体的催化改变或促进行动的策略。“关系的建立比其他具体的服务干预对服务成效有更强的影响作用。”帕特森（Patterson）认为助人关系本身是助人工作的中心①。精神分析理论认为，社工与服务对象之间复杂并往往出于潜意识的人际互动，即移情，处于助人过程的核心地位。卡尔·罗杰斯（Carl Rogers）在他的人本主义理论中以一种不同的方式强调助人关系的质量，无条件地积极关注、准确的同感（empathy）和真诚，在助人过程中，这是非常必要的②。

本章将介绍精神分析和人本主义在关系建立阶段的理论背景、目标以及在关系建立阶段如何运用同感、专注与倾听等技巧。

---

① Patterson C H. Resistance in Psychotherapy：A Person-centered View［M］. In Understanding Psychotherapy：Fifty Years of Client-centered Theory and Practice . PCCS Books，2000.

② Rogers，C. R. Counseling and Psychotherapy，1942.

第一节　关系建立阶段的理论背景

一、专业关系的定义及特性

（一）专业关系的定义

社会工作是以生命影响生命的助人过程，这个助人过程须通过“社会工作的专业关系”来加以体现。[①] 因此，专业关系在社会工作历史上是一直被强调的问题，许多学者都从不同的角度进行了阐述。

对于专业关系的界定，有两种主流的论述。

一是认为专业关系直接等同于职业关系。当服务对象遭遇困境，并向社工求助时，双方即产生职业上的关系，其专业关系也随即建立（张雄，1999）[②]。

二是认为专业关系不仅仅是一种职业关系，在职业关系的基础上，还要涉及社工与服务对象之间的情感和态度层面的互动。

在各种关于专业关系的定义中，多数都倾向于第二种论述，即将情感和态度上的互动置于专业关系的核心。

本书认为，“专业关系”是指人与人之间或人与群体之间的互动过程，这些互动过程受若干规范所制约，若能适当建立此“专业关系”，便是其专业体现的核心与支柱，而社会工作的“专业关系”便是社工与服务对象间受社会工作专业操守及原则所规范的有目的、有时效性的关系。社会工作专业的体系内，除了理论知识、技巧、专业工作手法外，其灵魂为专业操守、原则与价值观，全面体现此专业灵魂的就是“专业关系”。[③]

（二）专业关系的特性

根据社会工作专业关系的定义可以看出社会工作专业关系有其自身的特点和性质，主要体现在下列几个方面：

---

① 陈曦．社会工作专业关系中的双重关系［J］．学理论，2014（03）：73-75.

② 张雄．论社区研究的三大特点［J］．华东理工大学学报（社会科学版），1999（01）：49-53.

③ 陈曦．社会工作专业关系中的双重关系［J］．学理论，2014（03）：73-75.

1. 专业关系有明确的目的。一方面，在社会工作的实践中，专业关系是有目的性的，它反映在社工和服务对象制定的目标当中。目标体现为双方统一的口头或非口头的契约，符合社会工作整体目标和社工拥有的权利。不管目标是怎样制定出来和怎样得到澄清的，它都要能防止或解决个人、家庭、社区的问题，以发展服务对象的潜能。总之，在社会工作专业关系中，社工和服务对象的互动过程应以解决服务对象的生活困难为目的，从而激发服务对象的潜能来增强其对生活的适应能力。另一方面，专业关系的互动目的是提前告知并力争获得服务对象同意，互动目的清晰且明确。而私人关系以分享生活经验和感受为主，是一种互相支持的关系，双方期待从中获得快乐，互动的目的性不太明确或无明确目的。①

2. 以服务对象为本。从根本上讲，建立专业的助人关系是为了满足服务对象的需求，所以服务对象的需要应该放在首位。首先，社工的态度应该亲切诚恳，应该表达出对服务对象的支持和兴趣，让服务对象感觉到自己被重视。其次，与服务对象共同相处的时间也应都用于满足服务对象的需要。而在一般的社会性关系和商业性关系当中，社工的个人兴趣发挥着极为重要的作用。当然，以服务对象为本并不意味着丢失自我，它只是强调了社工在助人关系当中的取向。

3. 专业关系的存在具有时间性。社工和服务对象统一的目标表明双方都对此有所承诺，都承担一定的义务。在这种情况下，这一关系就必须有时间限制，明确什么时候要实现目标，什么时候终结关系，即当服务对象的问题或需要得到解决或满足后，社工应终止专业的助人关系，帮助服务对象重建独立自主的正常生活。社工须妥善处理专业关系的终止，甚至在开始专业关系时就应做好服务结束的准备，以免服务对象产生困扰。当然，如果出现新的目标要另作处理。

4. 受控制性。社会工作专业关系是“控制性”的，社工要掌握助人工作的大方向，并控制自己的感情投入和采取的行动。专业助人关系不仅要以所要达成的目标为指导，而且也要遵守本专业明确详尽的道德守则的制约。具体包括：社工需要控制自己的情绪、客观公正，同时也能非批判地接纳；尊重服务对象的自决权和保密权；让服务对象能通过建设性的方法

① 区伟祥．社会工作专业关系浅谈（上）［J］．中国社会工作，2017（16）：63.

来表达自己的诉求等。这些守则是至关重要的控制手段，起到保护服务对象的利益，并确保服务对象与社工的关系能围绕着特定的目标建立起来。

5. 非平等性。专业关系是一种职业关系，而不是私人关系。社会工作专业关系中，互动是以服务对象为中心，集中分享、讨论及了解服务对象的资料、处境、问题与需要等。若无必要，社工则尽量少分享个人资料。另外，社工拥有“专业角色”，故在互动中具一定的权威性，即社会工作的专业关系会倾向于单向及主导或引导式。简言之，社工拥有权威的基础是专业技能、专业地位和法定职责，这与私人关系、友谊不同。在私人关系中，互动双方较为平等，互助性较强，无论被动方还是主动方都相对自由，双方充分分享个人信息或经验，促进相互的深入认识。私人关系或友谊的特点是关系平等和相互依存。下表是专业关系和一般关系的区别。

专业关系	朋友关系（亲密的）
有目的关系	目的不明确
合作关系（情感性与工具性）	情感性关系
不平等与非互助	平等与互助
暂时性	无时间性
机构性	个人性
完全以服务对象的利益为优先考虑	需求平等

二、专业关系的重要性

专业关系建立的重要作用就是帮助服务对象战胜他们的防御。防御是心灵对内外压力和情绪抵触作出的无意识和自动化的反应方式。防御限制一个人对焦虑、抑郁或者嫉妒等负面情绪的察觉，并限制处理内在的情绪冲突。

好的专业关系让人感到温馨、舒服、开心、容易建立一种相互信任的关系，使服务对象产生安全感、自信心，减少防卫心理而愿意放开自己，从而有助于减少沟通信息的误解。好的关系也有利于增强对服务对象的影响力，有助于服务对象产生学习和改变的动机，总之，专业关系是助人工作的基础，是治疗的重要手段和中介，而工作者的同感、接纳与真诚是建立良好关系的必要条件①。在中国现阶段的社会工作实践中，绝大部分的服务对象是非自愿的服务对象。

（一）非自愿

非自愿指的是服务对象非自愿地接受社会工作服务，也就是被强制接受社会工作服务的服务对象。例如，一个接受社区矫正的社区服刑人员，将社会工作服务看作是服刑；一个与老师发生摩擦的中学生，他会将因此被送至社会工作室看作是一种惩罚；还有社工主动在殡仪馆发现的丧偶妻子，会将社工看作是推销服务的人员。非自愿的原因很多，但现在社工面临的非自愿主要在于：

1. 缺乏信任。人们对社工的了解不够，当今很多服务对象对任何人都很难信任，即使面对一位最值得信任的社工也同样如此。即使当保密原则已成为服务对象与社工服务协议中一个明白无误的条款时，一些服务对象在信任的道路上仍然迟迟迈不开步子，对这样的服务对象，社工需要将耐心和鼓励结合起来。

2. 羞耻感。羞耻不仅是面对他人做的痛苦的暴露，同时也是一种自己对自己的暴露。例如，服务对象王女士，她的丈夫在两个月前突然去世，在与社工交谈时，常常处于非常被动、不愿意多说的状态，一次面谈中，服务对象陈述“现在最困扰自己的不是丈夫去世，而是担忧自己未来的生活质量的下降”。服务对象问社工，自己这样的想法在现阶段是否不应该有？服务对象为自己不再为丈夫的去世感到悲伤，反而担忧未来的生活质量而感到羞耻，所以一直处于非自愿地与社工交谈的状态。

3. 失去希望。有些服务对象认为“改变是不可能的，所以为什么要进行尝试?”一个30多岁的男人参加了一个小组，他因为持续不断的焦虑而抱怨。他放弃希望，认为怎么会有任何一个人像他一样被父亲残忍对待，还仍然抱着希望？对他来说，逃离家庭只是开始，他在往后的人生中一直逃离希望。但是，面对社工和其他成员的挑战后，他重新发现了希望，并带着希望也重新找回了自我责任。他不再将焦虑放在父亲的虐待所造成的创伤上，也不再聚焦因生活所造成自我伤害的创伤上。他在团体中所受到的支持，以及在其他成员分享生命的挣扎中发现了希望。

---

① 张祥勇．个案工作介入困境儿童偏差行为问题的研究［D］．广西师范大学，2019.

面对非自愿服务对象，社工可以通过表达真诚获得服务对象的信任，从而建立专业关系。社工看看服务对象的成长、发展和成熟过程中的挣扎，就可以了解非自愿的根源有多少。

（二）抗拒

抗拒可以理解为“妨碍向预期改变方向前进的行为”。实际上，它可能也意味着服务对象对改变的保留，或者是对改变的不情愿。也可以形象地说，“在犹犹豫豫地进入这种需要计划和安排的咨询工作中”。

抗拒是服务对象受到压制时的一种反应。非自愿通常是被动的，抗拒则既可以是主动的，也可以是被动的。这是服务对象的一种反击方式。例如，感到被迫进行婚姻咨询的配偶，往往是抗拒的。他们之所以抗拒，是因为他们将被迫前来咨询视为夫妻角力的把戏，他们对此感到怨愤。服务对象王先生的妻子要他一起去咨询时，他生了一肚子的火，当他知道妻子还将此事告诉自己的母亲，他感到自己被她们合伙算计了，千方百计地要使自己就范。他的心态是，“不管怎么说，她们别想随便摆布我”。

抗拒的服务对象感到自己受到了亏待，大肆张扬说，他们完全不需要去进行咨询。对于同社工建立关系，他呈现出一副冷冰冰的面孔，并且不断地戏弄社工。对于抗拒，并非所有行为都会以这样强烈的形式表现出来。一些服务对象可能会以不接社工电话、不接受家访、不接受社工面谈预约等方式表现出来。社工需要准确地识别抗拒，弄清服务对象抗拒的原因及抗拒的是什么，“对症下药”，回应服务对象的抗拒。

如何与服务对象建立相互信任的关系，是对社工的一大挑战。无论服务过程中发生了什么，社工与服务对象之间的专业关系是存在的，社工的责任之一就是重视专业关系的发展。

三、社会工作专业关系的理论基础

（一）精神分析理论

精神分析理论是心理咨询和精神治疗中的主要传统方法之一，被称为“第一势力”，由西格蒙德·弗洛伊德（Sigmund Freud）首创。经过后续许多治疗师，如阿德勒、荣格、沙利文等人的改革和创新，而发生演变。当前，精神分析理论的重点主要在于关注治疗师和服务对象之间的关系。

精神分析治疗师倾向于用一种中立的态度对待他们的服务对象，极少与他们的服务对象一起分享他们自身的感情和生活，精神分析治疗师试图把他（她）自身看作一个“空白的屏幕”，服务对象可以把他（她）的想法或者是深藏在心里的有关于亲密关系的假设投射到这个空白屏幕上。治疗师希望通过多个星期或者是数月的持续治疗，服务对象对治疗师的感情就像是其对过去生活中的重要人物的感情一样，也就是说，如果服务对象像孩子一样，在其母亲面前表现出被动和依赖的行为，那么她/他在治疗师面前也会再现这种行为。通过中立和分离，治疗师确信服务对象对治疗师的感情并不是因为治疗所导致，而是服务对象把其对母亲或者父亲等人的感情投射到了治疗师的身上，这个过程被叫作移情。

在精神分析治疗中，移情是一种有效的治疗方法，因为当这些关系在咨询室里再次出现时，治疗师才能通过移情技术观察到服务对象童年早期的情况。移情的目的是帮助服务对象认识到他与治疗师之间的这些投射，然后是与其他人的关系，比如配偶、子女、朋友、同事等。例如，一名服务对象可能是被一位情感疏远并且不回应孩子情感的照料者抚养长大的，在治疗中，这名服务对象可能不愿意处理情感，当治疗师鼓励服务对象这样做的时候，服务对象有可能以生气或者退缩作出反应。

在精神分析治疗过程中，治疗关系能够极大地激起强烈的情感，治疗师和服务对象都可以体会到这一点。

（二）人本主义理论

20 世纪 50 年代，人本主义思潮兴起，与罗杰斯有关的疗法，在不同的时间里有不同的叫法，例如“非指导性的”“以服务对象为中心”“以人为中心”或者“罗杰斯学派”疗法，被称之为“第三势力”。

人本主义理论的咨询的核心是关系治疗。罗杰斯认为，人的基本动机是趋向于自我实现的，这种自我实现的趋向促使人们去成为他们想要成为的人。儿童在成长过程中需要获得无条件的积极关注，需要被接纳、尊重、温暖和无价值条件的爱。但是，在成长过程中，由于父母并不完美，他们将价值条件加诸孩子，要求孩子满足一定的要求才能被爱。例如，“你要学习成绩好，我才爱你”“你如果不听话，我就不爱你了”或者“你要足够优秀才能得到我的爱”。很多父母向孩子传达的是只有当孩子满足了父母的要求才能被爱、被接纳。父母给予了孩子很多的价值条件，孩子往往会放弃自发的、顽皮的状态，通过听话、努力学习来取悦父母，但自身真实的经验就可能被歪曲。

罗杰斯认为助人关系本身就能够促进服务对象的成长：“我将自己投入到治疗关系中，怀着一种假设，或者一种信念，那就是我的热情、我的信心以及我对他人内心世界的理解，都将导致有意义过程的发生。”罗杰斯还提出了 6 个必要条件：

- 助人者和受助者有心理上的接触，两者之间的治疗关系和心理接触是服务对象后期改变的基础。
- 受助者处于不一致的状态之中，这种不一致导致服务对象陷入了脆弱和焦虑的状态。
- 助人者在助人关系中是真诚的，保持开放的态度，真诚地为其提供帮助。
- 助人者对受助者表达无条件的积极关注，重视受助者的感受，不作任何评价。
- 助人者对受助者表达共情，应让自己进入受助者的情感世界并理解其内心体验，同时努力与受助者沟通这种同感。
- 受助者体验到社工的真诚、无条件的积极关注和共情同感。

总之，精神分析理论和人本主义理论都在不约而同地共同强调关系建立在整个助人过程中的重要性。精神分析理论重视治疗师和服务对象之间的关系，认为移情是一种治疗方法，能够起到治疗作用的移情，治疗师与服务对象的关系建立是基础。真诚、无条件的积极关注和共情同感是人本主义理论的核心，同时助人的核心就是关系治疗。

四、社会工作专业的原则

社会工作专业关系是凸显社工与服务对象之间的角色关系，确保服务顺利进行的有效保证。但当前，受到社会工作发展阶段和我国现实社会环境的影响，社工很难清楚区分专业行为和个人行为，专业关系与私人关系之间界限比较模糊。专业关系界限的明晰是实现专业关系本土化的重要内容，也是解决诸多伦理困境的有效指引。因此，社工要遵守下列原则。

(一) 适度原则

- 某位婆婆，与儿媳、儿子发生矛盾。社工帮助其住进了养老院并经常探望她，社工的行为让婆婆很感动，提出收社工做“干儿子”并且想把存折给他。
- 某位服务对象，其女儿的精神出现异常，社工跟进治疗、康复、社区融入的全过程。被社工打动，服务对象希望社工成为女儿的男朋友。解释专业关系并说明自己已有女友后，社工被要求为其女儿介绍其他的“社工”男朋友，“社工都很善良，都很优秀，把女儿交给这样的人，我很安心”。

上述案例是服务对象产生了移情。特殊群体长期被忽视或资源不足，而社工的专业和真诚则会使服务对象产生情感依赖，所以就很有可能出现诸如上述所说的情况。这种情况会使社工产生困惑，但拒绝难度大。因此，适度处理专业关系非常重要①。

1. 专业关系建立要注意人际关系的长度

在实际情况中，社工很难为“熟人”提供专业服务，因为社工需要秉持价值中立原则，而社工与“熟人”持续且亲密，难以中立地进行服务，而且参加服务的各方也难以相信社工能够保持中立。但社工只有中立地进行专业服务，才能客观地提出对服务对象当前问题的看法，而关系过于短暂，社工对服务对象不能感同身受，对问题的判断、对需求的把握等等都极有可能出现偏差。此外，服务对象的周边人，也会因为这样的亲密关系，只把社工当作朋友而不是专业人士，其专业权威无法发挥效用②。

2. 注意把握专业关系的刚性与弹性

社工经常会遭受这样的困境：对服务对象的遭遇感到同情与提供帮助的关系处理。比如服务对象家中急需用钱，社工希望服务对象马上能得到帮助，是否选择自己出钱？这样的行为不妥当，因为会导致两个结果。一方面，专业关系变成了恩赐关系，服务对象会对社工感激不尽甚至故意讨好迎合社工，违背了自决原则；另一方面，专业关系变成了依赖关系，服

① 李洁，徐丽敏．青少年社会工作实务的伦理困境及其出路［J］．科技风，2018（34）：264-265.

② 朱静君．督导手记：专业关系的“适度原则”［J］．社会工作（实务版），2011（09）：28-30.

务对象只要有困难就会直接找社工，认为社工有义务解决其所有问题。因此，社工很忌讳直接用自己的钱来满足服务对象之需，即使是解决服务对象当下之急，也要说明是“借”，而且要为服务对象链接这方面的资源，确保服务对象得到保障。这考验了社工的智商和情商。

（二）坚持专业关系的动态性

专业关系的形成与发展是服务对象和个案工作者之间感受和态度表现交互反应的一个过程，服务对象把他的各种内在心理需求，以口语或非口语的方式传达给社工，而社工在敏锐地察觉并试图了解后，再反映给服务对象；然后服务对象再以口语或非口语的方式，对社工的言行作出反应。这一来一往的互动过程，使得关系的性质随着互动而不断地变化发展，专业关系是在动态的过程中建立起来的。

服务对象因为他本人无法处理的问题或困扰来找社工，因此经常会带有因问题而引发的愤怒或罪感、无法解决困难的挫折感以及对寻求帮助所产生的不安等。工作者应以接纳、尊重、同情的态度对待服务对象，提供温暖、支持、安全感，以减除服务对象的焦虑不安，促使服务对象坦诚开放地表达自己的情绪与感受，并全力配合工作者的诊断、治疗工作，以达成服务的目标。

成功的个案社会工作专业关系，由工作者与服务对象的三种互动构成。

1. 来自服务对象对工作者的互动

服务对象带着他的基本心理需求向工作者求助，他一面陈述自己的问题、自己的软弱之处，一面带着恐惧、怀疑的心理猜想着：

- 这位工作者是否仔细地听我的经历？
- 是否能理解我的处境与问题？是否能帮助我解决困难？
- 是否尊重我？
- 是否把我看成一个失败者？
- 是否会强迫我做不想做的事？
- 是否会泄露我的秘密？

这种不信任与怀疑，使服务对象表现出不愿开放自我的态度，有时甚至会采用不合作甚至敌意的方式。

2. 来自工作者对服务对象的互动

工作者敏锐地觉察服务对象的需求与感受，并了解其中所含的意义，而后适当地作出反应。通过态度的表达，工作者传达出这样的信息：我了解你的问题、优点与弱点，并将继续尊重你一个“人”，我并不想评判你，我非常关心你，并愿尽力帮助你，但一切由你自己做主。

3. 再由服务对象对工作者的互动

服务对象逐渐明白工作者的反应，于是身心松弛下来，开始以友善开放的心态配合工作者的工作，并通过语言或行为向工作者传达这份了解。

当然，如此划分只是概念性的，三种互动实际上是交错的，时时刻刻发生于服务对象与工作者的接触过程中，工作者只有时刻把握住个案社会工作的专业关系，才能顺利达成个案社会工作的目标。

（三）坚持专业自我

在整个专业服务过程中，服务对象对专业人员的态度与反应可分为切合实际和非切合实际两种；专业人员对服务对象的态度和反应也可分为切合实际和非切合实际两种。因此，专业人员一方面须敏锐地觉察服务对象对他的态度和反应，个案工作者要发展成熟的“专业自我”，一方面要引导服务对象理解、认识工作者的“专业自我”，这是保证个案社会工作专业关系的根本。

与服务对象一样，个案工作者也是人，也是在一定的社会文化环境中学习成长起来的，他会持有某些社会文化价值与信念，也会有某种个人的性格特征，在社会生活中也有其个人的问题与苦恼，有工作压力与身体不适。但是作为一个专业人士在从事专业工作时，必须尽力表现出承担着专业职责的“专业自我”。

表现“专业自我”包括以下几项：

- 个案工作者对服务对象的各种反应应保持相当的理性，与服务对象是一种专业关系层次上的互动，而不是工作者个人动机的行为或主观感情上的反应。
- 个案工作者的任何反应均应为了协助服务对象工作，而不是为了满足工作者本身的需求。
- 个案工作者对待服务对象必须以高度客观和中立的态度，即必须排除个案工作者在日常生活中可能持有的某些价值、信念与观念，而以客观和中立的态度从事专业性的服务。

为了在专业服务中表现出个案工作者的专业自我，个案工作者应具有相当的素质。

一个专业的个案工作者应该具有专业的知识与技能，这是不言而喻的。具体地讲，他必须具备有关人际关系的知识以及改善人际关系的技巧。但由于社会工作是助人的事业，所接触的对象是活生生的人，个案工作者要帮助他人解决问题、激发潜能，所以他自身必须是一个高度成熟，且对个人与社会有着深切责任感的人。一个优秀的个案工作者必须具备以下条件。

1. 是一个成长中的人

他必须不畏惧生活，并能坦然地投入生活，他应有足够的安全感；他能把成长和改变当成是自然的过程；他不会因紧张与焦虑而防卫。一句话，他是一个具有相当成熟度，并仍在不断学习、成长中的人。

2. 有自我分析的能力

工作者的一部分知识和技术，是靠观察自己在专业关系上的行为、态度、感受而来。他必须有自我分析的能力，能反思自己的错误，以达到更高的自觉与自我控制。工作者为了与他人形成助人关系，也应有与自己形成一种助人关系的能力，敏感地觉察自己的感觉，接受自己的感觉，成为真实的自己。

3. 有影响服务对象的能力

工作者必须是得到社会与机构认可，并拥有丰富的知识和经验，可以提供服务对象所需服务的专家。工作者只有具有这些权威和能力，才能获得服务对象的合作。

4. 有协助他人的意愿

在个案社会工作过程中，工作者须以服务对象及其问题为中心，奉献出自己的知识、关怀、兴趣和了解等，所以工作者只有有助人的意愿才能达成个案社会工作的目标。助人的意愿来自对生命的肯定和对爱的实践，是以助人为业者的源头活水，一日不可或缺。

5. 需有相当的勇气

个案工作者要有忍受不确定、攻击与焦虑的意志，要有接受新观念的勇气。

6. 应有相当的敏感度

即有体悟和了解他人内在世界的能力，接受他人言语与非言语信息的能力，这样才能了解服务对象的需求，从而提供适当的协助。

以上这些个案工作者须具备的素质，其中有些可由训练而得，有些则不然。一个对人际关系不关心、对自己以外的人不感兴趣、自我有严重缺陷者，再多的训练也是徒劳的。要成为一个合格的个案工作者，必须经常自我检查思想、净化情感、端正态度，将上述要求真正内化为自我人格。

【互动练习】

1. 想一想，社工要与服务对象建立怎样的关系？怎样区分关系的边界？

2. 服务对象反复邀请你在非工作时间参加社交活动，并且表示，如果社工是真正地关心他，就应该参加这些活动，你会怎么做？

3. 服务对象想成为社工最喜欢的服务对象，反复询问，他对你有多特殊，你有多能理解他。

4. 谈一谈，你在与他人交往时，用过哪些防御机制。

第二节　关系建立阶段的任务与方法

一、关系建立阶段的目标

与服务对象建立良好的关系是社会工作助人活动的开端，是社工与潜在服务对象开始接触，了解其需要，帮助其逐渐成为服务对象并接受服务的过程；是社工与潜在的服务对象通过沟通达成共同解决问题初步协议的整个助人过程的开始。

本阶段的目标是要通过与服务对象的接触，在工作者和服务对象之间建立信任专业关系，减轻初期压力，澄清问题和需要，促进行动的意识。一般是服务开始阶段，具体指个案会谈的初期、小组工作的前期等。本阶段的目标主要是建立信任。

社工与服务对象之间的信任是建立在专业关系基础上的一种人际信

任。专业关系建立得好坏对于社会工作实务的开展具有重要的影响，而信任是专业关系的第一个特征（曾群，2009）[①]。Howe（2011）认为在社会工作实务中有两个阶段，一是信任感的培养，二是开始让服务对象寻找适合的需求或问题进行解决，只有在完成第一阶段的基础上，第二阶段的工作才能顺利开展。社工与服务对象只有建立了信任的专业关系，服务对象才会愿意真诚而开放地表达自己的需求。而这些真实的需求，对于社工开展下一步的预估、诊断、计划和介入工作具有至关重要的作用。只有在这种信任关系存在的情况下，服务对象才有可能愿意与社工一起达成最终的目标[②]。

Levy（1976）则认为社工与服务对象之间的关系是一种信托关系，也就是说，信任是社工与服务对象之间关系的主要核心[③]。在这种信任关系里，服务对象愿意冒着自己的隐私权、自主权等被利用和侵犯的风险，将私人生活（包括家庭、朋友、经济状况、面临的问题及其他秘密等所有有意义的生命重要部分）交给社工，相信社工会以适当、真诚、合乎专业伦理的态度谨慎处理这些资源与信息。

二、关系建立阶段的任务

关系建立阶段作为社会工作助人的第一阶段，可以被视为预估阶段。在这个阶段，要找出：

- 发生了什么事情？
- 什么机会/资源/能力尚未被应用？
- 什么资源蕴含在生活事件之中？

协助服务对象了解他们自己，找出他们生活中蕴含的意义。从这个角度看，预估不是社工替服务对象做的事情，而是学习过程。在这个过程中，服务对象和社工是互相学习的合作者。

（一）确定服务对象的期待

服务对象对专业关系的认知有限，有时会与社工的期待有所不同，进

---

① 曾群．灾后社区重建中社会工作介入的原则［J］．社会观察，2009（05）：26-27.

② 谢伊青．社会工作专业关系中的案主信任［D］．复旦大学，2013.

③ Levy C S. Social Work Ethics［M］. New York：Human Science Press，1976.

而影响专业关系的建立。例如：有的服务对象期待社工给他教导、提供有效而快速的解决方法，一旦没有达到心理预期，会对社工专业性产生质疑。通常，服务对象对社会工作的求助过程、专业流程的认识是有限的，因此社工要小心询问服务对象的期待。当双方角色期待有冲突时，社工需要进行适当的引导。在双方专业关系没有建立之前，社工应该避免过分深入讨论服务对象的期待，因为服务对象的要求常常具有隐私性，过早要求服务对象自我揭露会引起服务对象的不适。对于自愿性的服务对象，社工可以在适当的时机，借由以下的问题引导服务对象说明自己的期待：

- 你期望我或机构可以提供给你什么样的协助？
- 当你决定要来到这里的时候，你期望得到的帮助是什么样子的？

（二）建立双向的沟通模式，并激发服务对象面对问题的动机

社工在帮助非自愿服务对象中有效地使用沟通技巧是非常重要的。服务对象会抗拒去向社工传递重要的信息和感受，导致服务对象从此不再接受社工的服务。所谓建立关系是指社工与服务对象间产生一种双向沟通，不仅社工足够坦诚，而且能够使服务对象感受到其真诚关心，进而对社工产生信任感。社工在与不同服务对象会谈的时候应该考量服务对象的文化背景。

不仅仅是非自愿性的服务对象，即使是主动求助的服务对象也会对协助过程充满不安，他们通常不认为自己有问题，并且认为问题产生的原因是其他人或环境所造成的。面对这类服务对象的时候，社工的任务包括：

第一，消除服务对象负面感受。让服务对象感受到社会工作者的真诚和尊重。

第二，协助服务对象了解问题产生的原因，并评估不同问题以及解决方法的优缺点。

第三，引发服务对象面对问题的动机。依据生态系统理论的说法，服务对象面对问题动机会影响社工和服务对象的互动，有技巧的社工能激发非自愿服务对象面对问题的动机。

有时候服务对象会主动告诉社工他们所面临的问题，也具备面对问题的动机，但通常都是扮演被动的角色，并期待社工帮助服务对象解决自己的问题。社工在面对服务对象不切实际的期待的时候，应扮演伙伴的角

色，肯定服务对象具有解决问题的能力，共同完成解决问题的任务。

服务对象对问题的了解和面对问题的动机是有效解决问题不可或缺的因素。通常服务对象并非没有面对问题的动机，而是缺乏面对别人认定的问题及判断达成目标的可能性。因此，对达成目标行为缺乏信心的服务对象也缺乏面对问题的动机，此时社工的任务就是协助服务对象发现达成目标的可能性以增加服务对象面对问题的动机。

当社工面对的服务对象是团体成员的时候，不仅需要成员对社工产生信任，也需要对其他成员产生信任感。因此在这个阶段的任务包含社工与成员间以及成员彼此间的信任关系两个层面。如果团体成员的种族、国籍或社会阶层各不相同的时候，社工不仅要觉察成员的行为的文化差异，且需要扮演促进团体互动的角色，以消除成员之间的沟通障碍。

（三）简短介绍会谈过程，说明服务对象与社工的伙伴关系

在建立关系的阶段时，社工需要明确地告诉服务对象自己是他的伙伴，而非“管家”。通常，服务对象在求助时，期待社工可以提供一个有效的方法使自己的问题得以解决，而忽视自己在整个问题解决过程中的角色与义务。面对这样的服务对象，社工必须要向服务对象明确地传达自己会尽自己最大的力量协助他们、实现他们的愿望的决心，并且澄清不成熟的建议对他们问题解决的影响。事先说明有助于避免服务对象认为社工不愿意满足他们的期待，影响双方的专业关系。社工需要协助服务对象调整不切实际的期待，并澄清社工的角色。澄清过程包括：

- 了解与同感服务对象的不合理期待及服务对象的急迫性。
- 表达社工协助的意愿。
- 解释服务对象不合理期待为何不能实现。
- 澄清助人过程，定义社工与服务对象的伙伴关系。
- 澄清服务对象积极参与的责任与服务对象最终行动的选择。

此外，除了角色澄清过程外，社工还需要注意：

- 鼓励服务对象开放地分享感受思考与事件。
- 准时出席会谈。
- 强调两次会谈间需要努力依据会谈做实际练习。
- 强调改变过程本身就是困难的。

- 澄清社工的伙伴角色。
- 表达协助克服困难的意愿。

（四）知情同意、隐私权与政策上的沟通

在初次的会谈里，社工需要与服务对象分享沟通的权利与限制，包括讨论隐私权与其限制、取得知情同意与分享政策机构政策法规。需要注意的是，这个部分，社工必须用服务对象熟悉的语言和词汇。社工需要严肃执行，而不是给资料让服务对象阅读和签字。例如，社工告诉服务对象："在服务过程中，你告诉我的所有信息都是严格保密的。我们在会谈中讨论的内容只有我和我的督导会进行讨论。但是，在某些情况下我必须要告诉其他人。例如，你有严重伤害他人的动机；你有严重伤害自己的动机；你有违法的行为等情况。"

（五）非自愿和抗拒服务对象

服务对象在专业关系建立时可能会表现出两种状态，分别是非自愿和抗拒。许多社工会对两者进行混淆，因为非自愿和抗拒所表现出来的行为有些类似甚至几乎相同。但非自愿服务对象的根源在于服务对象本身，而抗拒是由社工或者助人历程周遭的社会情境所激发出来的。实际上，在同一个服务对象的身上常常会出现非自愿和抗拒的混合状况，非自愿性的服务对象往往是抗拒的。例如，一个不听话的学生被要求见社工，这个学生将见社工和惩罚联系起来。以下是一些指导原则，可以作为处理非自愿和抗拒现象的依据。

1. 避免做无意的回应

有些社工在遇到不合作的服务对象的时候，常常会觉得困惑。他们会为各种情绪，例如困惑、恐惧、烦躁、愧疚、受伤、沮丧等所困，在被这些困扰的情绪迷惑时，他们会以各种无意的方式进行回应。比如：

- 接受自己的愧疚并且尝试安慰服务对象。
- 不耐烦和充满敌意，并且以口语或非口语的方式表现出这种感觉。
- 期待非自愿和抗拒的消失，却不做任何事情。
- 以冷淡的方式降低自己的期待并且继续助人历程。
- 试着变得更温暖和更热情，希望赢得服务对象的认同。
- 责怪服务对象，结果陷入与服务对象争夺权利的情境。

- 允许自己受制于服务对象，扮演一个替罪羔羊的角色。
- 降低在会谈中可以达成的目标。
- 掌控了助人历程的方向。
- 放弃服务对象。

简言之，之所以有些社工与麻烦的服务对象一起工作时会选择用屈服于自我挫折的斗争或逃跑模式是因为他们感到有压力，这些压力不只是来源于服务对象的行为，也来自社工的自我挫折的态度和对于助人历程的假设。以下就是其中的一些假设：

- 所有服务对象到我这里必须是自发的，并且对改变作出适切的承诺。
- 服务对象必须喜欢和信任我。
- 社工不是一个社会影响者，不必要求服务对象，甚至不必协助他们要求自己。
- 非自愿服务对象是一定可以被协助的。
- 非自愿的服务对象是不可能被协助的。
- 对于助人历程中发生在这个服务对象身上的事情，我是唯一负责人。
- 我必须完全成就服务对象。

这些不实际的信念从来没有被说出来过，但是在服务过程中它们却不断出现。有效的社工通常不会引起服务对象的非自愿和抗拒，也不会因出现非自愿和抗拒而感到意外。

2. 应对策略

（1）探索自己的非自愿和抗拒。检查自己生活当中的非自愿和抗拒，当你觉得受到逼迫的时候会如何反应？当你觉得受到不公平对待时，会做出些什么举动？了解自己的非自愿和抗拒，并且找出一些方法克服它们，你就有可能协助服务对象处理他们的非自愿和抗拒。

（2）将一些非自愿和抗拒视为是正常的。每一个人在一些情境中都会出现非自愿或抗拒，协助服务对象看到非自愿和抗拒并不是坏的或奇怪的，引导服务对象看到非自愿和抗拒的正向积极面，也许它们只是他们性格特点的展现。

（3）接受并处理服务对象的非自愿和抗拒。尊重是处理服务对象非自愿和抗拒的核心技巧。从服务对象的参照架构开始，接纳他们以及他们的非自愿和抗拒，不要忽略它，让服务对象知道你是如何发现的，接着一起探索它，示范开放的态度。此外，协助服务对象处理好与非自愿和抗拒的相关情绪，避免由于说教，接纳这种非自愿或抗拒，而不是以敌意或防卫来应对。

（4）检验处理质量。当服务对象出现非自愿和抗拒的时候，社工可以检验自己的助人行为，而不需要触动自己内心愧疚的旅程。想一想你可能做了什么对服务对象不公平的事？服务对象会因何觉得受到逼迫？例如：也许在不自觉的情况下，社工变得过于具有指导性。另外，请探讨服务对象故意出现一些不当的行为、语言的时候，你所表现出的情绪是怎么样的，这些情绪是怎么“漏出来”的？否认这些感觉是没有用的，承认它们并且找出与它们妥协的方法才是上上策。对于服务对象所说的和所做的，不要过于牵扯到自己身上，如果你让一个有敌意的服务对象困扰着你，你的效率就会减低。当然服务对象也许不是因为你而抗拒，而是因为他或她在处理问题时受到压力，但是恰好你首先感受到了攻击。如果可以，必须要找出它。

（5）必须具有现实性和弹性，一个社工能够做的是有限的，要了解个人和专业的限制。如果社工对成长、发展和改变的期待超越服务对象所期待的结果，那么将会得到一个敌对的专业关系，服务对象和社工的固有期待则会变成自我挫败。

（6）协助服务对象搜寻超越抗拒的动机。协助服务对象找出参与助人历程的动机，应用服务对象的利己主义作为确认这些动机的方式，应用脑力激荡作为找出可能动机的方法。例如：必须了解自己的生活，对服务对象而言也许是一个重要的动机。

（7）将服务对象的重要他人或服务对象变成一个“社工”。不要认为你是服务对象生活中唯一的社工，在协助服务对象面对非自愿和抗拒时，可以纳入服务对象的重要他人。另外，如果可能，找到方法让一个非自愿的或抗拒的服务对象进入协助他人的情境。观点的改变可以协助服务对象处理他们在工作时的不情愿。一个策略是：社工在会谈时扮演服务对象的角色，并且展现出和其他相同的非自愿和抗拒，让服务对象扮演社工的角色，并且协助社工克服对于工作或合作的不情愿。

第三节　建立专业关系的核心技巧

一、同感

（一）同感的定义

同感又称“共情”“同感心”，意为在助人过程中，社工能敏锐、准确地领会和理解服务对象所表达的意思和内涵的情感，并将这种领会和理解向服务对象传递。伊根给同感下的定义是，它“作为一种人类的沟通方式涉及对服务对象的倾听，充分地理解服务对象和他们所挂虑的事，并将此种理解反馈给服务对象，使服务对象能更充分地理解自己，并根据这些理解来行事”。罗杰斯对同感的解释是“社工能够正确地了解服务对象内在的主观世界，并且能将有意义的信息传达给服务对象。明了或觉察到服务对象蕴含的个人意义的世界，就好像是你自己的世界，但是没有丧失这‘好像’的特质”。显然，在罗杰斯看来，感同身受等因素是使服务对象产生变化所必需的因素，是有效的社工所必须具备的重要品质。[①]

在生活中，人们常说：“理解万岁！”把“理解”二字提升到了至高无上的境地，也是对人生体验的一种深刻总结。当一个人在生活与人际交往中遇到难题时，他最希望得到的是什么？是他人的理解。但人与人之间的相处与交流，最难做到的也就是这“理解”二字。对于那些处在心灵困境中苦苦挣扎甚至感到绝望和无助的服务对象来说，则更是如此了。“理解”也可以说是社工的一个最基本的专业技术，说它最基本，是因为没有它，或不能很好地理解、掌握和运用它，就根本谈不上任何意义的助人和自助。所以，理解就是助人过程的基石。

（二）同感的重要性

罗杰斯提出的人本主义理论中，对建立良好的助人关系在实现助人目标过程中的重要作用给予了特殊的强调，他认为要建立良好的助人关系必须要做到：同感、真诚和无条件的积极关注。特别是同感被服务对象知觉

---

① 张碧云．心理咨询中的共感技术［J］．大众科技，2012，14（11）：114-116.

到，将有助于助人关系的建立。有些书直接就把同感标注为准确的理解。所以，可以从理解同感的角度去理解“理解”。

1. 有助于建立专业关系

建立专业的助人关系，最强有力的因素是让服务对象感受到自己被深深地理解和接纳。同感，是实现这种理解与接纳的前提。在助人的过程中，社工会倾听服务对象所讲述的内容，关注被认为最有价值的信息，但并不意味着这样做了，社工就能够真正地理解服务对象所想要表达的含义。社工可以通过必要的沟通手段理解服务对象的精力和情感，但其实常常难以做到真正深入的理解，原因在于社工没有掌握到同感技术的精髓。助人过程包括理性和情绪两个部分，其实，许多有意义的信息来源于服务对象的情绪或经验，它所涉及的通常是服务对象最为烦恼的部分。社工要想深刻地理解服务对象，最重要的途径之一，就是要“听到”服务对象在表达过程中的情绪暗示，而这只有通过同感才能得以实现。

2. 有助于服务对象倾诉问题

同感不仅可以建立社工和服务对象的专业关系，同时为服务对象提供了一个倾诉问题的平台。社工同感服务对象所感知的情绪，传递社工帮助服务对象的意愿和兴趣，创造有利于服务对象行为改变的氛围，通过同感了解服务对象的主观经验世界，理解服务对象的感受和处境，给予服务对象指出情绪，会使服务对象觉得不需要在社工面前检讨自己的行为和处境，更愿意去倾诉面临的问题和困境。

在学习同感时，最常用的是一个精神病患者以为自己是蘑菇的案例。

有一个精神病患者以为自己是一朵蘑菇，他每天撑着一把伞蹲在房间的墙角里，一动不动，不吃也不喝，像一朵真正的蘑菇。

心理医生想到了一个办法。有一天，心理医生也撑了一把雨伞，蹲在了病人旁边。病人感到奇怪，于是问道：“你是谁呀?”心理医生回答：“我也是一朵蘑菇呀!”病人点点头，继续做他的蘑菇。

过了一会儿，医生站了起来，在房间里走来走去，病人很奇怪，于是就问他：“你不是蘑菇吗？怎么可以走来走去呢?”

心理医生回答：“蘑菇当然可以走来走去!”病人想了想，觉得有道理，也跟着医生站了起来，在房间里走来走去。

又过了一会儿，心理医生拿出一个面包开始吃，病人又问：“咦，你不是蘑菇吗？怎么可以吃东西呢？”心理医生理直气壮地回答：“蘑菇当然也可以吃东西！”病人觉得很对，于是也开始吃东西。

几个星期以后，这个精神病患者就能像正常人一样生活了，虽然他还觉得自己是一朵蘑菇。

心理医生陪伴服务对象一起做一朵蘑菇，运用同感与精神病患者建立了专业关系，获得了精神病患者的信任，通过自己的行为，引导精神病患者行为的改变。

（三）同感回应的技巧

社工想要与服务对象建立充满信任的专业关系，掌握同感回应的技巧就显得尤其重要，同感回应的技巧主要有内容反应、情感反应和情感支持。内容反应是社工需要将服务对象表达信息中的人物、事件、情境和想法有关的内容进行重新整合编排。情感反应是社工对服务对象的感受或者服务对象表达信息中的情感内容重新整合编排。

表 3-1　同感回应技巧的定义和目的

技巧	定义	预期目的
内容反应	对服务对象的信息内容的再解释	帮助服务对象关注自己信息的内容
情感反应	对服务对象的情绪情感的再解释	鼓励服务对象关注自己的感受；帮助服务对象意识到自己的情感；帮助服务对象认识和控制情绪
情感支持	对服务对象的情绪情感的理解支持	帮助服务对象建立被支持感和安全感

1. 内容反应

内容反应需要社工对服务对象表达的信息有清楚和准确的理解，当社工对服务对象表达信息感到模棱两可时，需要澄清信息内容，可以使用如：“你是说……”，或者“你正在说的是……”，或者“你能再描述一下……吗”，等等。

怎样判断社工清楚而准确地理解了服务对象表达的信息，可以思考下列几个问题：

（1）服务对象告诉了社工什么？

（2）服务对象所表达的信息中有需要进一步核实的内容吗？有没有表达遗漏的内容？如果有，是什么？

（3）社工有什么方法进一步确认服务对象表达的信息内容？

例如，当服务对象说："我有时真想逃离这里。"作为社工应如何对服务对象表达的信息作进一步澄清确认呢？

服务对象：我有时真想逃离这里。

社工：____

（你能描述一下"逃离这里"是什么意思吗？）

除了准确地了解服务对象的信息外，社工还需要对服务对象表达的语言和想法进行整合编排，对服务对象表达的信息作出反应，让服务对象知道社工理解他的信息。内容反应过程一般包含五个步骤：

（1）社工要在心中重复或者回忆服务对象表达的信息，服务对象告诉了社工什么？

（2）社工问自己在服务对象的信息中存在什么样的人物、物体、想法和情境？信息的内容部分是什么？

（3）社工要选择适当的语言进行内容反应，可以由许多语句引出，但需要选择一种接近服务对象所使用的语言。例如：

- 那看起来好像……
- 它看来就像是……
- 从我的角度看……
- 我所看到的……
- 我明白你的意思……
- 它听起来像……
- 我听到你在说……
- 你在告诉我的是……
- 从我的立场出发……
- 我感觉到……

（4）社工运用语言技巧，将服务对象表达的信息的主要内容或概念表达出来。

（5）社工通过倾听和观察服务对象的反应，来判断最近进行的内容反应的效果。

服务对象王女士刚刚经历了丈夫的突然离世，在与社工交谈时语调平缓、音量较低：像我这样遭遇丈夫去世的人，是不是都会有这样的过程？

（1）服务对象告诉了社工什么？

服务对象的丈夫去世了，正在经历丈夫去世的悲伤，服务对象无法确定自己现在的状况是否正常。

（2）服务对象表达的信息内容部分是什么？服务对象正在讨论什么人、物、想法和情境[①]？

面对丈夫的去世，服务对象感到很悲伤，自己这样的情绪是合理的。

（3）社工应该使用什么合适的语句？

社工使用这样的语句，如“你感到”“从我的立场出发” “我感觉到”等。

（4）社工怎样将服务对象的主要内容用自己的语言表述？

都会有这样的过程：不能接受丈夫去世、悲伤、情绪低落。

（5）怎样判断社工的内容反应是有效的？

倾听和观察服务对象是否肯定了社工内容反应的准确性。

2. 情感反应

（1）情感反应的定义和目标

情感反应则是社工对于服务对象信息的情感部分进行的整合编排。情感反应与内容反应的不同之处在于情感反应需要对服务对象表达的信息加入情绪基调。例如：

服务对象：所有的事情都很无聊，一点儿都不新鲜刺激。我没有什么朋友，只希望我有钱去做一下不同的事情。

社工（内容反应）：你没有钱，也没有朋友，所以你没有什么事情可以做。

社工（情感反应）：你感到孤独和无所事事。

社工在情感反应时，使用了“孤独和无所事事”，以同感服务对象在当下情境所引起的情绪感受。

情感反应在建立专业关系阶段能够实现四个目标。第一，在特定的人

① 王丹．心理咨询师的言语策略研究［D］．吉林大学，2007.

物情境中，激发案主对情感的表达；第二，在情绪管理方面，能够通过情绪的体验来学习处理情绪。强烈情绪不利于服务对象与社工建立关系；第三，情感反应能够帮助服务对象准确地区分不同的情绪感受①；第四，情感反应会让服务对象感到被社工理解，会更加愿意与社工交流。

（2）情感反应的步骤

情感反应是一个较难掌握的技巧，在实践过程中，情绪常常被忽视或误解。情感反应一般包括六个步骤：

第一，使用情绪性词语清单。感受与情绪对行为有强大的影响，同时也是服务对象问题的核心。社工需要具备丰富的情绪的词语和表达方式，以正确反映服务对象的感受，并进而反映情绪的不同程度。例如：形容生气的时候可以用气愤、气急败坏、怒气冲天等词语来表达生气状态。同时，也反映了生气的程度。社工谨慎选择适当的词语，有助于精确地反映服务对象的情绪状态。

社工倾听服务对象信息中的情感词汇，将情感词汇所表达的积极、消极或含混不清的情感归为下面五个分类之一：愤怒、恐惧、冲突、悲伤和幸福。熟悉这些情感词汇可以帮助社工在与服务对象的交流中识别它们，并且扩大社工描述情感的词汇量。

表 3-2　情绪词汇分类表

愤怒	恐惧	冲突	悲伤	幸福
烦恼	担忧	障碍	同情	奇妙
干扰	关注	局限	乏味	倾向
烦扰	紧张	抓住	困惑	舒适
厌烦	紧迫	涌现	失望	相信
惹恼	心神不安	避开	不满足	满足
易怒	害怕	封闭	混乱	高兴
责备	惊恐	压力	屈从	愉快
劈裂	焦虑	做作	不信任	轻松
折磨	惧怕	撕裂	放弃	喜悦
疯狂	恐怕	割裂	烦闷	激动
激惹	震惊	歪曲	丧气	希望
激愤	惊吓	扭曲	痛苦	兴奋

① 曾祥岚．心理咨询的理论与实践［M］．北京：阳光出版社，2010.

续表

愤慨	担忧		沮丧	惊奇
愤然	绝望		消耗	漂浮
恶意	淹没		空洞	充满生机
耗费	恐慌		受挫	狂喜致命
激动	惊呆		孤独	鼓舞生命
激发	惊惧		损失	热心
受辱	恐怖		不幸福	入迷
发怒	恐吓		沉重	激奋
恼怒	拷打		嫉妒痛苦	充裕
憎恨			打击	自由
急躁			减弱	感动
狂怒			压抑	自豪
郁闷			无望	极度喜悦
怒火			无助	激动
			丧失	
			贬低	
			消沉	
			窒息	

情绪性字词清单有助于社工发现服务对象未被察觉的情绪，同时协助社工正确地反应同感心。许多服务对象不仅希望改变所处的困境，同时希望改变情境引发的情绪，而社工的同感反应是协助服务对象改变的首要步骤。表 3-2 包含了在社工助人过程中可能出现的大部分情绪和感受，既有正面与负面感受，又有不同情绪的强弱不同程度。

第二，观察服务对象的非言语行为。社工在进行同感时，除了正确用情绪词汇表达，也强调社工运用适当的语音语调和身体语言，以强化口语反应的表达。非言语行为如身体姿态、面部表情、各种语音特征等是服务对象情绪的重要表达，因为非言语行为比言语更不容易控制，在表达服务对象情绪方面更为准确。此外，使用表达程度的修饰词语，可以适当地传递服务对象的情绪程度，例如，社工：这次考试的分数，让你觉得（有点）（非常）（很）（十分）受挫折。

此外，服务对象可能包含多重的情绪。例如，服务对象：虽然我知道我的女儿吸毒，但我真的不知道该如何教养她。她对我大吼大叫，而且根本不和我说话。她只是喜欢在外面和朋友鬼混，根本不要我管她。我和我的丈夫在她小时候离婚了，有时候我会觉得很对不起她，她讨厌我也是有道理的。

我们发现许多情绪隐藏在这段陈述中，包括困惑、不知所措、愧疚、着急、困难、崩溃、失落、绝望、担心、害怕、疏离、受伤等等。社工回应服务对象的感受时，必须要分辨服务对象当下外显的感受以及内在隐藏的感受。

第三，使用自己的语言反应服务对象的情感。社工把获得的情感反应反馈给服务对象，因此，正确地使用情绪词汇非常重要。

第四，用合适的语句开始情感反应。例如，服务对象表现出沮丧时，“看起来你有点沮丧”“在我看来，你有点沮丧”等等。

第五，加入当下情感出现时的具体情境，像是内容反应+情感反应。例如：服务对象说道：“我不能在正式场合发言，尽管我做足了充分准备，可是一到达正式场合，我就非常紧张，说话不流畅。”案例中的情感反应是紧张，内容或者认知部分是正式场合发言。社工在做情感反应时可以说“你感到很紧张”，而加入情境后可以说“无论你怎么准备，可是一到正式发言，你就感到很紧张”。

第六，评估反应是否有效。一般情况下，如果社工准确反应了服务对象的情感，服务对象就会以“是的，没错”“是的，这就是我的感受”“嗯，就是这样”等肯定社工的反应。如果社工没有准确反应服务对象的情感，服务对象通常会说“不完全是这样”“我感觉不是这样”“不，不是这样的”等否认社工的反应。

下面的案例，将展示社工运用情感反应的6个步骤。

服务对象是一名中年男性，双拳攥在手中，高声且激动地说着：你不会想到，我知道我妻子骗我时，我的感受如何。我的眼睛在冒火！我不知道我能做什么[①]。

从案例中，我们能够看出：

（1）服务对象使用的情感词汇是？

并未表达情感词汇，但存在暗示性的情感话语“眼睛在冒火”。

（2）服务对象的非言语行为表达的感受是？

① 宋官东，徐晓宁．咨询心理学［M］．沈阳：东北大学出版社，2009.

气愤、充满敌意。

（3）正确描述服务对象的情绪词汇是？

气愤、生气。

（4）与其情感词汇相对应的语句是什么？

“似乎……”“显示出……”等。

（5）当下具体的情境是？

知道妻子骗了他。

（6）如何做是准确有帮助的？

观察服务对象的反应，决定是肯定还是否定社工的情感反应。

3. 情感支持

社工除了需要具备内容反应和情感反应技巧，即能准确理解服务对象表达信息的内容和反应服务对象信息中的情绪情感，同时，还需要让服务对象感受到社工的情感支持，也就是说，当服务对象以种种的方式来表达他们的情绪时，社工也能够以多种方法去传达对服务对象情绪的理解和支持。尤其是当服务对象处于问题或困境中，缺少支持和安全感，或者背负内疚感和罪恶感时，社工给予服务对象的情感支持是表达同感、建立关系的关键因素。

例如，引言中提到的吴奶奶，十分关注自己的身体状况，稍感不适，就需要到重庆的几家综合医院相对著名的专科门诊去进行检查诊断，了解身体不同部位的问题，对于去不同的医院就医，没有顾及家人的感受。因意见不同，吴奶奶与家人的关系割裂。

社工刚开始服务吴奶奶时，也无法理解吴奶奶的行为，88 岁高龄、疾病缠身、行走都困难的情况下，仍然坚持一天去几家医院看病，后来社工了解到吴奶奶的父母是军医，所以吴奶奶非常重视自己的身体健康和医院的医疗水平，理解了吴奶奶的行为，同时也给予吴奶奶积极的情感支持，吴奶奶也逐渐开始信任社工，双方建立了良好的专业关系。

同感回应的三大技巧，内容反应、情感反应和情感支持，可以促进专业关系的建立。助人关系初期是要与服务对象建立专业、相互信任的关系。因此，社工应着重于同感服务对象当下表达出的感受，也就是所谓的相互同感。当服务对象感受到社工的真诚、努力与承诺去了解服务对象的状况时，服务对象感受到被同感，逐渐产生安全的环境氛围，因此，服务对象也就不需要建立高高的心理防卫来进行自我保护了。社工在使用同感的时候，要注意反应的尺度。有时候，社工急于尝试探索服务对象内在隐藏的感受，反而会有损专业关系的建立。因为在助人关系稳定之前就揭露服务对象没有察觉的感受，会引起服务对象的反感，而造成过早地结束双方的专业关系。例如，面对非自愿的服务对象的时候，过多的同感反应会让服务对象感觉社工想控制他们。同时，非自愿的服务对象可能认为内在隐藏的感受关乎他们的隐私，过早揭露它们会对助人关系造成负面影响。

二、同感回应的层次

对社工而言，同感是一个基本但是却很难熟练把握的技巧。这个技巧需要不断地练习，不断地在实务中总结经验，才能够做到熟能生巧。同感是有层次性的。Carkhuff（1969）同感量表包括九个层次①，曾经被广泛地运用于训练和研究。但是，九个层次让学生容易混淆，于是后来发展成五个反应的层次。本书也采用了五个反应层次。

1. 第一层次：低层次的同感反应

同感的第一个层次是指社工对于服务对象明显表达的感受，仅部分了解或完全不了解。社工的反应不相关甚至完全相反，不但不能促进沟通而且会阻碍沟通。社工以其个人的参考架构，改变主题，与服务对象产生争议或者提供不成熟的建议、说教或其他阻碍沟通的无效方式。这个层次的反应容易使服务对象产生困惑或防卫，使服务对象的问题讨论流于表面化、争论、否定、退缩甚至沉默的状况。下面是一些第一层次同感的例子，例如：

- 只要这样去做，你就会成功。（建议）
- 如果你去年这样做，你现在已经成功了。（负面评价服务对象的行为）
- 你知道自己是有必要改变的……你参与社区活动多不多？（改变主题）

---

① Carkhuff, Robert R.. Helper Communication as A Function of Helpee Affect and Content [J]. Journal of Counseling Psychology, 1969, 16 (2, Pt. 1): 126-131.

- 只要你和我一起努力，问题一定有好转。（承诺、保证）

2. 第二层次：中低层次的同感反应

同感的第二个层次当中，社工对服务对象表面的信息作反应，但忽略服务对象的感受或陈述的事实。部分社工也可能使用不适当的修饰词来形容服务对象的感受，例如：些微、有一点、好像等形容词；或者错误解释服务对象的感受，例如：将受伤解释为生气，将害怕解释为感到压力。这一层次的反应虽然仅能部分反应服务对象的感受，但也传达了社工愿意去了解服务对象的意愿，因此不会完全阻碍与服务对象的沟通或问题解决。例如：

- 我看到你觉得很挫败，但你应该要多一些耐心。（挫败这个词语比较模糊，不够具体。）
- 你因没有如期完成计划而感到生气，也许是你的期望太高了。（前面抓住了服务对象的感受，但后面半句变成了对服务对象的评论。）
- 你对于现在的情况好像并不满意？（反应服务对象的事实情况，而没有触及服务对象内心的感受。）

3. 第三层次：交互式的同感反应

同感的第三个层次是指社工通过口语和非口语行为传递了解及与服务对象明显的表达作重要的交换。正确反映服务对象陈述中的事实部分、表面感受与当时服务对象的状况。这个层次的同感反应主要在促进会谈进行更深入的探索，以及引导服务对象作问题聚焦的反应。例如：

- 对于你的案件进度缓慢，你好像感到非常生气，并且你开始怀疑你的努力是否白费？
- 我看得出来你觉得非常失落，甚至反问自己：“我真的可以做到吗？”

交互式的同感反应，是了解服务对象陈述的内容与鼓励探问的基本技巧，在助人过程的第一阶段大有裨益。因此，交互式同感反应的建构是很重要的。下列的公式说明了一个交互式同感反应句的结构：

我觉得________关于________因为________。

交互式同感反应重点在于正确指认或描述感受，这个反应将焦点放在服务对象的陈述，而不是社工对于服务对象问题所提的概念。例如：

服务对象：当我和我爸爸说话的时候，我会禁不住地害怕和哭泣，我希望能真实地表达自己，表达不同意他的意见，可是我就是做不到。

社工：听起来你好像每次试着跟父亲说话的时候就会感到慌张，我猜你是挫败的，因为你希望跟父亲在一起的时候能够感到舒适，而且能够开放地跟他谈谈，是吗？

很多时候在服务对象的陈述中存在着相冲突或矛盾的情绪，例如：我喜欢用药，但有时候我也担心药物会对我产生什么样的结果。此时，社工就要强调这两种矛盾的情绪，可使用下面的公式：

你觉得＿＿＿＿＿＿，但是你又觉得＿＿＿＿＿＿＿。

社工可能说：我觉得你好像感到很烦，因为你喜欢用药的感觉，但是你也担心药物对你造成的伤害。

很多时候，为了使社工的同感反应达到交互式同感反应的效果，必须使用服务对象能够了解的词语，避免使用过分抽象的字眼、专业的用语，以及刻板重复的谈话方式来作为他们同感反应的开始。以下是一些同感反应起始词语，可以作出更自然的同感反应：

- 我想如果……
- 我猜想我有点……
- 我刚刚听到你觉得……
- 我刚刚听到你说的话让我觉得……
- 就我的了解，你觉得……
- 对我而言，你好像是说……
- 你是说……
- 看起来你觉得……
- 听起来你好像告诉我说……
- 你的意思是不是……
- 所以，就你的立场而言……
- 你在说这件事情的时候，你好像有一种＿＿＿的感觉。

4. 第四层次：中高层次的反应

这一层次的反应与之前的层次相比较，主要增加了表达服务对象陈述中隐藏的信息及其感受，使服务对象觉察内在更深的情绪。这一层次的目标在于促进服务对象的自我觉察。例如：

- 你对事情的发展感到非常挫折，以至于你开始怀疑你现在求助的这个法律援助机构是否真的有帮助，对吗？

5. 第五层次：高层次的同感

高层次同感是指社工正确反应服务对象全部的、表面的、隐藏的感受与意义，社工能够连接当下的、过去的感受与经验，也能够正确指出隐含的模式、议题或目的。高层次同感反应相较于其他低层次的同感而言，更能够增加服务对象对自我感受和问题了解的深度与广度。例如：

- 你的案件到现在还没有得到任何正式的通知，让你觉得很生气也很挫折。从你的谈话中，我好像觉得你不太确定是否我们还要继续努力，甚至有些觉得自己处在极其不利的位置。我希望你能相信我和相关的服务单位都会尽全力来协助你，你的努力是有可能成功的。①

对于同感反应的使用，在会谈初期，社工必须要经常使用，以促进与服务对象的互动。社工在并不完全了解服务对象的情况下，应该以不确定的表述，以适当的起始语作为是否正确反应服务对象的感受。例如：

- 我是否说得正确？
- 让我看看我是不是了解到你＿＿＿＿＿＿＿＿？
- ＿＿＿＿＿＿＿＿，对吗？

在这里要说明的是，选择合适的起始语言固然重要，但是要知道的是，表现了解服务对象的经验感受的真诚、努力，比正确反应服务对象情绪更重要。社工应该以关注、真诚的口语和非口语反应来表达协助的意愿，以开放、真诚、同感的态度作反应，能够增进助人的历程。

三、同感回应的挑战

同感是从服务对象的角度，而不是社工自己的角度和参考框架去理解

① 刘卫华，励娜．培养社会工作者理论与实践结合的技能：反省的实务［J］．社会工作，2013（03）：56-62+153.

服务对象的能力。以同感的方式对服务对象作出回应，是“尝试与服务对象一同思考，而不是代替服务对象思考”，即用服务对象的眼睛去看待服务对象的困境和情感。在实践工作中，社工要做到这一点需要长期的学习训练和成长，同时也将面临如下的挑战。

（一）承认盲点

同感回应不仅仅是一个单一的概念或者技巧，而是由多种元素组成的一个多阶段的过程。根据赫普沃斯（Hepworth）等人的观点，“同感在培育和维持助人关系中担任着至关重要的角色，并提供一种媒介，促使社工在服务对象的生活中具有情绪意义和影响力”。社工也是人，不能做到对所有人、事件、情境都有充分的认识和理解。社工面对的服务对象是多种多样的，有不同的年龄、不同的文化程度、不同的家庭成长背景、不同的工作经历，难免在服务中遇到社工自己不了解的问题，坦然承认自己不知道的盲点，反而可以让服务对象看到社工的真诚。

（二）提升多样性和多元文化的适应能力

Levy 等人区分了个体和多元文化的同感，多元文化同感概念要求社工理解与我们自己“不同的世界观”。在文化同感中，社工不仅仅对服务对象的语言和非语言作出回应，还要对其文化—历史—种族的背景作出回应。通常误解不只是沟通不良所致，也来自理解风格的差异、各种文化信仰、价值观和语言使用上的差异。

社工经常面对的一个问题是“如何克服自己个人及文化的偏见，从而有效地为各种各样的服务对象服务”。这些服务对象包括那些不受喜欢的、对社会无用的或者令人不愉快的人，如罪犯、吸毒人员等。如果社工无法使自己在面对罪犯或者吸毒人员时内心情绪平静下来，社工就很难帮助这样的服务对象。

例如：在中国几千年的历史中，人们对死亡十分忌讳，抵触去殡葬场所，对殡葬从业人员有严重的偏差认识，甚至歧视。殡葬社会工作服务项目的服务人群之一是殡葬职工，其中一个服务目标是提升殡葬职工对职业的认同感。社工伍珊因工作安排调入殡仪社会工作服务项目，工作地点是殡仪馆，伍珊虽然内心有所疑虑，但还是选择到殡仪馆工作，工作期间也与殡葬职工建立了良好的专业关系。不久后，伍珊怀孕了，觉得殡仪馆不吉利，会影响肚子里的宝宝，拒绝到殡仪馆工作，所以向单位提出了工作调动申请。

案例中的社工伍珊，因自身对文化的包容性认识不够，不仅阻碍自身的成长，同时也辜负了殡葬职工对社工的信任。

第四节　建立专业关系的技巧：专注与真诚

一、专注

专注行为在助人过程的一开始就发挥着重要作用。第一次见面，如果社工的行为让服务对象感觉到受重视、被接纳、有亲切温暖感受时，就是一个好的开始，关系之桥就可能搭建起来；反之，社工所表现的行为使服务对象感受到被拒绝、被嘲笑、被贬抑时，那么“开始”就是“结束”。在此时，社工通过对服务对象表达专心、注意，使服务对象感受到受重视、被接纳，亦即社工以专注的行为表达其对服务对象的尊重与协助的诚意，服务对象感受到以后，对社工产生信任，而更愿意开放、合作，良好关系由此打下基础。专注的行为难以用语言来传达，因此常以非语言行为来表达，可分为生理专注及心理专注。

（一）专注的定义和功能

专注是指社工以非语言的身体姿态表现出的对服务对象的关注。社工表达专注时，会将他们的身体倾向个案，让服务对象感受到被关注，进而感到安全，促进他们以开放的态度表达感受和想法。

当社工在使用专注技巧的时候，能够让服务对象觉得他们是有价值的并且是被倾听的。在某些时候，没有任何语言技巧，仅仅只是与服务对象待在一起也很重要，例如，面对一位刚刚丧偶的服务对象，即使几乎是沉默相对，也能极大地抚慰他的心灵，社工呈现的专注可以如同甘露滋养对方的心灵。此外，专注配合语言技巧可以更好地鼓励服务对象说出自己的想法和感受，并且促进服务对象积极地投入到与社工的面谈之中。

（二）专注的内容

专注的内容包括生理专注和心理专注。

1. 生理专注（physical attending）

生理专注（physical attending）系指用身体语言（body language）及声音的变化来表达，Egan（1986）提出“SOLER”来说明之①，包括：

S（square）面向对方：抬头挺胸，面向对方，表现出社工的精神和以服务对象为主的态度；并且免于外物的干扰，能专心一意在服务对象身上。

O（open）肢体保持开放的姿态：相对于开放的姿态，封闭的（closed）姿态如双臂交叉于胸前、双脚随意交叉或紧缩靠近身体、身体后靠椅背或僵直竖坐，这些肢体语言传达出社工不投入及不友善的信息，会让求助者感受到压力、被排斥、被厌恶、被审视、被批判，求助者感到受伤害而退缩防卫；如果双臂及双脚自然摆放，身体轻松自然坐着，表达出社工对求助者的亲切与接纳，会使得求助者安心地进行会谈。

L（lean）身体向服务对象适当地前倾：尤其当求助者的说话内容或表情、举止与之前不同，或说到关键情节或字词时，社工以适度前倾的操作表达自己的投入及注意，会使得求助者感受到社工的诚意及关注态度。

E（eye contact）保持眼神适当注视：眼神注视别人是一种礼貌，也表达了尊重，更可以把社工对服务对象的亲切、接纳及了解通过眼睛传达给对方。

R（relax）轻松自然、开放的姿态与表情：社工如果神情紧张不安，不但会让服务对象也跟着紧张起来，猜想是否自己的行为使得社工不舒服，讨厌或不耐烦，会认为自己不被接纳，因而退却，踌躇不前，因此社工要随时注意自己的肢体语言，皱着双眉、紧握拳头、僵直身躯、紧缩双肩、眼神漂移、脸部僵硬、坐立不安等行为都要尽量避免。社工如果能保持轻松自然的姿态与表情，就像是在告诉对方“我愿意和你在一起，我接受你、相信你”一样。

2. 心理专注（psychological attending）

心理专注是借由积极倾听（active listening）达成的。尼克尔斯（Nichols）说道：“倾听是一种艺术，通过倾听，我们使用共情穿越我们直接的距离。真诚地倾听意味着悬置记忆、欲望和评价——并且，至少在一

---

① 许燕．心理咨询与治疗［M］．合肥：安徽人民出版社，2007.

小段时间内，是为另一个人而存在。”① 倾听是理解服务对象的参考框架的一种方式。每一个服务对象的信息都是社工接收和处理的刺激。倾听就是与服务对象同在，并理解服务对象。倾听是社工最重要的行为之一，通过倾听服务对象说话表达对服务对象的尊重，并且倾听对方说话才能了解服务对象的痛苦、烦恼与感受；最重要的是倾听本身就具有治疗作用。通过倾听，使服务对象的伤痛、委屈、不满的情绪得以宣泄，使其情感得到净化，就达到某种程度的治疗作用。倾听（listening）与听（hearing）是不一样的。积极倾听不同于消极地听，后者只是听，被动地听；而积极倾听包括：

（1）倾听服务对象语言表达的内容，从其内容来了解其情绪、事情过程及困扰。

（2）倾听服务对象的行为及行为模式。所有人常常会做一些让自己困扰的事情，并且会疏于采取一些行动让自己脱离困境发展机会，服务对象与我们并没有不同。

观察其非言语行为（nonverbal behavior）所蕴藏的意义，注意其手势、面部表情、神态、身体动作及声调之抑扬顿挫、速度、语气，这些使用声音的方法称为语音消息（paralingustic message）等，语音消息有三项功能：

第一，强调、调整、修饰或代替说话者的语言信息。

第二，当非言语行为与说话者的语言信息矛盾时，往往可以表达出说话者的真正意思。例如：一个生气的人，横眉竖眼，手握拳头敲打桌子，提高声音骂着：“这是哪门子道理，怎么叫人服气呢？”这是声音大小行为加强语言信息的意思。有时不必用嘴说“不”，只要用摇手、摇头、耸肩或皱眉就可以代替说“不”了。

第三，对于所听到、观察到的给予适当而简短的反应，能够使服务对象知道社工听懂了，同时鼓励服务对象继续表达，关系就能建立起来。这时所做的反应只是为了表达社工专注在听、听懂了，接受服务对象的感受，所以不必说明、解释、询问，更不必面质、分析或建议，因此只要简短、适当地反应即可，如“嗯”“我懂……”“我了解……”“原来如

---

① 陆晓花．试论心理咨询会谈技巧在大学生思想政治教育工作中的运用［J］．兰州教育学院学报，2014，30（03）：141-143.

此……”“难怪你生气……”，或者点点头，用非言语行为表达接收到他的意思亦可。社工与服务对象接触时，表达专注的行为，使服务对象有一种与以前或与其他人接触时不同的经验，这是人对人的平等，互相尊重的对待。服务对象对社工产生了信任，对自己也产生了信心与自尊，辅导关系容易建立，其实这一套行为不仅是咨商技术，更是有效的人际行为，学习它、运用它，人际关系必定更和谐、更愉快。

1. 倾听服务对象的经验、想法和情感

每个人的故事都是由服务对象的经验、想法、情绪和行为混合而成。有学者指出，精通熟悉这个轮廓或架构会有助于社工组织他们的工作，以便让社会工作服务朝向客观、可辨识的方向发展。社工如果没有任何可以组织服务对象所说的信息的架构或轮廓，就会陷入“临床偏航”的危险。

首先是倾听服务对象经验。服务对象谈到他们的经验，也就是发生在他们身上的事情。大部分的服务对象花一段相当长的时间（有时候花太多时间了）谈论他们到底发生了什么事，例如：

- 我的太太不了解我！
- 当家人发生争执的时候，我叔叔就会恶作剧。
- 我的老板不给我合理的回报。

倾听和了解服务对象的经验是最重要的。然而，因为经验描述的通常是针对别人做了什么或没有做什么。以经验为焦点的故事有时带有受害者身份，其背后隐含的意义是：服务对象的问题都怪在他人（或者外在世界）的身上，例如：

- 她整天不做任何事，当我回到家，家里总是乱七八糟的，难怪我总是无法专注在工作上。
- 他开了一个玩笑，我总是他们嘲笑的对象，我觉得自己很糟糕。

有些服务对象谈到他们的经验，那些经验是内在的，而且是无法控制的，例如：

- 这些沮丧的感觉不知道来自何处，似乎快要让我喘不过气了。

一些服务对象无法管理他们生活问题情境的一个原因是他们太消极了，或者将自己看成受害者。他们认为自己受到他人不利的影响，受到生活周遭的社会情境（例如家庭）不利的影响，受到社会中较大的组织和机构（例如单位或工作场所）不利的影响，也受到文化规范或甚至于内在的力量不利的影响。他们觉得不再能控制自己的生活，或不再能控制生活中的某些方面，所以他们会漫无边际地谈论到这些经验。

有一些服务对象被不公平地对待，受到了生活中社会或机构情境伤害，虽然他们可以经由一些协助来处理这些困扰，但是他们问题情境的完全管理的确需要一些社会环境的改变。例如，一个社工协助一个服务对象妥善处理残暴的丈夫，但是最后法院介入发出保护令，让丈夫不能接近她。

其次是倾听服务对象的想法和思考模式。

第一，倾听服务对象谈论他们脑海中的思考方式和想法。一般而言，服务对象分享他们的想法，包括分享观点、述说意图、宣布决定以及提出提案和计划。当服务对象在述说自己的故事、探索追求美好未来的可能性、设定目标、提出计划和检视完成这些计划可能的障碍时，他们往往会分享他们的观点。观点是服务对象个人对于某些事情的判断或评估。一个完整的观点包括观点本身、提出此观点的理由、观点融于生活中的说明，以及服务对象对于调整观点开放程度的一些指标。如果服务对象也期待他人采用这个观点，则他或她会进行某种形式的营销或说服。但是在现实中，其中的意思常常是：我是这样想的，为什么其他的人不这样想？观点透露服务对象的价值、态度和信念，服务对象也许会分享他们对于世上每一件事情的观点，但社工必须倾听和了解其中与他们的问题情境或者未发展的机会有关的观点。

第二，当服务对象述说其意图、提出提案或者设计出一个特定的行动方案的时候，他们提供了一个进入他们想法的窗口。例如：

一个单亲妈妈，有两个年纪还小的孩子，她是政府救助的成员之一，她的收入无法完全提供必要的花费，她没有保险，孩子的父亲已经好长一段时间不见踪影了，她对一个社工说：我想我不能再继续工作了，我赚的薪水非常少，就连交通费和其他花费，我都无法应付了。我花了太多的时间在出差上，而疏忽了孩子。当我离家时，我的朋友帮我照顾他们，但那是毫无规划的，并且对我朋友来说也是一个负担。如果我申请政府的补助，所得是一样多的，而我可以选择一些拿现金的工作，我有朋友就是这样的。

倾听了这位单亲妈妈的谈话内容，社工可以了解这位服务对象不只是发表一个决定，这个谈话里包括她要做什么（停止目前的工作而选择其他工作）、这么做的原因（目前工作情况不适当性和补足不够的部分）、对自己和孩子所隐含的意义（孩子们将会比较常看到她，也会更加幸福）。

第三，倾听服务对象决定。服务对象会谈论自己正在作的决定或已经作好的决定。决定对于作决定的人或与这个决定相关的人通常具有一些隐含的意义，决定戒酒的服务对象作了一个适合自己的决定和改变，但是对于他的配偶会有些隐含的意义。例如，她以前习惯于和一个常常喝醉酒的先生相处，以后她也许需要学习如何在家里与一个“新人”相处。命令、指示甚至是暗示，在某种程度上是有关他人行为的决定，以及倾听服务对象的感觉、情绪和心情。

了解感觉、情绪和心情在服务对象问题情境中的角色，以及服务对象对于发展机会的期望，都是助人历程的核心。情绪凸显了学习的机会。

- 自从他离开我之后，我觉得自己相当地可怜（这个服务对象学到自怜压缩了她的世界，并且限制了问题管理的行动）。
- 昨晚，我对我的母亲吼叫，现在我觉得自己好惭愧（惭愧也许在这个服务对象与母亲的关系中是一个很好的警钟）。
- 在过去的几个星期中，我一直觉得不安，我不知道是为了什么，我起床时觉得害怕，接着它一下子就不见了，但是在这一天当中，它会一再地出现。（焦虑已经成为这个服务对象的坏习惯，这是会一直持续下去的，服务对象可以做些什么打破这个恶性循环？）
- 我终于完成了期末报告，这个报告我已经延交了几星期，现在我觉得好棒！（在这里，情绪在服务对象挣扎对抗拖延时变成了一个工具。）

服务对象常常不必谈其情绪就会表现出他们的感觉。当一个服务对象说：“我的老板给我调薪了。”社工可以在她的声音里感觉到其情绪；一个服务对象无精打采地谈着话，并且低着头看着地板，也许不会以语言说：“我觉得很沮丧”；一个临终的人也许不需要说话就表现出绝望和忧郁的感觉；也有些服务对象是深刻地感受到一些事情，但是却压抑着他们的感觉。然而，不论是口语的或非口语的，有效能的社工通常能够找到一些线索或暗示，这些线索或暗示显示出感觉和情绪正在服务对象的身体内隆隆地奔驰着。

服务对象的故事、观点、决定和表达出来的意图或行动也是充满了感觉、情绪和心情的。社工需要细心地倾听服务对象在用语上的喜爱、粉饰和赋予意义的方式，其意义不只是在语言中，而是在完整的陈述中。

经验、行动和情绪与服务对象每天的生活是有密切关系的，所以服务对象在说自己的故事时，会将这些东西混在一起。就好像下面这个例子，一个服务对象在一家大公司的人事部门与一个社工谈话：

服务对象：昨天，我经历了生活中最糟糕的一天。

此刻，这个社工知道，有些事情不对劲了。虽然这个服务对象对此事的感觉是很糟糕的，但是对于让这个服务对象感到如此可怕的特别经验、行为和情绪，社工知道得很少。

这个服务对象继续说：在这一天快结束的时候，我的老板因为我没有争取到一个新顾客的生意，就在同事面前对我吼叫（经验），我很愤怒（情绪），并且对着他吼了回去（行为）。他气炸了，并且当场开除了我（对服务对象的经验）。我真的认为，他是一个性情古怪的人，而公司不该让这样一个人坐在督导的位置上（一个想法、一个观点）。现在我觉得糟透了（情绪），我要回去弄清楚我是否真的被开除了。如果是的话，我是否还有机会挽回我的工作（行为）。我有强烈的意图去争取这些，因为这是不公平的（一个想法、一个解决方法、一个观点）。

2. 确认关键信息和感觉

这个阶段社工要对于问题情境有足够的了解，就要进行信息梳理，确定关键的信息。当与特定情境有关的特定经验、行为和感觉被说出来之后，问题情境就清楚多了。在倾听以后，社工需要汇集所听到的信息，进行统整，并确认关键的信息和感觉。例如：

- 投入和发现真正重要的议题的程度如何？
- 对话进行得如何？
- 这里主要的重点是什么？
- 什么经验和行动是最重要的？
- 经历些什么主题？
- 服务对象的观点是什么？

- 对服务对象而言，什么是最重要的？
- 服务对象想要让我了解什么？
- 服务对象说的话隐含什么决定？
- 服务对象计划做什么？

如果社工认为，服务对象所说的每一件事情都是关键重点，则没有任何事是关键的重点。社工还是要针对关键重点作出临床判断，但是这个判断不应该是片面的，而应该来自对话中。

二、真诚

真诚是指社工以自然、诚实、开放的态度与服务对象分享自己。社工的语言表达与他们的实际感受、思考是一致的。真诚的社工是指以真实地表达他们的感受与对自己的感受负责，而不是否认感受或认为感受是服务对象造成的。真诚包括社工以不防御与以人性的态度，承认自己的错误，避免将自己隐藏在专业的面具背后。

真诚的互动具有丰富的内涵，包括对服务对象分享自己的认知与反应，也包括果断地与服务对象进行互动。真诚不是表面上的附和与分享，而是发自内心地与服务对象进行互动，对助人关系的建立具有积极的意义。本节我们主要分享如何与服务对象进行果断的互动以及果断的互动对助人的意义。

果断是真诚互动的一个重要特质，是指在会谈或团体辅导过程当中，服务对象会怀疑社工是否够专业，是否能够在破坏性的人际互动中保护他们。服务对象通常无法在团体里完全分享冒险或承诺，直到他们从持续观察社工的行动中得到果断的答案。如果社工在会谈中是放松和有能力的，也表现出有能力解决服务对象的问题与提供必要的保护，或控制可能的混乱与反复无常的过程的时候，服务对象通常也能放松并燃起希望，进而开始面对他们的问题。如果社工无能力消除或回避失功能的过程而将服务对象置于困境，服务对象就会开始怀疑他们是否能把自己置于这样的危险当中，能否把自己交给社工。如果有这样的怀疑，服务对象可能会因此结束助人关系。下面提供一些与服务对象果断的真诚互动的原则。

（一）提出要求与给予指导

为协作服务对象有效参与会谈并建设性地解决问题，社工需要对服务对象提出要求，有时甚至包括要求服务对象改变参与会谈的方式。社工可能会要求服务对象做下列任何事项：

- 要求成员直接对话，而非通过社工。
- 在会谈中给予他人回馈。
- 以倾听的态度或个人化的陈述来确认他人表达的意思。
- 改变座椅的排列方式。
- 角色扮演。
- 对其他人提出要求，负责在会谈过程中以特定的方式回应。
- 同意在一周内执行指定的任务。
- 在团体或家庭会谈当中，指认出他们自己或他人的优势或进步。

社工在提出要求的时候，要表现出坚定和果断的态度，并以果断的非口语行为传递这些要求。社工在提出要求的时候，经常犯的错误就是以试探性的语气表达这些要求，使得服务对象不确定自己是否需要遵守这些要求。例如：

- 你介意我插话一下吗？
- 我们现在来做角色扮演好吗？
- 对不起，但你不觉得你有点离题了吗？
- 我们能不能讨论一下刚才小明提出的事情？

社工对服务对象的要求是具有指导性的，这种指导是以宣示的陈述方式呈现的，如果服务对象不舒服而反对的话，那责任就在服务对象身上。如果社工给服务对象有选择的权利，他们可能不会果断地回应。因此，社工在会谈中要服务对象有不一样的行为的时候，只要简单地说你要让他们怎么做。如果服务对象出现口语的反对或以非口语的行为表现反对，这就表示他们对社工的要求持保留的态度。社工须以同感反应探索服务对象反对的原因，这样的探索通常可以化解服务对象的害怕与担心，而使服务对象能够放心地做社工要求的事情。

（二）持续聚焦并处理插话的行为

维持持续聚焦是社工重要的任务，却也需要相当的技巧与果断的态度。有些时候因为插话中断或离题的时候，社工需以口语的干预来聚焦或再聚焦。有时候社工需要以坚定的非言语的行为，预防成员打断将产生正向结果的重要过程。例如：

小云对她的母亲说：你从来就不听我说话，在家里你只是对我们吼叫，然后躲进你自己的房间。

母亲：我想我比那好多了……

父亲打断母亲的话，然后对着社工：我想这对我太太是很难的，因为她……

社工：（打断父亲的插话）我想要继续听小云刚刚讲的话。小云，你继续说你对你母亲的感受。

（三）中断失功能性的过程

许多经验不足的社工因为不知道干预的技巧，或者认为要等待服务对象谈到一段落时再干预，这种状况表现出社工未能尽其主要责任之一，即带领与指导会谈过程，影响参与者以更能够促进关系的方式互动。而服务对象通常求助就是因为他们无法管理破坏性的互动过程。因此，任由服务对象持续以争吵、欺骗、威胁、责难、批评、贴标签等习惯的模式互动，只会让问题更加恶化。社工应该干预这种状况，指导服务对象以促进关系的行为进行互动，并带领他们在后续的互动中使用这些行为互动模式。

（四）处理服务对象的愤怒

社工以开放的态度面对服务对象的愤怒，但开放不是指社工逆来顺受，被动与顺从地接受服务对象的愤怒。社工需要果断而且有能力处理服务对象的愤怒，否则容易失去服务对象对他们的尊敬，甚至服务对象会用他们的愤怒影响或恐吓社工，正如他们对其他人一样。协助社工果断地处理服务对象的愤怒，有以下建议：

- 以同感反应的方式回应服务对象愤怒。
- 持续探索服务对象的情况和感受，直到你完全了解引发愤怒事件的本质。
- 服务对象对你的愤怒会消失，负起在该状况里应该负的责任，服务对象真正的问题可能并非与社工有关。
- 当你探索服务对象的愤怒时，要适时且真诚地表达自己的感受与反应。
- 如果服务对象经常以失功能的方式表达愤怒，协助他了解这些可能引起人际关系方面的问题，并且商定改变服务对象表达愤怒行为模式的目标。

（五）对服务对象说“不”和设限

社工有时需要拒绝服务对象的要求或设限。对于服务对象的要求和期望，社工需要谨慎思考才能决定是否答应。有些服务对象基于过去的求助经验，认为社工应该替他解决所有问题。如果社工包办代替，就强化了服务对象的被动行为。

当社工面对非自愿服务对象的时候，设限则有其特殊的意义。社工必须与非自愿服务对象，在建立助人关系的时候把自己当作谈判者或是执行者的角色，这样较为恰当。例如，当一位非自愿性服务对象要求你暂缓执行法院的判决，社工必须要澄清服务对象对你应有的期待。

对于习惯讨好的社工而言，要拒绝服务对象的要求或对服务对象设限是非常困难的，有时拒绝要求或设限是保护服务对象的最佳利益，因此，当服务对象提出这些要求时，社会工作者需要拒绝。如下：

- 要求参加他们的社交活动。
- 要求给他们特权。
- 要求亲密动作。
- 要求干预他们可以自行处理的情况。
- 因为不合理的原因而失约后，要求进行另外特别的会谈。
- 向社工借钱。
- 要求帮忙掩饰违反保护管束假释或机构政策的行为。
- 要求替他们对配偶保守秘密。
- 透露犯罪或伤害他人的计划。
- 要求向雇主或其他单位谎报信息。

除了拒绝服务对象的要求外，社工需要对服务对象设限的状况如下：

- 毫无限制地打电话，甚至去办公室或家中找你。
- 毫无预警地取消会谈。
- 用施虐或暴力的方式表达情绪。
- 习惯性地在每次谈话结束时要求延长会谈时间。
- 持续地违反会谈契约的规定。

- 对社工或其他人提出性的要求。
- 在用药或酒后前来会谈。

此外，在社工与其他社工或专业者互动的时候，真诚且果断的态度也是同样重要的。新进的社工由于缺乏经验和自信，经常对医生、律师、心理咨询师、较有经验的社工感到敬畏，而可能会顺从一些不合理的要求。因此，新进的社工面对不合理的期待的时候，也应该果断地设下限制并维护自身的权利。

本章思考题

1. 试述建立关系的重要性。
2. 试述在建立关系阶段的主要任务是什么。
3. 试述同感在社会工作关系建立阶段的重要性。
4. 试述同感回应的常用技巧、常用策略、面临的挑战。

参考文献

Patterson C H . Resistance in Psychotherapy : A Person -centered View [M] . In Understanding Psychotherapy : Fifty Years of Client-centered Theory and Practice . PCCS Books, 2000.

Rogers, C. R. Counseling and Psychotherapy, 1942.

陈曦 . 社会工作专业关系中的双重关系 [J] . 学理论，2014 (03)：73-75.

张雄 . 论社区研究的三大特点 [J] . 华东理工大学学报（社会科学版），1999 (01)：49-53.

区伟祥 . 社会工作专业关系浅谈（上）[J] . 中国社会工作，2017 (16)：63.

张祥勇 . 个案工作介入困境儿童偏差行为问题的研究 [D] . 广西师范大学，2019.

李洁，徐丽敏 . 青少年社会工作实务的伦理困境及其出路 [J] . 科技风，2018 (34)：264-265.

朱静君 . 督导手记：专业关系的“适度原则” [J] . 社会工作（实务版），2011 (09)：28-30.

曾群 . 灾后社区重建中社会工作介入的原则 [J] . 社会观察，2009 (05)：26-27.

谢伊青 . 社会工作专业关系中的案主信任 [D] . 复旦大学，2013.

Levy C S. Social Work Ethics [M]. New York: Human Science Press, 1976.

张碧云．心理咨询中的共感技术［J］．大众科技，2012，14（11）：114-116.

王丹．心理咨询师的言语策略研究［D］．吉林大学，2007.

曾祥岚．心理咨询的理论与实践［M］．北京：阳光出版社，2010.

宋官东，徐晓宁．咨询心理学［M］．沈阳：东北大学出版社，2009.

Carkhuff, Robert R.. Helper Communication as a Function of Helpee Affect and Content [J]. Journal of Counseling Psychology, 1969, 16 (2, Pt. 1): 126-131.

刘卫华，励娜．培养社会工作者理论与实践结合的技能：反省的实务［J］．社会工作，2013（03）：56-62+153.

许燕．心理咨询与治疗［M］．合肥：安徽人民出版社，2007.

陆晓花．试论心理咨询会谈技巧在大学生思想政治教育工作中的运用［J］．兰州教育学院学报，2014，30（03）：141-143.

第四章　探索想法：说出他们的故事

引　言

唐姐的丈夫在城里打工，一直与唐姐分居两地。近日，丈夫在工作中致残，家庭经济陷入了困境，唐姐带着孩子到城里照顾丈夫。唐姐初到城里，人生地不熟，感到孤单，很想有个亲近的朋友来诉说自己的感受。社区的工作人员在走访当中了解到这个情况，建议唐姐与社工谈谈。第一次会谈的时候，唐姐说她快受不了了，却不敢跟父母和朋友说，害怕父母担心，又认为别人不能真正帮助到她。社工仔细地倾听，并对唐姐的焦虑、难过、无助、拒绝等感受作出回应。在几次会谈之后的某次会谈中，唐姐哭了出来，并诉说着自己生活的不容易，以及来到新环境的不适应。例如，孩子被周围的小朋友排斥，丈夫的维权问题等情况，都让唐姐一度崩溃。社工让唐姐尽情地表达她的感受，对唐姐表述的一些生活经验表示感兴趣。几次会谈以后，唐姐告诉社工，认识社工是一件很棒的事情，释放心中的情绪让她从心底觉得好多了。

本章主要介绍在与服务对象建立了专业关系以后，社工是怎样帮助服务对象抒发自身的情绪，探索内心真实的想法和情感。在探索阶段，社工尝试着从服务对象的参考架构当中了解服务对象的想法、内在经验和力量，让案主相信自己能够走出困境，并且治疗自己。

第一节　社会工作探索阶段概述

在探索阶段，社工的目标不仅是希望了解服务对象的问题和需求，更深层次的目标在于能够帮助服务对象对自己的问题进行再次探索，促进其对自己的想法、情感以及与环境之间的关系有所认识。所谓当局者迷，服务对象在问题之初，常常处于模糊不清的状态，所以需要社工引导服务对象再次回顾事件发生的过程，让服务对象重新去了解、感受、叙述这个事件，使服务对象对自己的状态、心情、想法以及对整个事件的发展与意义有更清晰的觉察，而这种觉察往往是改变的第一步。因此，在探索阶段，社工尝试着从服务对象的参考架构当中去了解服务对象，即从服务对象的眼睛里看世界。通过探索服务对象的想法和感觉，尝试着了解服务对象是如何变成现在的样子的，鼓励服务对象表明自身的想法和领悟，协助其探讨、定义和澄清自身的问题，探讨得越清楚，就可以越有效地处理问题。想法和感觉，都是服务对象的内在经验。如果社工能够帮助服务对象察觉他们的内在经验，服务对象就会开始相信自己，并且治疗自己。

一、探索阶段的理论基础

（一）人本主义理论

罗杰斯对心理学、社会工作都有深远的影响，尤其是他对人性的看法是积极的[①]，以服务对象为中心，对人具有希望。这种希望感在于他认为只要环境适宜，人们就有着健康以及创造性成长的潜能。罗杰斯的强调以服务对象为中心，强调服务对象的经验、感觉、价值和内在生活。因此，罗杰斯相信主观经验会引出行为且人们受他们内在经验而不是外在真实所指引。相同地，他相信了解个案的唯一方法是进入个案的私人世界并了解其内在的参考架构。换句话说，要了解他人，人们需要停止对他人的判断，并且尝试看到服务对象所看到的事物。

根据罗杰斯的说法，人类唯一基本的动机力量是自我实现的倾向，让人们变成他们所想成为的样子，他相信每个人内在有个蓝图或一组潜能可以被继续发展。他认为人类自我实现的力量就像植物和动物，在提供适当成长的条件下，可以在没有任何意识的努力下成长。他相信人们有着天生的能力去实现他们的潜能。因此，在人本主义的影响下，社工在帮助服务对象探索时要为服务对象营造一个良好的、适合自我探索的环境。

---

① 栾声越．论罗杰斯人本主义与我国思想政治教育的契合［D］．哈尔滨工程大学，2008.

（二）人格发展理论

罗杰斯认为个体满足感与其自我实现的倾向是一致的。也就是说，有机体评价的标准是自我实现的倾向。凡是符合自我实现倾向的经验，就会被个体喜欢、接受，成为个体成长发展的有利因素；而那些与自我实现倾向不一致的经验，就会被个体回避和拒绝。例如：婴儿在饥饿时，能够吮吸到乳汁，便会获得一种满足感的体验，他会依赖这个经验来维持有机体并获得发展①。换句话说，每个事件都是有趣的，并且无预设、无成见地开放出来以供探索。

除了有机评价历程，儿童也有被无条件积极尊重的需要。换句话说，儿童需要被接纳、尊重、温暖以及爱，而这些都是无价值条件的。即他们被爱只是因为他们是他们，而不是他们达到了某个标准，或完成了某个特定的要求。当一个儿童感觉被赞赏、接纳以及被他人（通常是父母）了解的时候，他们能经验到自爱以及自我接纳时，就会发展出一种带有极小或甚至没有冲突的健康自我感。一个被赞赏的儿童能够照顾他或她的有机评价历程，并依其内在经验作出好的选择。

不幸的是，父母自己并非完美，有时他们要求儿童实现某种要求才能被爱。例如：父母有时候常常会给出以下信息："除非你是一个好女孩，否则我不爱你""除非你打扫房间，不然我不爱你"或者是"你如果考到100分，我就爱你"。因为父母沟通出（经由语言和动作）只有当儿童的行为符合某些标准时他们才是被爱与被接纳的，然后，儿童就会相信他们必须如何做来讨得父母的爱。换句话说，儿童放弃他们本身的有机评价历程以赢得父母的爱。例如，儿童放弃自主以及玩乐，乖乖坐着，用良好的表现来取悦父母。当儿童内化为她或他父母的价值条件的时候，这些条件便会变成儿童自我概念的一部分。

但是，当这样的经验越多，人们就会越扭曲自我经验。例如，父母惩罚或嘲笑哭泣的儿子，因为他被伤害或需要别人的帮助以完成某项工作。男孩可能会压抑他的痛苦或者依赖，进而表现出非常独立的样子以维持父母的赞许。这个例子说明了外在灌输的价值取代了有机评价历程。在这些儿童身上，当恨以及依赖的感觉被激起时，他们无法辨识或抑制这些感

① 李高峰．生命与死亡的双重变奏：国际视野下的生命教育［D］．华东师范大学，2010.

觉，也就无法和他们的经验相接触了。

儿童只有在自我经验与从他人得到的回馈相一致的时候，才会得到正向的积极尊重。因此，人的自我价值变成依赖自己与重要他人互动时所习得的经验所定。内化他人太多评价，无法抵御其经验开放，无法接纳其感觉，无法活在当下，无法自由作选择，无法信任等，这样的服务对象将经历自我冲突以及自我感觉削弱。

（三）叙事治疗

近年来，一个被称为叙事治疗的全新治疗方式发展起来。叙事治疗的基础假定人类是说故事的动物，在每个文化中，人们借由说故事形塑他们是谁以及对自身的看法。人们叙事时经常被错误和僵化地界定，因此需要重新评估。一个小小的改变，在长期来说可能是很大的影响，因为它改变了叙事方针，并影响到其他叙事。叙事工作在探索阶段的目标便是要把叙事带出来并且探索他们，而且计划在洞察阶段改变叙事。

叙事不仅仅是让个案讲故事，更不是娱乐社工，而是使服务对象能深入思考关于他们所关心的事情。当个案进入一个需要机遇帮助的处境的时候，身为社工，需要放慢脚步和思考他们的处境，在一个正面的、毫无偏见的情况下，提供一个机会来讨论问题的不同面向和其中蕴含的可能，倾听他们是如何看待问题以及他们是怎样诉说自己如何变成了现在的状态的故事以及他们对于自己的问题有什么解释，只有我们理解了，才能够帮助服务对象挑战和改变想法，并且引导他们产生行为改变与故事重写。

社工在实务中经常会产生这样的疑问，如何分辨服务对象是否真正地在探索？如果个案在讲一个故事，那其中会有修饰的特性，即有一个清晰的开头，逐渐到一个高潮，然后是一个结尾。这样的感觉像一个说书人，其重点在于表演，会倾向于获得他人的注意力。但如果个案是在真正地探索自我，在反复思考，常常以单调的方式进行表达，音调语速较为平缓，这时服务对象关注的焦点不是表演而是担忧或者辩解。此外，当个案真的有向内在探索的想法时，经常有停顿的现象以检查事情，而当一个人在说话时察觉到新的东西的时候，他们的音调经常是有变化的。个案探索关注点在于思考、评估、考虑、琢磨以及寻找新观点。

在进行叙事治疗时，社工会用到不同的技巧。协助个案探索想法及叙事的主要技巧是简述语意、摘要，因为这些技巧帮助服务对象感觉自己，鼓励他们继续讲话，且有助于聚焦在他们问题最重要的部分。开放式提问对服务对象探索想法也是非常有帮助的，特别是当适量的点缀在简述语意语句间使用，而封闭式提问和相似经验的袒露只在偶尔有帮助时使用。这些技巧在接下来的章节会详细介绍。

二、探索阶段的目标

探索阶段的目标让服务对象能够相信社工的能力，放心地把自己“交给”社工，这是为以后干预的实施、问题解决的行动策略以及增强服务对象问题解决的能力提供必要的基础。无条件的积极关怀、尊重、接纳等态度，是让服务对象接纳自己、释放内在情绪和经验，并去除自我实现障碍的开始。然而对有些服务对象而言，敞开心扉进行自我探索是很困难的，因此还需要运用到一些专业技巧。在探索阶段，任务主要包括以下这些工作。

（一）帮助服务对象探索想法和感觉

服务对象需要一个可以叙说他们问题的机会。人们常常习惯周而复始的日子，也常常羞于表达自己心中真实的情感。对于心中真正在意的事情，人们往往没有足够安全的环境或没有合适的人进行倾诉，服务对象也是如此。Frank（1991）谈道：“如果没有听到我该怎么说的话，我怎么会知道我是怎么想的。”Frank 提出要给服务对象提供一个表达自我的机会，让服务对象去听、去思考自己在说什么，进而对自己的问题有更深入的认识。

（二）鼓励释放和体验感觉

探索阶段的一个主要目标就是帮助服务对象发现、释放自己在所呈现问题中的情绪和感觉。在社会工作助人过程中，情绪是重要的因素之一，因为情绪是人类最基本的体验[①]，并且与认知和行为联结在一起。许多个案自儿童时期便开始压抑他们的情绪和感觉，他们必须扭曲或者否认他们内心真实的情感才能获得外在的认同、赞许；或因为无法释放自己的情绪和感觉而产生各种心理压力和行为问题。这样的服务对象往往不清楚自己

① 李晶．情绪认知理论的寓身进路［D］．山西大学，2015.

是谁，身上有什么样的特质，也因此依赖他人告诉自己他们的感觉是什么。因此，在探索阶段，社工需要帮助服务对象培养去感受他们真实感觉的能力，并且是可以把这些感觉化作语言文字的能力，帮助服务对象释放情绪、发展自我的感觉。

此外，服务对象需要聚焦在他们当下的立即性感觉。服务对象在会谈的过程中可能会回避立即性感觉，但当社工进行支持、鼓励时，服务对象通常能够容忍当下的焦虑和不适继续探索。例如，服务对象通常会花很长时间告诉社工过去发生了一件什么事情。这时候，社工温和地鼓励服务对象探索对这件事情当下的感觉："你现在对这件事情的感觉怎么样？"当社工这样去询问时，服务对象通常会谈论当下对事件的感觉，并且会更集中、更强烈。

探索阶段的重要性在于催化助人关系的发展，让服务对象有机会探索问题，并融入当下的经验中，让社工有机会了解服务对象所展现出来的问题，并且评估服务方案对服务对象的适用性。

（三）对问题作多面向的评估，觉察与问题有关的社会化社会系统，并确认已存在的或是可以开发的资源系统

在第一阶段，我们已经与服务对象建立了专业关系和互动沟通模式，并了解了服务对象求助的动机。在此阶段，社工仔细探索问题，不仅能够获取丰富的信息、资料，而且可以增加服务对象对社工的信心和互动品质。

在助人过程当中，社工建立专业关系的过程和探讨问题的行动不仅同时存在，而且相互影响。社工表现出同理，不仅传达其对服务对象的了解，促进双方的互动，也间接促进服务对象表达内在情绪，使社工得以评估服务对象的情绪对问题的影响程度。

就社会工作会谈而言，问题探讨是重要的过程。收集完整的服务对象资料，社工才能够了解服务对象问题的全貌，以及这些问题如何彼此影响。社工对问题的探讨始于想了解服务对象主观的情绪和问题，接着扩展到服务对象有关的社会系统，包括服务对象的人际关系和环境等社会系统，最后才是对问题作深度的了解。社工在问题探讨的过程当中，不仅需要注意服务对象的能力，更需要评估这些能力的重要性，并在达成目标阶

段协助服务对象发挥这些能力。社工可以协作服务对象确认目前应用的方法和当问题发生时的例外。例如，面对问题时，什么时候觉得有信心？当时的情景是怎么样的？

社工为能够充分了解到服务对象的问题，不仅需要具备相关的技术，同时也需要具备相关社会系统的知识。这些知识在后面的章节当中会详细地介绍。

社工与服务对象在开始接触时所使用的问题探索技术也会在问题评估过程以及之后的助人过程当中被使用。社工在会谈过程当中除了对服务对象的行为、想法、信念、情绪以及问题有关的重要顺序作立即性评估，选择需深入探索的主要问题外，应找出探索服务对象情绪的适当时机。因此，社工必须对服务对象的问题作出具体的评估，以决定会谈的目标和拟定契约，并以此作为问题解决阶段的基础。

适当的问题评估包括对问题本身、服务对象个人和服务对象所处情境的评估。由于干预时间的限制及要探索问题的范围太大，社工评估问题就显得非常重要。而问题评估包括：对服务对象人身安全、法律规定以及改变意愿的评估等不同层次。其中，服务对象的意愿则是社会工作最重要的考量。

问题评估的目的在于将服务对象的问题本质明确化，评估的内容包括现有社会资源的适用性、服务对象的重要决定、服务对象本身问题、人际和社会系统的困难以及上述原因间的相互关系等等。此外，还需要评估问题持续时间、严重程度以及在服务对象的能力和问题可被改善的考量下可能改善的程度。当然，除了评估服务对象的情况，社工也应该评估自身所具备的专业素养以及机构所能提供的服务内容，如果服务对象所需要的服务超出机构所能提供的服务范围的时候，则需要提供适当的转介服务。

首先，社工评估服务对象所在的社会系统时，应包括服务对象的需求和期望、适应力、能力限制以及面对问题的动机等等。社工评估这些影响因素时，需对服务对象的适应能力、判断能力、情绪特质、负责任的程度、忍受压力的能力、自省能力和社交技巧作评估，并依据评估的结果选择适当且可达成的目标。

其次，社工对服务对象生态系统因素的评估，包括服务对象问题有关的社会系统提供资源的适当性，发挥功能的程度以及社会系统的优缺点等等。其目的在于指出服务对象所处的社会系统需要改善，激发发展的功能。一般而言，与服务对象需要有关的社会系统包括婚姻、家庭和社会支持系统等等，例如朋友、邻居、同事等。

再次，每个文化对人的需求定义和满足方式都不同，社工在评估服务对象社会生态系统功能的时候需要对文化因素进行考量。一些社会文化当中有社会指定的助人者，例如巫师、教主或特定的亲属，因为这些人在服务对象遭遇危机时拥有协助服务对象的特权和地位。

最后，社工对服务对象问题情境的评估还包括人际互动方式。了解相关人士在问题发生过程当中的互动行为，有助于了解问题形成和持续的原因。因此，在对服务对象问题情境实施评估的时候，需要让他们对事实发生过程提供详细的信息。

总体来说，社工的干预计划必须包括社会系统和个人两个部分。无论社工所作的评估是针对服务对象或是婚姻家庭、团体当中特定的个人，都必须评估这些不同层次的社会系统功能。各社会系统都有着独特的权利、角色、习惯、规范以及沟通模式，并且以不同的方式对个人行为造成影响。

社工依据探索过程当中所收集到的资料，对服务对象的问题作出诊断性的评估。社工为增进诊断性评估的正确性①，可邀请服务对象一同参与评估过程，倾听他们对问题的想法。同时，服务对象可以提供相关资料补充，并对社工的评估提出看法。此外，社工在评估过程当中应该强调服务对象的能力和优势，并指出已存在或可以开发的相关的资源，以激发服务对象解决问题的动机。当社工与服务对象达成对问题的共识时，就表示服务对象已经做好进入下一个阶段的准备。

（四）社工与服务对象协商消除或解决问题，建立两者对目标的共识，签订服务契约

当社工与服务对象、夫妻、家庭成员或者团体达成对问题的共识，以及决定与问题有关的社会系统后，便代表社工与服务对象已经准备好进入讨论目标阶段。讨论目标是社工与服务对象相互合作的过程，其目的在于决定消除或解决问题时所需要改变的部分及采取的行动。然而，当服务对

① 常虹．重组家庭子女人际交往障碍的个案研究［D］．西北农林科技大学，2017.

象和社工无法对目标达成共识，服务对象选择中止服务时，社工也应该中止服务。但对于非自愿服务对象，即使在没有达成问题共识的压力下，社工仍然要继续提供服务。

双方达成目标共识以后，接着就是签订服务契约。签订服务契约是社工和服务对象彼此协商的过程，是社工与服务对象对于要达成目标的策略，是对彼此的责任和角色以及服务的相关安排的所有了解并形成的共识。当服务对象的系统是夫妻、家庭或团体时，除上述内容之外，契约内容应包含相关的团体计划以及促进团体达成目标的相关因素。

签订服务契约在整个社会工作助人过程中发挥着重要的作用，签订服务契约降低了社会工作助人过程的神秘性，澄清并具体指明服务对象与社工对彼此的期待，同时也规范了社工所采取的协助方式、要解决的问题和问题解决的具体过程。虽然社工在面对自愿型服务对象的时候签订服务契约是必需的，但面对非自愿型服务对象的时候，也需遵照服务对象的意愿签订服务契约。

第二节　探索想法和感觉：有技巧提问与具体化

在助人过程当中，要探索服务对象的想法，还需要掌握其他两个重要的技巧，分别是：提问与具体化。它们的功能主要有两个：一是协助社工收集服务对象资料，并容许社工深入探索服务对象的问题；二是使社工能够选择聚焦在服务对象的经验部分，以及在助人关系当中催化出服务对象正向改变的动力。

一、有技巧的提问

在社会工作中，我们常常会以问问题的方式来探索我们所关切的议题。直接问问题更容易得到答案，事实上，所有人每天都差不多在问问题。然而，我们在专业实务中该如何有技巧地运用提问？

在问与答的背后，常常隐藏着一个未说出来的假设：工作者是问题的解答者和关键人物，服务对象需要解答；而一旦服务对象提供了有问题的信息，工作者就会提供解答。社工如何在实务中避免这种没有帮助的问与答呢？

在上一节中，我们讲到要为服务对象提供同理、接纳的会谈环境以供服务对象自我探索。但是很多时候，实际的状况是社会工作对服务对象使用了同理，服务对象仍然无法自然地探索自己。此外，很多新进的社工在练习会谈技巧的时候，常常落入“问与答”的惯例。的确，有效的提问、澄清、总结等都能促进他们探索重要的技巧。提问是社工与服务对象会谈时一种非常关键的沟通技能，如果同理回应是会谈的润滑剂，那么提问就是会谈的助推器。

（一）提问的类别

1. 封闭式提问与开放式提问

（1）封闭式问题

封闭式问句似乎在邀请以“是”或“否”来回答，或者用少数几种可能来作回应，典型的封闭式问题如下：

“你受人雇用了吗？”可能在邀请回答是或否。

“你有几个小孩？”

虽然这并非是在邀请是或否的回答，但仍然是以有限度的方式进行回答。虽然封闭式问题引出的信息十分有限，但常常在实务会谈中是有帮助的。

（2）开放式问题

开放式问句则邀请范围较宽的回应，受访者可以自由选择要如何回答。例如：“你的孩子好吗？”“当她那样说的时候，你怎么想？我可以怎么帮助你？”

比起封闭式提问，开放式提问更容易向服务对象传达被关注、被关心、被倾听。

首先，开放式问题可以较明确地邀请服务对象开放地分享自己的认知、观点和感受，让服务对象自己选择要作何种回应，并集中在自己最关心的事物上面；其次，开放式提问可以让服务对象与工作者一样，有责任引导和掌控会谈的方向，而建立起问题解决的相互模式；再次，开放式问题较容易引出服务对象有关感受、态度和行为的信息；最后，开放式问题有助于使人们感受到他们的观点被探索和注意。

开放性的问句有两种结构，第一个是非结构性的开放式问句。由服务对象选择主题，例如："告诉我今天你想说些什么？""你能告诉我你所遇到的其他问题吗？"

另外一种是结构性的开放性问句，结构性的开放性问句是由社工规定要讨论的议题，而服务对象自由决定要如何回应。例如："你提到你对儿子之间发生的事情感到难过，我有兴趣想多知道一点儿。"

还有一些是介于结构与非结构间的开放性问句，社工让服务对象选择以几个字来回应或详尽地阐述，例如："你有多愿意去做这份工作？"

开放性的问句可以用问问题或是礼貌的命令，例如："你对于这样的预期后果感觉如何？""你可以告诉我，你对这样的后果感觉如何吗？"礼貌的命令也是要求信息，但是需要注意提问的时候要压迫感少且较有技巧，问问题的时候要有理有节并且句子里隐藏着要求。例如："我很好奇关于……""我想要知道，如果……""我很有兴趣想知道……"

开放性问句通常以什么或如何开头，以为什么开头的句子通常是无效的。因为他们常常问理由、动机或原因，这些要么是不明显的、不清楚的，要么就是服务对象自己不知道的。问"如何"比问"为什么"，通常会引出更丰富的服务对象行为模式的信息。例如："这件事是如何发生的？""这件事为什么会发生？"

（3）开放式提问与封闭式提问的比较

封闭式问题和开放式问题都能够收集到服务对象资料，但是开放式问题通常能收集较多服务对象对问题的陈述，下面是两个例子对同一个服务对象的同一主题分别以封闭式提问题和开放式提问题的差异：

- 封闭式问题：你和同学相处得是不愉快吗？
  开放式问题：能和我说说你和同学之间发生了什么吗？
- 封闭式问题：你有没有和老师提起你身上发生的事情？
  开放式问题：如果你和你的老师提起这件事，你的老师会有什么样的反应？

不同的提问有两面性。一方面，由于开放式问句能够引出较多的信息，社工常用它能够提高收集资料的效率，事实上服务对象所透露的资料丰富程度与使用开放式问句的比例有关。此外，经常使用开放式问句也能让会谈顺畅。若持续使用封闭式问句，可能导致会谈过程产生片段与不连续。

另一方面，太频繁地使用封闭式问句会发展出“问与答”的惯例，但也可能有助于获得特殊的信息。开放式问句有助于服务对象说出他们的故事和探索他们的问题以及状况。然而，有学者提出，开放式问句可能使服务对象感到威胁或无法抵抗，因为他们不习惯在这么开放的空间明确地叙述他们的思想和感受。例如，在实务中经常会听到有服务者这样说：“我不知道他（社工）要做什么，我并不想被分析。”

在实务过程中并不是每一名服务对象都能够积极地探索自己，社工在探索阶段会碰到不少阻碍。对这类服务对象的回应，有学者建议道：“有些服务对象会猜测工作者想知道什么，来表达自己的困惑和焦虑。除非被点明，否则这种臆测性的想法可能严重地转移会谈的目的。”

假如服务对象不知道自己的需要、关切或问题的焦点，询问“你可以告诉我，你为什么来这里吗?”这种开放式的问题也许太过于模糊，所以可以使用具体问句，以澄清问题所在。封闭式问题能帮助问题有结构性和聚焦，并引出已经由服务对象起头的更多信息。封闭式问题对于缺乏自信者有特别的价值，也许是因为他们沉默寡言或感到无法信任，或发现他们在阐述想法和感受上有困难。

然而，封闭式问题是社会工作者用来掌控讨论和讨论内容的手段，就像运用结构式问卷通常是为了评估。无论是作为面对面互动时的提示还是作为书面表格，例如，照顾儿童教材。这种封闭式问题掌控状况的方式，通常会使服务对象感到被削权：“太多问题了，根本不够关注我的需要。”我们需要觉察到会谈中运用封闭式问题所代表的权力和控制，而不是服务对象分享关于他们生活或状况的经验与专家意见。

封闭式问题的主要缺点，在于会因为过于聚焦而将会谈导向错误的方向。这可能带给服务对象挫折，使其容易觉得自身的经验被忽略，或被归类、压缩到一个小盒子里。相反地，开放式问题可能让抗拒或非自愿的服务对象回避问题重点。例如目前的违规、儿童照顾上的困难和家庭暴力，所以社工需要运用直接问句的方式来聚焦在他或他所关切的问题的部分。

2. 直接提问和间接提问

直接问句是直接提问或询问，例如：“你是如何对你的生活进行规划的?”间接提问是指提一个问题，但是是间接询问。间接询问的问句句尾并不是问号。例如："规划你目前的生活一定很困难。"间接询问能够使问题更加开放，并留给人较多的回答选择。通过间接提问，社工能够给服务对象较多的焦点选择和反应。完全使用直接问题可能具有侵入性，并且可能关闭互动，使沟通无法继续。然而，直接问题在寻求特殊信息和聚焦在特别部分时是必需的。直接和封闭式的问题可能有助于打开服务对象犹豫不决的特定敏感话题，例如揭露曾经受到的身体或性虐待、伴侣对其施暴等。

（二）有效运用问题

问题是社工与服务对象互动时一个很重要的部分，无论是哪一种提问，我们需要注意遵循一些原则：

1. 考虑语言的顺畅

包括询问的频率、速度与顺序。多数人不喜欢被问很多问题，尤其是在很快的速度下。这样可能让社工陷入质问的问与答模式，对服务对象与面谈目的都没有帮助。当服务对象被频繁询问时，他们会有受到拷问的感觉。另外，许多服务对象在直觉上清楚知道哪些问题只是会谈内容的机械填充，因为他们认为问太多问题是社工为了缓解会谈尴尬而采取的行为方式。例如：社工正在和一名少年犯进行会谈，这位青少年因盗窃而被社区矫正。他很难与社工合作，对犯罪的认知有偏差，认为走到今天这个地步是父母的责任。社工尝试与其辩驳，最后问了以下一系列的问题："你是什么时候第一次有这种陷入家庭混乱中的感觉？""为了摆脱你父母的影响，你做了些什么？""如果没有家庭，你与现在会有什么不同？""你有什么样的朋友？"这些问题只是随机搜索信息，其价值是不明确的。很多青少年在回避这样的问题方面是"专家"，因为从被判刑以来，已经接受了无数次的审问，很多的少年犯已经厌倦了被拷问，当面对这样连续的问题的时候，他们往往选择沉默。落入"问与答"的会谈往往是没有作用的。此外，不要问不清楚的问题。有时社工的提问在表面上看来只有一个问题，但实际上是多种问题。

2. 应用问题时的建议

在提问时，对于社工的建议如下：

- 将提问的目标放在心里。

- 协助服务对象尽可能投入参与。
- 协助犹豫或抗拒的服务对象说出他们的故事。
- 协助服务对象确认赋予自己故事焦点的经验、行为和感觉。
- 协助服务对象为讨论开启新领域。
- 协助服务对象尽可能地做到具体和明确。
- 确定提问、探究是以同理的精神完成的。
- 综合运用不同的提问方式。
- 协助服务对象在助人历程中向前移动。

二、具体化

为了使社工和服务对象都能准确了解彼此所描述的行为、感觉或经验，双方都需要能够具体地回应。具体的回应指运用明确的语言来描述特殊的经验、行为与感受。例如：

社工甲：今天你在小组中表现非常好。(模糊且一般的回应)

社工乙：今天你在小组中积极地回应、鼓励其他组员，并且带领组员有了新的体验，我觉得那非常不错。(精确地、具体地描述服务对象行为)

从两个社工的回应来看，第二个社工便是用了具体化技术。使用具体化技术，社工需要做到：

- 指出服务对象以抽象与一般性的语言表达他们的感受与经验。
- 协助服务对象如何能在与他人的关系当中更具体地回应。
- 以精确的及描述清楚的语言来描述社工自己的经验。

(一) 澄清或确认想法

有时确认想法是必需的，因为服务对象传递的信息有时太模糊或太复杂，或者社工并不完全了解服务对象所传递的信息，因此确认的过程就变得非常重要。这对建立关系与传达社工希望能了解他们的问题是非常重要的，同时也能降低会谈当中的误解和猜测。澄清或确认想法经常用：“你的意思是……”“你是说……”或“我想你的意思是说……对吗？”①

---

① 庄艳佳，沈勇强. 意义治疗的团体辅导对于戒毒者复吸倾向的影响［J］. 心理科学，2015，38（02）：468-473.

下面列举一些例子：

- 你看起来很生气，不仅是因为他不理你，而且你认为他还故意伤害了你，是这样吗？
- 我不确定我了解你刚才所说的，让我试着描述一下你刚才所说的事。
- 你可以说得更详细一些吗？以便我能够更了解你的意思。
- 我有点不解，你能再说一遍或者举一些例子吗？

（二）澄清不清楚的意思或不熟悉的字、词、语句

服务对象在表达自己的感受时，经常使用自己惯用的词语或有着多种含义的词语。例如："这个学校非常让人讨厌。""讨厌"这两个字对社工和服务对象可以有不同的解释。

因此，社工可以使用下列的句子以澄清服务对象陈述当中的真正意思。例如："我不太确定，我想了解你说的讨厌是什么，你能不能具体地解释一下？"

很多的字对不同的人、不同地域的人有不同的解读，精确的意义最好是经过要求澄清或举例的方式来确定。

（三）探讨服务对象下结论的基础

服务对象常常表达看法或下结论时，以为自己是基于实情。例如："我毫无价值可言。""我女朋友不再爱我了。"

这两个陈述都包含服务对象的结论，要能正确评估服务对象的困难，社工必须探索这些想法与结论的基础。服务对象常把想法当成事实，并依据自己的想法决定行为和感受。社工的角色在于找出扭曲的事实，并以催化性态度挑战错误的结论。例如："你说你毫无价值，是什么意思？""你如何得出你一定是没有价值的结论？""什么事情让你觉得你的女朋友不再爱你了？"

（四）协助服务对象将陈述个人化

通常情况下，服务对象的陈述可被归类为以下四种主题的焦点：

1. 强调自己：通常是以"我"作为陈述的开始。例如："我对自己感到失望。"

2. 强调他人：以代名词作为陈述的起始，如"他们""人们""有人"

“某人”等。例如：“他们让我感到愤怒。”

3. 强调自己与团体或其他互动的关系：通常是以“我们”这个代名词作为开始。例如：“我们想要这样。”

4. 强调内容：通常是以事件情境或想法作为陈述的开始，例如学校生活对我而言很困难。

在协助服务对象将陈述个人化的过程当中，社工必须完成以下三个任务：

1. 示范、教导、指导服务对象使用自我参照的代名词。如教导服务对象区分关于“我”的信息与“他”的信息之间的差别。

2. 教导服务对象分辨自我参照的陈述与事件有关的陈述（例如物件、东西、想法、情境）间的差别。

3. 经常聚焦在服务对象身上，并使用服务对象的名字或代名词“你”“你们”。

下面的例子示范社工的回应聚焦在情境而不是服务对象身上：

服务对象：我的儿子想要把我送进养老院里。

社工：什么原因让你这样想？

相对地，下面的陈述聚焦在服务对象个人化的担心，并清楚地指出服务对象心里的感受：

社工：你担心你的孩子可能替你考虑一个养老福利院，而你希望自己可以参与决定什么样的环境对你才是安全的。

（五）引导服务对象将感受特殊化

即使服务对象已经能够以个人化的陈述方式表达自己对事件的感受，社工依然需要用其他的信息来澄清他们的经历。因为某些话表达的是一般性感受，而不是特殊性感受。例如：“当我知道没有获得加薪的时候，我真的很难过。”“难过”这个感受用词仅描述了一般性的感受状态，却无法表达服务对象特殊性的感受状态。服务对象可能用“难过”表达的只是没有加薪，同时也可能表达的是不被看重、气愤、怨恨甚至感到无能。

在未获得进一步的信息前，社工无法确定服务对象所经历的“难过”到底是什么感觉。其他感受的字眼也同样缺乏特殊性，例如挫折、不安宁、不舒服、困惑等等。社工可以运用下面的反应来澄清服务对象的感受："你所说的难过具体是指什么？""你能否多告诉我一些关于这件事情是如何让你觉得很困扰的？"

（六）将焦点集中在此时此刻

将焦点由过去事件转化强调此时此刻的事件也是具体化回应的一种方式。这个技巧可以帮助社工观察到服务对象对事件的反应，减低服务对象事后陈述所可能隐藏的偏见和错误。例如：

服务对象：当他告诉我他爱上别人而要分手的时候，我就感到我完全陷入了孤单，就好像没有任何其他人一样。

社工：那一定是一种可怕的痛苦的感觉。我想你现在也有同样的感觉，对吗？

这种状况不但能够直接进入服务对象的内在经验，而且在温暖、接纳与支持的关系中，服务对象能够分享深刻且痛苦的情绪，可能产生持续性的改变。

（七）引出服务对象经历的细节

服务对象经常会提供模糊的经验陈述，因此社工在会谈当中除了需要协助服务对象个人化陈述，以及使服务对象与自己内在的感受和问题联结外，也必须提出适当的问题引出与服务对象经历相关的信息。以"任何""什么"等作为开头的问题有助于服务对象提供具体的资料。例如：

服务对象：我们小组当中许多人都不愿意改变，也不愿意做任何努力。

社工：你在小组中看到了什么状况，让你有这样的结论？

（八）引出服务对象互动关系当中的细节

具体化的反应对正确的评估互动行为也是相当重要的，包括探索引发事件的前因后果。换句话说，社工应探讨事件发生过程的细节，而不是完全跟着服务对象的观点和结论走。例如：

服务对象：在这件事情当中，我的爸爸完全不尊重我，他为什么这样对我？

社工：那一定让你失望，你能告诉我事情发生的先后顺序是什么吗？

我希望能知道细节，就好像我当时也在现场。

在这种状况下，社工应继续协助服务对象联结问题，并以服务对象为主题，运用反问的句子。例如："然后发生了什么?""接下来你做了什么?""然后谁说了什么?"

仔细探索互动的细节，并发现问题。发现问题以后，社工有责任分享其观点，并协助服务对象评估互动行为模式对关系的影响及评估改变互动模式的动机。

（九）社工特殊性的表达

具体化对服务对象与社工两者的沟通也起到非常好的作用。社工经常需要解释、澄清、给予回馈、与服务对象分享个人感受及观点。很多缺少经验的社工常会与一般大众一样，以模糊的陈述来与服务对象沟通，这可能会造成不必要的误解。以下是一些易出现的错误示范："你似乎对我有很多不满。""你今天在小组里表现很好。""我想你的许多困难都来自你的不自信。"

相较于前面所列举的模糊陈述，以下特殊性的表达范例如下："我发现今天你在活动中的表现非常出色，你的观点让大家非常受启发，王阿姨对我说要回去试试你做时间管理的方法。我也发现，你现在与他们沟通越来越自在了。"

当社工以特殊化的陈述、澄清意义及有依据地下结论时，服务对象就不太会误解或投射他们的感受或思考。事实上，服务对象也很想知道社工如何看待他们以及社工为什么会在会谈中有这样的感受。当社工示范地用具体陈述，服务对象也会学习替代用比较特殊化的陈述来沟通。

此外，社工应在会谈中避免使用不当的专业术语。会谈中使用专业术语无法澄清社工的意思，会造成服务对象的困惑甚至认为社工在故意卖弄，显示自己"专家"的身份。以下是一些错误的示范："王先生，你要有服务对象自觉的精神。""请问您的需求是什么?""我们的目标是提高你的情绪管理能力。"

第三节　聚焦技巧：提供焦点和方向

使用聚焦有两个重要的理由，一是避免漫无目的而浪费时间。社工有责任引导助人过程，并避免漫无目的的会谈。助人关系必须具有明确的焦点与延续性。二是社工需要协助服务对象更有深度地持续聚焦在服务对象的问题上。

一、选择探讨主题

虽然探讨的主题因情境而异，但同属一个领域的服务对象通常会有相同的困难。社工在面对自己不熟悉的服务对象时，可以事先试着列出服务对象可能需要探索的问题。如果不清楚，可以与督导一同讨论：哪些主题是不可以协商的？哪些是可以协商或有选择的自由的？社工能够事先知道可能探讨的主题，就能够更有效地选择问题与反应，以便使自己能够作出有效的探索。下面举一个青少年社区矫正案例的探索主题，例如：

- 服务对象的认知与行为的问题。
- 服务对象被社区矫正的原因。
- 服务对象过去的违法记录，以及使用药物和酒精的历史。
- 关于家庭与家庭关系的详细资料。
- 学习状况，包括成绩、问题科目、感兴趣的科目以及与老师的关系。
- 对社区矫正的适应状况以及与管理机构的关系。
- 服务对象对自己优势和资源的看法。
- 同辈关系。
- 生活目标与短程目标。
- 参与专业关系以解决问题的态度等。

当社工使用上述的探讨内容时，应避免全部按照这个内容行事，或者将内容看作会谈的唯一标准，不然将破坏会谈过程中出现的主题，或妨碍服务对象以自己的方式诉说问题。工作者在探索主题时，应扮演催化角色，激励服务对象针对呈现的主题作进一步探讨，并将会谈聚焦在会谈当下的主题上。

二、维持聚焦

（一）融入开放式提问、具体化、同理等回应技巧维持聚焦

本书先前介绍的技巧都具有增进、维持焦点以便深入探讨的功能。结

合这些技巧，能够将服务对象的问题从一般转到特殊。

1. 开放式问句。在整个会谈中，无论服务对象是个人、家庭还是其他团体，社工都可以使用开放式的反应方式，允许服务对象自由选择谈话内容，或者由社工选择主题但鼓励服务对象对该主题自由反应。社工可以运用开放式的问题逐渐从探讨一般性的问题到特殊性的问题。此外，社工可以发现每一个问题或反应，同时也产生了新的探讨主题。

由上述方法选择聚焦的主题之后，社工在鼓励深入探讨该主题时，需要运用开放式的反应及其他催化的口语来引导服务对象深入表达。若开放式的反应将焦点转移到其他问题，那么本次会谈就是一个挫折。换言之，社工虽然运用了开放式的反应，希望能收集更多有关于服务对象问题的资料，但是社工过早将服务对象引导到另外一个方向，就可能无法促进助人过程，而且所收集到的资料可能是不连续的，或是片段的，其结果将是社工应对服务对象问题的资料产生大幅度落差，而无法正确评估服务对象的问题。因此，社工在作开放式反应时，需要很明确地知道“这样反应”将会把服务对象带到什么样的方向。

2. 具体化技术。具体化技术是聚焦的主要技术，它使社工从探讨主题的一般转到特殊，并深入探讨该主题。深入聚焦在主题上，社工便能了解、评估服务对象的问题。

3. 同理反应。同理反应对社工聚焦于深入探讨服务对象的问题感受上具有重要的功能。随着社工运用同理反应的技巧，服务对象在过程中透露了丰富的信息，并且他的问题也可以慢慢被厘清。

上面提到开放式提问、具体化、同理等技巧对聚焦服务对象问题、维持聚焦具有重要的作用。下面的例子，将示范社工如何将开放式问句、具体化、同理等技巧融入社工的会谈中，以维持会谈聚焦的主题。

社工：刚刚你提到你和你丈夫的价值观不同，所以产生了很多矛盾。你能举个例子说一说你们平常相处的状况，让我们一起看看是哪里出了问题吗？（具体化）

服务对象：很多问题。比如我觉得嫁给他应该是被呵护的、被照顾的，然而他却不这样认为，认为我工作工资不高，带孩子也没有尽到责任。

社工：能举一个具体的例子吗？（具体化）

服务对象：这些年我带孩子、做家务、上班感觉老了许多，所以我想去美容院做美容，可是当他知道以后，不但不同意，还认为我不应该去乱花钱。

社工：（点头）你很想去做美容，当时你做了什么？（具体化）

服务对象：我跟他说“我想去美容院做护理”。

社工：当时你是怎样说出这句话的呢？什么表情？什么语气？（具体化技术）

服务对象：那一段时间我心情一直不好，而且我知道他一定不会支持我，所以我当时带着抱怨、生气的表情。

社工：你仔细回想一下你当时的话语，再跟你的丈夫说一次。（具体化技术）

服务对象：（转身面向丈夫）我想去美容院，不管你答不答应，我都要去。

社工：你的态度听起来比较强硬，似乎并不想征求你丈夫的意见。（聚焦）

服务对象：他一定不想让我去。

社工：所以你认定他一定不会支持你。（社工转向服务对象的丈夫，以下简称“丈夫”）听到你妻子问你要去美容院，你当时做了什么？（具体化技术）

丈夫：我叫她先不要去，家里经济比较困难，美容的事情可以先缓一缓。

社工：所以你当时的回答很简单，而且也没有询问你妻子要去美容院的原因，是吗？（聚焦）

丈夫：对，因为我觉得那个时候去额外花一笔钱做美容是不理智的。

社工：当你拒绝你妻子的时候，你是什么感觉？（具体化技术）

丈夫：我觉得我很累，当时装修房子、一家人的开销、儿子的学费都靠我。等过了这段时间，房子装好了，压力就会小一些，到时候她去做什么都可以，但是她并不了解这一点。

社工：听起来你想要说的是“你最近忙于装修、负责家庭大大小小的事务感到力不从心，希望你的妻子能给你一些缓冲的时间”，但你觉得你的妻子并不理解这一点，对吗？（同理）

（丈夫点头）

社工：（转向服务对象）当你听到你丈夫拒绝你的时候，你做了什么？（具体化技术）

服务对象：我开始抱怨嫁给他没有过过好日子，每天都在操劳，这一点的要求都得不到支持。

社工：听起来你感到委屈也感到挫折，因为你最信任的人没有用你能够接受的方式回应你。（同理）

服务对象：（点头）我甚至觉得他一点儿也不在乎我。

社工：我不知道这样说是不是不公平，你处理你感受的方式是抱怨你的丈夫，而不是跟他讲明你要这样去做的原因。（具体化技术）

（服务对象点头）

社工：（转向丈夫）当你的妻子开始抱怨你的时候，当时你做了什么？（具体化技术）

丈夫：我也开始和她争吵，我告诉她应该有一些责任心。

（二）维持聚焦的其他技巧

积极的倾听、同理的回应以及有效的提问等技巧，需要以某种方式组合起来，这种方式可以协助服务对象将他们的注意力聚焦在如何改变的议题上，而简述语意和摘要就是这样的技能。

1. 简述语意

简述语意是重复或复述服务对象所说的内容或意义。简述语意通常用到的自述较少，但与服务对象的原意相似，并且比服务对象本身表达得更清晰、明白。

（1）为什么要使用简述语意

一方面，服务对象能从正确的简述语意中进一步了解自我和获得回馈感。服务对象对他们的问题常常会觉得困惑、矛盾、不堪重负，简述语意可以让其从别人那里了解自己的状态，仔细地思考自己的想法，对事情中的问题进行澄清或完整地探究某个过去考虑过的面向。像这样在一个有兴趣的“听众”面前，利用一些时间仔细地想想问题，这可以导致洞察的产生。

另一方面，借由简述语意社工将听到的转化成语言和文字，让自身在助人过程中饰演积极的角色。社工不去假设对服务对象所说的都了解，这样才可以使用简述语意检验听到的内容是否正确。说“我了解你的感觉”和问问题是容易的，但是这并不能传递任何真实的理解。简述语意服务对象的陈述要困难得多，因为这需要的不仅仅是倾听，还需要社工对个案所说的有足够的了解，这样才能做到简述语意信息的内涵。虽然刚开始的时候，简述语意好像是一个被动的反应方式，但事实上简述语意需要社工主动地投入，以掌握服务对象经验的要素，并把理解说给服务对象听。要搞清楚对方在说什么有时候相当困难，因为有时候服务对象常常也不完全清楚他们自己在想什么。

（2）如何使用简述语意技巧

简述语意的目的在于让服务对象聚焦，并对某个内容作进一步交谈，也让服务对象发现问题。一线社工常会觉得他们应该抓到服务对象所说的每一件事情进行语意简述，这显然是不可能的，而且还会导致会谈失去重点。社工应从服务对象最有兴趣谈论的部分、没有解决的部分找到线索，以决定什么是最值得简述的语意。

一个有效的简述语意会将焦点继续放在服务对象身上，引导并鼓励服务对象继续说下去，社工的简述语意往往比服务对象的陈述要更短而且更具体，其关注点在于最重要的素材，而非重新再说一遍。例如：如果服务对象说了不少关于阻碍学习的事情，社工可以给予这样的简述语意：“所以你最近学习有困难。”或者，“最近你有学习的困难。”这样对服务对象的陈述进行简述语意，能让个案更深度地聚焦在探索的那些事情上。大体来说，简述语意会引导会谈内容聚焦于会谈目标上来。

简述语意的关注点应该放在服务对象的想法上。例如，一位公务员正在谈论他想改变工作，决定换一份具有挑战性但不稳定的工作。在会谈过程中，他一直谈论他同事和朋友对其决定的反应。这时候，社工就需要运用简述语意帮助服务对象转移到自身，比如可以这样回答：“你想要换工作。”而不是放在他的朋友和同事身上：“你朋友不希望你换工作。”

为了减少重复的可能性，社工可以改变简述语意的格式。以下格式可供参考：

- 我听到你说______________________________
- 听起来像是______________________________

- 你说到＿＿＿＿＿＿＿＿＿＿＿＿＿＿＿＿＿＿＿＿＿＿＿＿
- 所以＿＿＿＿＿＿＿＿＿＿＿＿＿＿＿＿＿＿＿＿＿＿＿＿＿
- 你似乎在说＿＿＿＿＿＿＿＿＿＿＿＿＿＿＿＿＿＿＿＿＿＿
- 如果我没有听错的话，＿＿＿＿＿＿＿＿＿＿＿＿＿＿＿＿＿
- 让我看看，我有没有弄清楚你说的＿＿＿＿＿＿＿＿＿＿＿＿
- 我不确定是否完全懂，让我试着说说我有没有明白你，

＿＿＿＿＿＿＿＿＿＿＿＿＿＿＿＿＿＿＿＿＿＿＿＿＿＿＿＿＿＿

除了上面的句式以外，社工可以重复并举出服务对象所说的一个关键词，像离婚、音乐、头痛等，如果关键词被放在问句，或者以一种邀请的语气来说，就能鼓励服务对象对社工多说一点，例如个案在说到她在一项智力测验上得分非常高时，社工如果要了解多一点有关智力的事情，可以这么说："智力……?"这样的简述语意方式能邀请服务对象多说一些智力对她的意义是什么。

2. 摘要

摘要是将相当长时间的话归纳重述，让服务对象更清晰地知道自己表达的内容。摘要的作用包含四个部分：在讨论焦点前，强调特殊问题讨论的重要方面；联结服务对象冗长的相关陈述；回顾服务对象陈述的主要重点与服务对象在下一次会谈前要工作的任务；为了提供会谈的焦点和会谈间的连续性，社工概述前一次会谈的重点与回顾服务对象在最近任务上的进步状况。使用摘要的时机：

第一，新的工作阶段开始之前。首先，前一个工作阶段的摘要有助于让服务对象由前一个阶段继续下去。当摘要应用在一个新的会谈开始的时候，特别是当服务对象看起来不确定如何开始的时候，摘要让服务对象不至于只有重复前面已经说过的话，他迫使服务对象继续向前。其次，摘要为新的会谈提供一个新的出发点，也给服务对象一个增加或修正曾说过的话的机会。最后，将会谈向前推进的责任放在服务对象身上，摘要包含的内涵便是"现在在这里，你要往哪走"，摘要将球丢进了服务对象的场域中，给他们机会练习开始。当然如果社工在每次会谈开始和结束时都获得服务对象的回馈，会谈的进行将会更流畅。

第二，当会谈没有任何进展时。摘要可以应用在没有任何进展的会谈中，为没有进展的会谈提供一个焦点。会谈之所以没有进展，主要原因是

因为社工允许服务对象一而再再而三地讨论相同的事情，而没有协助服务对象更深入地进入自己的故事，以及聚焦在可能性和目标上，或讨论可以协助他们得到自己需要和想要的东西。例如：

小李是一名企业社工，其主要的工作内容是对该企业的员工提供心理辅导和团队建设。芳芳是该企业生产线上的一名员工，芳芳告诉小李，最近压力特别大，出现了精力耗竭的现象。而在第二次的会谈中，芳芳仍然重复着第一次的内容，不断抱怨各种压力事件。此时，小李使用了摘要技巧。

社工：让我们看看，是否可以将你所说的作一个整合。在这里工作，由于其本质是充满压力的，你提到了一连串的事件，例如你中途上厕所受到了指责。但是我想你似乎被暗示，这些事情就是发生在这样性质的公司，是一线生产车间容易发生这样的事情。有时候你希望你不是身处在这个地方。但如果情况不变，也许下一个问题就是：

- 我如何面对他们？
- 我怎么做好我的工作？
- 如何得到持续性的满意？
- 我在这里可以作什么样的改变减少压力事件的发生？

这里摘要的目标，协助服务对象不再停留在“我很气愤”“我很可怜”的埋怨中，而是帮助服务对象找到应对的方法。摘要一个重要的目标就是“下一步我该如何选择”，通过社工的引导发展出新的个人目标和蓝图。

第三，当服务对象需要新的视野。服务对象陷入某一特殊的认知，将零散的信息整理在一起时，服务对象就更清楚地看到了较大的图像，摘要能够协助他们看到替代的想法。例如，一个不愿意接受家庭治疗的丈夫，在太太的几次劝说下终于同意与社工进行会谈以取悦他的妻子。在会谈中，他谈到很多家庭中的事务，但都是零散的。以下是社工与他的对话。

社工：我想将一些事情整合在一起，你曾经在你妻子的职业生涯中鼓励她，特别是在她遇到困难的时候，你也鼓励她让她花些时间和朋友相处减轻压力，享受生活的乐趣。同时，你也确认自己花了很多时间在孩子们身上。你认为和他们在一起对你来说十分重要。

服务对象：对，正是如此。

社工：如果我没听错，现在家里的开销是你负责。你的工作比你妻子的安排更加紧凑，而你现在大概的意思是希望能够让她同意搬家，因为在省城会有更好的发展。

服务对象：当你这样说的时候，我好像干涉并影响了她的生活……她从来没有告诉我，我影响到了她。

社工：关于这点，我们三个人在一起会谈的时候，也许我们可以进一步谈谈。

服务对象：嗯……好，我最好在下一次会谈之前把这些事情都想一想。

摘要为服务对象带来一个温和的提示，服务对象意识到需要勇敢面对隐含在摘要背后“我正在为她作许多决定，其中有些相当大的决定”的主题。

三、处理聚焦的障碍

大多数寻求社工协助的服务对象都有个共通的地方，那就是他们大都有自身的沟通或行为模式，这些模式常造成关系的障碍，但是他们却并不自知。另外，非自愿服务对象可能会觉得会谈对他没有用处，故意躲避社工和他谈话过程中的聚焦。以下是在个别、家庭或团体会谈中挑战社工聚焦努力的服务对象，其沟通上的共同特征，包括：

- 总是回答“我不知道”。
- 持续改变会谈主题或逃避敏感的领域。
- 在不同主题间游移不定。
- 理智的或使用抽象的、一般的词语。
- 转移焦点从现在到过去。
- 以问题回应社工的问题。
- 过度地打断社工的回应。
- 无法适当表达自己的意见。
- 过多的口语表达。
- 以幽默或讽刺的方式逃避主题或问题。

- 以口语控制整个会谈。

社工在会谈的过程当中，经常会遇到服务对象并不寻求社工的协助，可能会运用以上方式来逃避社工的聚焦以保护自己的隐私。社工可以使用许多不同的技巧，以突破服务对象的阻碍。这些技巧包括教导、示范和引导服务对象学习有效的沟通模式，强化有效回应。

【互动练习】

练习一

1. 说说文化是如何影响你的经验和情绪表达的。
2. 有些社工不喜欢表露任何事，你对此的观点是什么？

练习二

作为一个社工，你认为在助人过程中，最有可能遇到哪些阻碍？

☐ 不适当的专注与倾听

☐ 过多封闭式问题

☐ 闲谈

☐ 给太多的建议

☐ 成为朋友

☐ 不允许沉默

☐ 不适当的自我表露

☐ 不鼓励强烈的情绪表达

☐ 感到无法胜任

☐ 其他__________

练习三

作为一个社工，你认为在助人过程中，请你指出你可能会用来处理阻碍的策略。

☐ 支持和专注倾听

☐ 发展同情心

☐ 技巧演练

☐ 观察典范

☐ 想象

☐ 角色扮演

☐ 深呼吸

☐ 聚焦在服务对象身上

☐ 正向的自我对话

☐ 正向回馈

☐ 其他__________

本章思考题

1. 试述人本主义流派对服务对象探索的影响。
2. 试述社会工作探索阶段的目标。
3. 试述开放式提问和封闭式提问的技巧。

参考文献

栾声越. 论罗杰斯人本主义与我国思想政治教育的契合［D］. 哈尔滨工程大学，2008.

李高峰. 生命与死亡的双重变奏：国际视野下的生命教育［D］. 华东师范大学，2010.

李晶. 情绪认知理论的寓身进路［D］. 山西大学，2015.

常虹. 重组家庭子女人际交往障碍的个案研究［D］. 西北农林科技大学，2017.

庄艳佳，沈勇强. 意义治疗的团体辅导对于戒毒者复吸倾向的影响［J］. 心理科学，2015，38（02）：468-473.

第五章　多面向需求评估：从个人到环境

引　言

社会工作是专业的助人活动，它和其他助人活动的不同之处之一就在于，实现助人目标必须是有效的。“有效地助人”具有一定的理性色彩，其强调用较少的社会资源去更快、更好地协助服务对象走出困境，使其恢复社会功能，进而实现其与社会环境的协调。

社会评估对于社会工作机构的服务的作用主要体现在四个方面：一是服务的完善，使社会工作机构能够更有效地运行；二是责任的承担，评估者通常扮演着监督者的角色，监督机构的行为；三是知识的衍生，评估的结果发布为评估者和机构之后的行动提供了有益的服务评估经验和知识；四是为公关助力，为科学决策提供支持，公平公正的评估能为行政决策提供合法性和公信力①。

具体来说，社工如何界定其服务对象的需求，如何评价社会工作机构的服务等，这些问题都需要运用社会工作评估理论进行阐述。本章将从服务对象的需求评估的角度进行介绍，包括概念、评估的需求意义、评估的方法原则、评估模式的价值取向四个维度对社会工作评估理论问题进行分析与探讨，以期对社会工作实务的开展有所裨益②。

---

① Chelimsky，E. The Coming Transformations in Evaluation［M］. In E. Chelimsky and W. R. Shadish（eds.），Evaluation for the 21st Century. A Handbook. Thousand Oaks，CA：Sage，1997，pp. 26-53.

② 万仞雪，林顺利．社会工作评估活动理论取向之反思［J］．黑龙江社会科学，2014（02）：95-98.

第一节 需求评估概述

评估是社会工作实务中关键的过程。目标和干预的选择很大程度上依赖于评估。一个不准确或者没有完成的评估会导致不适当的服务目标和干预。当作出不适当的评估或者没有完成评估时，积极的转变多数不会发生，甚至导致失败①。

一、需求评估的定义

需求评估是指社工针对服务对象的问题与优势进行信息收集、分析与总结的过程②。评估可以在某些情景下被视为心理诊断，但是诊断一词针对的是被诊断的服务对象及其家庭或小组的问题，如疾病功能失调、精神问题等等。但是，需求评估不仅是评估服务对象的问题，也会被用来解决问题、提升功能和促进成长的资源、优势及其他积极的因素等等。事实上，需求评估是计划、干预的基础。

在一般的服务中，社工能够独自进行评估。但是遇到复杂的情况时，社工也可能与同事或者其他领域的专业人士进行协商。例如学校或医院，社工可能成为临床评估小组成员之一，其他小组成员可能包括心理学家、精神病专家、律师等等。不同的专业人士在评估中因专业特长而扮演不同的角色，例如，心理专家评估服务对象的心理功能，并负责各种心理方面的测验；社工则是收集服务对象的社会历史资料，评估家庭背景、婚姻环境因素、就业和教育背景等社会生活方面。在机构中，评估一般较易完成，而如果是临床小组，服务对象问题又较为复杂，评估可能会耗费几个星期。

评估是一个持续的过程，服务对象接受服务的时间长度可能是数周、数月甚至几年，在此期间负责该案的专业人员要不断地接受和分析新的信息。通过评估，社工可以与服务对象一起共同检视问题是否准确、计划的

① 尹保华．优点视角观点的实务价值［J］．社会工作，2007（01）：36-38.

② 尹保华．优点视角观点的实务价值［J］．社会工作，2007（01）：36-38.

设定是否合理、不同的计划可能对服务对象产生什么样的影响、每一个阶段计划的实现程度等等。最后结案时还要进行总体性评估，以求全面了解社会工作的效果。评估是一个动态的过程，具体表现在以下方面。

从社工第一次接触服务对象开始直到结案，整个过程可能耗时数周、数月甚至数年之久。在第一次会谈中，社工会在与服务对象的交流中收集丰富的资料。当会谈不断地向前推进，社工就必须评估资料的意义及重要性，这种不间断的评估的过程会引导社工决定何种资料是重要且有必要进行更深入探讨的。当收集的资料足以呈现服务对象问题概况时，社工可以和服务对象共同合作分析资料，并且将资料整合成暂时性的评估。如果服务对象的问题需要转介或服务对象不符合该机构服务标准，或是服务对象决定中止求助，社工和服务对象的接触就仅限于此。

当潜在服务对象成为正式服务对象，社工和服务对象进展到持续接触的阶段，其间包括制定服务契约与持续的评估。当持续进行问题解决的过程，服务对象通常会提供更多的资料，将问题带到新的角度。所以，许多初始阶段的评估到后来都证明是不正确的，或者是需要大幅度修正的。但是即使在问题解决的阶段，与服务对象问题和资源相关的新信息的出现，也会迫使对评估进行重新审视。事实上，随着服务对象和专业人员接触的深入，服务对象可能暴露出需要评估并因此需要解决的额外信息。在最初阶段，服务对象由于害怕被责备而有意隐瞒关键信息是常有的事情，例如一个虐待儿童的服务对象可能最初否认虐待的发生，随着时间的推移，如果服务对象开始信任工作人员，他可能会暴露他经常失去控制然后打孩子的事实。由于新情况的暴露，最初的评估就需要更正。

二、评估的原则

（一）多面向评估

即使是简单的问题，往往也是由许多复杂因素造成的。同样地，人与外在的世界互动，对外在世界作出反应，其所采取的行动会影响别人的反应，反之亦然。所以，造成沟通障碍的原因绝非来自单方面的，而应是人际互动造成了这种障碍。每个人的行为是因也是果，每个人都以对自己有利的立场来说话。人类是社会动物，也依赖其他人与复杂的社会、制度、机构来满足他们的需求，所以人类问题具有多种向度是不争的事实。

对于服务对象关心的议题从服务对象自身逐步向外拓展，因此，需要具备对服务对象及其他多种系统的了解，例如经济、法律、教育、医疗、社会等。再者，评估一个人的社会功能，需详细地评量个人功能的不同层面，虽然并非所有系统或次系统都和服务对象问题有密切关系，但忽略某些相关的系统而作出的评估，是无效的甚至会产生不利效果。

（二）实证原则

实证主义，又称为实证哲学，是强调感觉经验、排斥形而上学传统的西方哲学派别①。其代表人物是孔德。实证主义核心就是“实证”。本书从以下三个方面来具体阐述实证原则：

首先，强调所有的科学的知识都要以观察和实验的经验事实作为基础。科学知识是决定性的和精确的，因为它来自经验。

其次，反对论述抽象的本质、第一原因等。孔德的观点是，人的认知能力只能局限于经验的范围，永远不能达到那些超经验的形而上学问题。人们在这些问题上耗费精力纯粹是浪费理智和时间。

并且，强调知识的相对主义原则。孔德的观点是，人们的知识仅仅是经验性的，我们既不知道经验的性质，也不知道它是如何或以何种方式产生的。因此，知识只能是相对的知识，而不是绝对的知识。

基于这一思想的影响，在社会工作评估的需求评估中，评估者需要收集更为详细的评估数据，并运用大量的、有数理逻辑的指标测量工具，让社会工作评估具有客观性和科学性。②

（三）理解原则

理解社会学的提出源于20世纪早期的德国狄尔泰，后被韦伯进行系统的阐述。理解社会学把社会学看作是一门“理解社会行为”的科学，它反对实证主义单纯地以数量客观指标来研究事物，认为理解是解释事实因果关系的前提。其有两种理解方式：一种是对社会行为的理论分析，另一种是直接参与社会行为，即参与者对社会行为的感知。社会工作是一门需要

① 王瑞．德彪西歌剧《佩利亚斯与梅丽桑德》的音乐学分析［D］．天津音乐学院，2007.

② 万仞雪，林顺利．社会工作评估活动理论取向之反思［J］．黑龙江社会科学，2014（02）：95-98.

不断与人打交道的学科，而解释社会学所倡导的以主体意志理解个体行为的研究方法与社会工作的以人为本的价值观相辅相成①。因此，社会工作评价应注重、尊重和理解人及其主观意志，以满足服务对象的需要和愿望为目标，确立社会工作评价原则。

（四）互动原则

互动原则主要基于符号互动理论，这是一种强调符号和意义在互动中的重要性的社会学理论，由乔治·赫伯特·米德创立。乔治·赫伯特·米德认为，符号与人们的社会行为、价值选择和主观创造密切相关。后来，赫伯特·布卢默（Herbert Blumer）、托马斯·库恩（Thomas Kuhn）等人分别发展了乔治·赫伯特·米德的思想——创建了芝加哥学派（Chicago School）和爱荷华学派（Iowa School）。芝加哥学派认为，人类的行为是不可预测的和优柔寡断的，互动是一个过程的性格创造，并提倡个案研究，无结构地采访生活历史、自传、日记、信件等。爱荷华学派认为人们的行为，是由他们的地位和角色决定的。根据个体的参照群体，我们可以预测他们的自我评价，然后预测他们的行为。互动是一个角色扮演的过程，运用问卷或态度量表测量人们的自我概念，试图将互动理论付诸实践。无论哪个学派都强调“互动性”，都强调应该充分利用符号互动的方法来理解案例所有者的行为，探索其在社会评价过程中的意义，同时善于运用多种方法收集相关的内隐信息。

三、评估主体和资料来源

在社会工作的环境中，社工大多数是独立进行评估。一般而言，完成正式的评估需要一到两次的会谈。通过这些评估的过程，社工可以确认服务对象接受服务的资格，判断是否能适当地回应服务对象需求，并且能在机构不适合提供服务对象的服务时，及时对服务对象进行转介。

如果社工是临床工作团队成员之一，评估工作就由团队中的精神科医生、社工、心理咨询师、护士、老师及其他相关团队成员共同完成。团队评估过程需要每一个成员完成个别评估，然后经过讨论作出具有共识的评

① 万仞雪，林顺利．社会工作评估活动理论取向之反思［J］．黑龙江社会科学，2014（02）：95-98.

估结论。下面提供一些评估资料的来源：

- 服务对象所填写的背景资料表格或其他表格。
- 服务对象自述，如对问题的观点、看法，分享的事件等。
- 观察服务对象的非言语行为。
- 观察服务对象与配偶、家人、团体成员等的互动情况。
- 从亲戚、朋友、医生、老师等处获得的信息。
- 测试或其他评估工具。
- 和服务对象互动过程中社工的个人经验。

（一）服务对象自述

服务对象自述是获得资讯的主要来源。服务对象自述报告包括对问题的描述、情感的表达、事件的报告、观点的呈现及其他内容。服务对象的感觉以及报告，都应该被视为他们对于事件状况的了解，因为人们难免会记错、有偏见或是服务对象的自我觉察有限，服务对象自述需要进行再次澄清以保证评估资料来源的正确性。

（二）互动观察

有时候我们会惊讶地发现，服务对象与我们在会谈中表达的关系或行为跟他们在日常生活中或亲密关系中表现出来的真实行为有极大的落差。例如，一位服务对象在家从来不扫地、做饭、不体贴妻子的辛苦，可是在更早的会谈中，服务对象自述家庭应当是民主的而且自己很爱自己的妻子、儿女。此外，对非言语的观察也非常重要，因为人们通常对他们的非言语行为缺乏觉察，而且非言语行为比言语行为更不受意识的控制。所以，对非言语的观察是重要的，例如，语气、语调、颤抖的声音、紧握的拳头等等。社工可以对非言语的观察与服务对象进行同理反应，进而展开对情绪的丰富讨论。

对服务对象的观察可以在会谈中，也可以在自然的情景中进行，还可以设定情境观察互动资料和非言语行为。例如，通过使用空椅子疗法。利用互动观察进行评估耗费的时间比较多。

（三）服务对象的自我监控

服务对象自我监控的方法，包括书面描述、记录和问题有关的感觉、行为与想法。自我监控的第一步是辨识事件的发生，例如导致自己情绪失控的事件是如何发生的；第二步是将资料汇成图形，记录行为的基线，以便后期进行评估。例如，上学迟到的次数、失眠的次数。自我监控最大的优点就是让服务对象集中注意力，服务对象可以对他/她的情境有所洞察。此外，当社工与服务对象在讨论这些记录时，他们同时将服务对象的行为变成可操作量化，也可以帮助监控服务对象的改善。

（四）其他资料的来源

服务对象的配偶、亲人、朋友、医生、老师或者其他对服务对象生活有所了解的人也可以成为评估资料的来源。但需要说明的是，这些人提供的资料也是有限制的，例如这些人只能了解服务对象部分情况，且不一定完全准确。因此，社工需要慎重地运用这些材料。

（五）测量工具

测量工具包括心理测验或测量工具，它们也是评估资料的来源之一。有些测验工具必须由专业人员实施，例如神经功能测验。有些测验则是由社工及其他合作的专业人士所设计，例如空巢老人需求评估量表等。要有效运用测验工具与筛选工具，社工要学习相关的理论与专业测验的知识。测验必须要小心使用，如果使用不当，评估工具有被误用的可能。社工应该详细了解所使用的任何评估工具，如果是其他专业人员施测，应该要求他们对结果予以解释。

（六）与服务对象直接互动的经验

社工自己与服务对象直接互动的个人经验也是评估资料的来源。社工会以不同的方式方法对服务对象作出反应，社工的反应可以用来了解别人是如何对服务对象作出反应。服务对象的行为通常会受到和社工接触的情境的影响，然而有些行为也可能出现在服务对象一般的人际关系中。所以社工的反应可能是一种对于了解服务对象人际关系的困难或成功的重要线索。

第二节 个人评估与环境评估

本节主要介绍评估服务对象三个很重要的方面，个人生理、情绪与认知的变化、服务对象所处的环境以及个人与环境之间的互动。

服务对象的问题很少局限在单一的系统，而是因个人、环境、人与环境之间的互动而形成的。单一系统的失衡会导致其他系统的失衡。例如，当服务对象感到失去价值或忧虑的时候，可能会影响其他相关的人；而在工作环境里的人际关系紧张同样也会影响个人功能。此外，环境的缺失，包括居住环境不良、不友善的工作环境和社会压力等等，都会影响个人人际的互动。以上三个系统相互影响并不局限于失衡导致的负向影响，也可能带来有利的条件、优势和资源的交流；能支持功能的环境可以弥补部分个人问题。同样地，优质的人际关系往往也能弥补环境的遗憾。下表中是评估个人与环境功能的整体范围，以助于社工全面了解这三个系统之间的复杂性。

序号	评估内容	具体内容
1	生理功能	身体特征及表现、身体健康状况
2	评估药物、酒精、毒品等的使用情况	酒精的使用及滥用、其他物质的使用与滥用、成瘾性疾病和精神疾病
3	评估认知与知觉功能	智力功能、判断力、现实感、连贯性、认知弹性、价值观、误解、自我概念、思考障碍
4	评估情绪功能	情绪的控制、适当的情感表达、评估自杀风险
5	评估行为功能	行为、习惯现状及产生的条件、问题行为的功能
6	评估动机	对于现状的满意度、对改变的期待、未来的希望等
7	评估环境系统	物理环境、社会支持系统、信仰、社会文化

一、个人评估

（一）评估生理功能

服务对象的生物生理功能影响服务对象个人及其家庭。生物生理功能包括身体特征、健康因素及遗传因素，亦包括酒精和药物滥用。

1. 身体特征及其表现

身体特征一般包括身材五官、姿势、面部表情等等。一方面，对服务对象来说，身体特征可能是他的资产也可能是负累。例如，在大多文化里，相貌平庸者在社会期望、求职机会甚至婚姻选择等相对地都呈现劣势。因此，了解身体特征如何影响服务对象社会功能是相当重要的，包括影响服务对象自我形象和正向或负向的认知。

另一方面，服务对象如何表现身体特征也相当重要。例如，穿着装扮是个人的气质、价值观与生活方式的体现。一般来说，评估外观的标准在于衣着对应的场合是否恰如其分。但在作服务对象评估时，也需要考虑服务对象本身的文化背景或价值观。例如，不修边幅可能体现贫穷或轻率，但也可能是一种当下流行的风格。

其他外表容易引起注意的因素还包括：双手颤抖、姿势经常改变或肌肉紧张等。这些特征有时是反映疾病，也有可能是因社工的调查而引起服务对象高度紧张和焦虑。对一个经验丰富的社工来说，服务对象的焦虑究竟是面临当前状况的正常反应，或是表示有更多急需探讨的空间的反应，都需要通过会谈去寻找答案。

2. 身体健康

健康不佳可能导致忧虑、性困难、暴躁易怒、缺乏活力、不安、精神溃散和其他方面等许多问题。例如幼童缺乏良好的营养与照顾可能导致他们注意力不集中；年长者的营养不良则可能产生失智症的现象。社工接触服务对象时，应评估服务对象是否曾接受过医疗的诊断，若服务对象的问题归因于精神层面，社工必须先安排服务对象在适当的时机接受身体检查，以排除生理方面的问题。即使看起来和生理因素没什么关系，社工也应谨慎探讨问题，避免过早下结论。

对在医疗资源方面处于困难境地的群体来说，评估服务对象的健康格外重要。由于健康状况不佳，可能服务对象对健康照护的需求更为迫切；由于营养不良，暴露在危险环境中或缺乏预防保健服务，使他们更容易受到疾病的威胁。随着对健康照顾的需求逐渐增加，服务对象的医疗照护处境可能更加艰难。社工不仅要询问服务对象的健康状态，也要询问他们对医疗照护的利用情形①。同时，社工也应该了解服务对象需求医疗的阻碍和保险等情况。如果服务对象需要医疗转介服务，如何站在服务对象的观点提供他们可以信任的医疗健康照顾是很重要的。

在评估服务对象的健康状况时，要同时收集其他家庭成员的健康状况，可以绘制家庭图谱，掌握服务对象与家人出生、死亡、家族病史及其他重要生活事件，乃至一些代际间的信息。例如：社工与服务对象会谈时，可以问他："您的家人中是否有人有饮食方面的问题？""您的家人是否有药物滥用的情形？""亲人是因为什么原因而死亡？"等。这些问题可以帮助我们评估服务对象对问题的理解，如此才能够提供合适的转介服务。

（二）评估药物、酒精及毒品的使用情况

正确评估服务对象的生物生理功能必须包括对合法或非法药物的使用。首先，了解服务对象有否服用违禁药物，这些药物的作用以及副作用等等；其次，评估这些药物的作用与副作用对服务对象生理反应造成的影响，社工应该对一般常见药物的副作用有所了解；最后，注意服务对象有时会表示有睡眠障碍，想要转介医生给予药物治疗。

酒精的滥用会损害服务对象的健康或摧毁其家庭生活，并造成严重的社会问题。酗酒可能发生在任何文化中，酗酒也和自杀、犯罪、家暴及儿童虐待等问题息息相关。如同酒精滥用，非法药物滥用也会对个人及家庭产生不良后果甚至犯罪行为。例如，为了能持续服用药物、酒精、毒品而进行偷盗或从事卖淫等行为。本书提供一些在与物质滥用者面谈时可以进行的评估提示：

- 你现在抽烟/喝酒/吃药吗？抽了多久？一天抽多少？
- 你喝酒吗？你喝什么酒？
- 你是否定期服用医生的处方药物？让你有什么样的感觉？
- 你是否定期服用成品药，药物让你有什么样的感觉？
- 你是否曾经使用禁药？
- 你最后一次喝酒是什么时候？喝了多少酒？吃了多少药？

---

① 周红波，姚红梅．基于多元文化护理理论的护理评估表单设计和应用［J］．护士进修杂志，2017，32（24）：2243-2245.

- 再之前一次是什么时候？你喝了多少酒？吃了多少药？
- 你总是服用大约相同的量吗？如果不是，量是增加还是减少？
- 如果增加或减少会影响你吗？
- 你大部分的朋友喝酒吗？吃药吗？
- 你的父母现在或是曾经有吃药喝酒吗？
- 喝酒吃药对你有什么帮助？
- 你曾经因为喝酒吃药产生过问题吗？是否有人建议如何改善？
- 你会以喝酒吃药的方式来逃避你的麻烦吗？
- 你会逃避什么样的麻烦事情，你注意到你喝酒吃药会对你的工作产生什么方面的困扰吗？
- 你是否因为喝酒吃药与伴侣或家人发生过冲突？
- 你有财务上的困难吗？这些困难和你吃药有关吗？
- 你是否曾经停止喝酒吃药？为什么？

药物滥用往往会引发生命安全问题，然而许多药物滥用者又往往会企图隐藏用药的情况。社工必须了解常见药物滥用的指标，不同的药物有不同的指标，下面提供一些共通性的指标可以参考：

- 工作或学校出席率的改变。
- 正常能力的减低，例如工作完成率或效率改变。
- 外表脏乱，不注重穿着及个人卫生。
- 戴太阳眼镜遮挡瞳孔。
- 不寻常地遮掩手臂隐藏针孔。
- 和药物使用者来往。
- 参与一些非法或危险组织的活动，以获取使用药物的费用。

评估药物滥用的可能性要从熟悉其习惯或生活方式的人身上获得信息，社工也可以从系统的观点来探讨。当深入探索家庭关系时，通常可以发现药物滥用者与其家庭成员疏离，甚至有些家庭成员不知服务对象有药物滥用的情况，显然这个家庭是失功能的。

（三）评估认知与知觉功能

评估服务对象如何理解他们所处的世界很重要，因为人们对他人、自身及事件的知觉大致决定他们如何感知生命经验。每个人所经历的世界都是独特的，即使相同的事件或情况也会因为个人的信念、价值、态度、情绪状况和自我概念而有所不同。所以要了解一个人的行为，就要知道他如何思考，这些影响可能来自智力、判断力、现实感、连贯性、认知弹性、价值观、误解以及自我概念。

1. 智力功能。了解服务对象的智能是必要的，对智力功能作粗略的评估就已经足够，包括：对抽象概念的理解、流利的自我表达、逻辑性的分析思考，其他还包括教育水平和词语的运用。不过进行智力评估的时候还需要考察，服务对象先前受教育的机会，主要使用的语言以及是否有理解上的困难等等。在对服务对象进行智力评估时，需要注意几点：

- 当服务对象有智力障碍的时候，必须使用简单易懂的字或词句。对智力不足的服务对象可能需要付出更多的时间和耐心，或是以具体的例子来传达复杂的概念。
- 有些服务对象为了避免尴尬，有时会不懂装懂，社工必须以敏锐的观察和主动寻求回应的方式了解服务对象是否理解你要传达的意思。
- 留意服务对象的能力表现是否会因疾病、服用药物、头部外伤或物质滥用而有所影响。

2. 判断力。就算是高智力的服务对象，在生活中面临困难的时候，仍然可能缺乏判断力。缺乏判断力的服务对象可能会比智能受限者遇到更多的麻烦，缺乏判断力的服务对象常常使自己陷入一次又一次的混乱中。相反地，有些智能受限的人会因谨慎的决策和行为约束而表现出平稳的生活。在进一步探讨服务对象的情况时，缺乏判断力的状况就会显示出来。通常，服务对象很少仔细思考之后才行动，也没有思考行动的后果，或者一厢情愿地认为事情会如自己希望的结果一样。另外有些服务对象则呈现出重复失功能的因应模式而导致出现可预期的负面后果。他们无法从过去的失败中得到教训，容易冲动而无法思考自己的行动后果，最后可能造成不良后果。

3. 现实感。现实感是个人精神健康的重要指标，少部分的服务对象可能表现出对时间、地点、人与环境等的混乱，他们通常都为严重的精神错乱、药物影响或脑部病变所苦恼。有些没有精神疾病的服务对象仍然可能出现现实感异常的情况，他们将问题归罪于环境而不愿意对自己的行为负责任。例如很多人将他们的困难归罪于命中注定，对这些服务对象来说，扭曲外在事件的知觉模式是很常见的，也可能引起人际关系的困难。在极度扭曲的情况下，服务对象可能出现其他人企图伤害自己的妄想，并在少数场合对其想象中的加害者暴力相向。社工应该具备分辨认知功能异常的能力，并且负责转介专业的医院。

4. 认知弹性。通常具有弹性认知的人会主动求助，这些人不会将开口求援视为软弱和失败的象征。反之，许多人坚持而固守其信念，缺乏弹性的结果反而成为求助过程的主要障碍。认知缺乏弹性最常使用两极化的思考模式，例如好或坏、成功或失败，而没有中间地带，改善的方式是帮助他们解释僵化所造成的破坏。

负面的认知也包括偏见和刻板印象，使服务对象无法和特定团体的个人相处，这些服务对象会选择性地专注于其负面特质，而不正视自己的优势和资源。

5. 价值观。价值观是认知系统中最主要的部分，因为它强烈左右人们的行为，扮演服务对象问题的关键角色。因此，社工应该认清服务对象的价值观，并且考虑将其价值观用于创造改变问题行为的动机。服务对象的困难往往来自价值观的冲突，当协助服务对象以其认同的价值标准来衡量其行为时，他们通常会惊讶地发现其行为是矛盾而且不利于自己的。当服务对象发现思想、价值观与行为不一致的时候，就会产生认知失调。社工可以和他们探讨什么对他们是最重要的等问题，来确定服务对象相关的价值观。

6. 自我概念。对自我的肯定、想法和了解被认为是决定人类行为的重要因素。因此，有高度自信及清楚认知自己，对心理健康非常有帮助。一个健康的人能够接受其能力有限，不会因难免的失败而苦恼。然而，许多人都被无价值、无能或无助的感觉困扰，并以不同的负面方式影响他们的功能。

自我概念较差的服务对象需要帮助他们建立自尊，评估他们这方面的功能是很重要的。通常服务对象会主动讨论他们如何看待自己，如果没有，可以借助开放式的问答，例如：

- 告诉我你如何看待自己？
- 当你思考你是怎么样的人时，你最先想到的是什么？

通常这些问题会引出服务对象对自我评价的信息，如果服务对象羞于表达或者不愿表达，可以借助专业的测评工具。

（四）评估情绪功能

情绪影响行为，强烈的情绪或感觉通常都是求助者问题的核心。任何文化中情绪健康指的是个人能控制情绪而不被情绪击倒。情绪健康的人能适度体验和表达情绪，当为压力所苦恼的时候，他们也能够承受痛苦，不否认或掩饰情绪，情绪健康的人也能觉察他人的情绪状态，能同理坦率地讨论痛苦的情绪。此外，这些人在亲密关系中能互相分享个人的深层感觉。

1. 情绪的控制。人们在情绪的控制方面，从压抑到过度表达有很大的差异。例如：情绪起伏剧烈可能暴力相向，有些人可能因为亲人去世、离婚、极度失望或遭受打击等而心烦意乱。压抑情绪的人可能出现人际关系的面无表情和压抑，这样的人也许在理智上很自在，但逃避表达和讨论感觉，因为情绪的超脱往往阻碍服务对象追求亲密关系与表现真实的情绪，而情绪过度表达的服务对象即便轻微的刺激也可能反应激烈。

2. 情绪的表达。直接观察服务对象显示的情感，可以收集有关其情绪功能的资讯。在会谈初期，焦虑和轻微的恐惧是正常的，尤其是非自愿或被转介的服务对象。如果会谈中服务对象能自发地随心情而转变其情绪，就表示服务对象能连接起情绪并适当地表达出来。肌肉紧绷、经常变换姿势、手心冒汗、抿嘴唇和其他类似情况表现出过度恐惧，代表服务对象对陌生人际环境的畏惧。在非自愿的情况下，如此极度的紧张是可以预期的，但某些情况下这可能是服务对象在其人际关系中的行为特征。相较于前面叙述的情况，如果服务对象过度轻松或自在地表达自己，可能反映其对问题的否认或缺乏解决问题的动机。

迟钝或冷漠的情绪通常是严重精神疾病的指标，当服务对象在会谈时出现背离事实的内容时，社工应该立即考虑服务对象是否有此倾向。

3. 评估自杀风险。当服务对象表现出严重的焦虑或无助感时，服务对象自杀的可能性相对增高。当服务对象出现无助绝望的感觉、以前企图自杀过，有自杀的家族史、缺乏支持系统、药物滥用等情况时，都与高自杀风险有关。当服务对象直接或间接表示考虑自杀，社工有义务通过谨慎和直接询问表达关心。如果服务对象心中已有充分的盘算，自杀的风险可能比较高。对服务对象的过去的了解，特别是关于所提及的危险因子和之前自杀的企图，将有助于社工决定其表现出的危险程度及需要干预的程度。

（五）评估行为功能

在实务工作中，评估通常是针对改善服务对象的行为模式而努力。既然行为改变是干预的目标，社工必须熟练分辨与评估异常与正常的行为功能模式。在个别的会谈中，社工可以直接观察服务对象的某些社交与沟通模式，以及一些服务对象的个人习惯与特性，再结合面谈或团体会谈观察这些行为模式的影响。此外，除了挖掘异常的行为模式，注意服务对象有效的或是优势的行为模式也非常重要。下表提供关于正常和异常行为模式的不同表现：

行为层面	正常功能模式	异常功能模式
权力/控制	民主、合作、肯定；决策时容纳他人意见	专制、独裁、激进、残忍、严苛、跋扈、支配、被动、屈服；排除其他人参与决策
养育/支持	关怀、赞赏、同理、鼓励、耐心、慷慨、利他、温暖、接纳、支持、关心他人	自我中心、挑剔、拒绝、退缩、自我贬损、疏远、惩罚、自私、对别人迟钝或漠不关心
责任	可靠、稳定、一致、值得信赖、坚持、承担责任、承认自己的错误、管理个人财产	不可靠、不稳定、规避责任、把享乐放在责任之前、把问题归于外在责任、对个人财产疏于管理
社交技巧	外向、平稳、优雅、表达流利、善于交际、机智、周到、有魅力、合作、肯定、自然、尊重他人、对他人的感觉敏锐、适宜的行为	令人反感、刻薄、易怒、迟钝、冷漠、独来独往、嘲讽、退缩、自我意识、奉迎、缺乏社交技巧
因应模式	弹性、面对问题、考虑替代方案、预期后果、保持平衡、寻求成长、寻求他人建议、协商并妥协	固执、死板、冲动、叛逆、回避问题、有压力时喝酒用药、恐慌、猛烈抨击他人
个人习惯与特性	有计划、有组织、有弹性、整洁、有效率、耐心、自我约束、穿戴整齐、诚实、开放、诚恳、温和、体贴、平和、守时	缺乏组织、拖延、偏差、不诚实、冲动、过度挑剔、强迫、不爱个人卫生、行为过度、易怒的态度

续表

行为层面	正常功能模式	异常功能模式
沟通	注意倾听、说话流利、表达观点、分享感受、使用回馈、自然地表达自己、考虑他人观点	含混不清、过度抱怨、唠叨、多话、打断别人、排除他人、口吃、生气时大吼大叫、隐瞒意见、防卫、单调、好辩、沉默寡言等
成就/独立	有雄心、勤奋、独立、有策略、坚忍、寻求进步或改善情况	缺乏动机、漫无目标、无生产力、容易沮丧、容易分心、低成就、缺乏进取心、很少完成所努力的事情、工作狂等
情感/性	温暖、深情、坦率、适当的性反应	薄情、保守、疏远、对性羞怯、纵欲、缺乏性欲、沉溺偏差的性行为

（六）评估动机

服务对象的动机是评估的重要环节。关于评估动机，社工通常需要了解服务对象及其对环境的认知。社工通常能通过鼓励性的叙述来明确呈现服务对象的需求及目标以增强动机。许多服务对象误解社工有神奇的力量能帮助其解决问题，有些服务对象认为只需要服从社工的引导；有些则能正确地理解社工，认为只是伙伴和辅导者，担负起互相探讨问题，并计划及执行改善措施的责任。因此，社工评估服务对象动机，应同时考虑动机力量与独立性。

无论是自愿还是非自愿服务对象都有动机，不过他们的动机会因如何归因问题而不同。当非自愿服务对象是因为被转介而来求助时，其改善问题的动机可能比较低。当面对欠缺动机的非自愿服务对象时，社工必须先写下可行的选择，这样可以集中焦点在服务对象自己承认的问题上，而非他人归咎于服务对象的问题。同时被法院判决而来求助的服务对象很少承认其问题是如法院所判决的；同样地，矫正机构中的服务对象很少承认其问题是使其深陷困境的问题。

二、评估环境

评估服务对象过去与现在的个人功能之后，则要评估服务对象的环境系统部分。这包括个人与环境之间的互动、转换、适应。个人与环境之间的关系直接影响服务对象问题解决的能力。

在评估服务对象环境系统时，常常使用生态系统的观点。生态系统的观点是将评估聚焦在人与环境两者之间的交替作用，解决问题的努力是朝向协助人们适应、改变环境或两者兼具的方向。评估服务对象环境时，应将注意力放在凸显的问题状态的环境方面，并依次由服务对象的人格、健康状态、发展阶段、兴趣、动机和其他相关因素来决定，以服务对象环境中可获取的基本资源和机会来衡量其独特需求。以下是要评估服务对象所处环境的一些要素：

- 物理环境是适当稳定的，服务对象的生活环境是健康安全的。
- 足够的社会支持系统，如家庭、亲友、邻居相关的社会组织。
- 连接有意义和值得信任的社区组织。
- 特殊健康照护的途径，如医院、护理专家。
- 安全且足够的儿童与老人的照顾服务。
- 日间照护的途径，尤其针对职业妇女及单亲家庭。
- 休闲设施的途径。
- 能方便地参与社交，利用资源及行使公民权。
- 提供宽敞、卫生及远离危险的适当的住所。
- 足够的安全保障。
- 安全和健康的工作环境。
- 适当的财务资源。
- 适当的营养提供。
- 提供教育以自我实现的机会。
- 工作机会。

此外，根据社会网络方格理论，评估的顺序包括：

- 在服务对象社会支持网络中的关键人物。
- 在服务对象生命中哪些部分会出现社会支持。
- 每个人所提供的特别的社会支持。
- 支持者的重要程度。
- 这个支持是双向还是单向的。
- 个人的亲密程度。
- 接触的频率。

- 关系的长久性。

三、撰写评估报告

评估是助人专业服务中相当重要的过程，是提供服务目标与干预重要的基础，也可以在整个持续服务过程中，考虑不断加入新的信息与资料。撰写评估报告包括：初期的接案阶段、持续会谈过程评价以及最后转介或结案的内容。

一般而言，评估报告是以简短的并具有目标性的报告为主，但是若法院或有特殊机构要求，则会较完整甚至包括生物生理评估的内容。无论是何种社会工作评估报告，都必须包括以下几个标准：

- 撰写这份评估报告的目的，是谁要看？这是帮助社工决定报告内容的重点，应该知道机构的标准以及期待是什么，谁要看到这份报告，等等。
- 精确正确且容易阅读评估报告是最重要的，正确性要特别注意信息来源是第三方的正确性、重点是否清楚、收集资料之间的矛盾之处。也不要在结论的部分存有偏见，要综合个案的会谈资料与观察文件符合前后连贯性；可使用生态系统图来表示服务对象所处的情境、拥有的优势、面临的挑战等等，避免偏离主题或用过多的文字描述细节，但要清楚描述报告的重点、采取的行动及结论。
- 避免标签化地描述主观化的术语和字句。有时候社工会使用整体性判断，例如："服务对象的社会功能发展不足。"这样的描述过度强调服务对象的缺陷，在社工的评估报告与结论中，应该以陈述事实的写法取代标签化主观的陈述。

评估报告也是展现社工对服务对象的尊重，对服务对象的陈述、生活环境优势和需要的说明都应该是公正客观的，为了协助社工改进评估的技巧，应该运用合适的方式来撰写报告。

第三节　家庭功能的评估

"家庭功能"满足家庭成员的生理、情感和社会性的需求，以及在社会中以不同的结构形态来影响社会的发展。不论“家庭功能”如何界定，需要满足的需求包括：处理衣食住行等基本的物质需要问题；处理不同成长阶段带来的问题。例如，处理青少年初次离家、升学、结婚或怀孕等适应并促进家庭及其成员的发展；处理疾病、意外、失业、工作转变等因素带来的危机。家庭应满足个体在衣、食、住、行等方面的物质需要，适应并促进家庭及其成员的发展，应付和处理各种家庭突发事件等等①。

一、家庭功能的内容

家庭作为一种社会制度同样具有某种社会功能，并在个人生活中发挥着某种不可或缺的作用，否则家庭就失去了存在的理由②。

1. 生产功能。在历史上，家庭是重要的生产单位，起着组织生产的作用。例如在工业革命前的农业社会中，农业生产基本上都是以一家一户为单位进行的。但是随着大工业生产的兴起，家庭的生产功能逐渐外移到社会，在很多区域如城市社会中家庭的生产功能正在逐渐消失。

2. 消费功能。家庭是基本的消费单位。在社会的消费总量中，除了个体性的消费之外，家庭整体的消费占据着重要的位置。近年来随着经济的发展，我国家庭功能的一个重要变化是，众多家庭再生产功能日趋衰弱的同时，消费功能却越来越突出。家庭消费功能的正常发挥与一个家庭生活质量密切相关，并在很大程度上决定着我国扩大内需经济政策的成功与否③。所以，科学引导家庭的消费观，做好家庭计划是重要的社会工作服务内容。

3. 生育功能。家庭的生育功能保证了人口的正常繁衍，维持着社会的正常延续，可以说是社会得以存在的基础。但是随着社会的发展，家庭的生育功能正逐渐削弱，生育对于家庭成员的意义也由性和婚姻的目标而向着爱情的成果和夫妻双方的自由选择的方向发展；其内涵也由生育数量向着注重生育质量的方向发展。

4. 教化和教育的功能。一般而言，儿童的初级社会化是在家庭及其邻

---

① 刘凤娥，张锦涛，周楠，李晓敏，方晓义．大学生家庭功能与网络成瘾的关系：应对方式的调节作用［J］．中国特殊教育，2017（02）：90-96.

② 徐丹丹．农村青年群体婚姻观念变迁研究［D］．华东理工大学，2011.

③ 徐丹丹．农村青年群体婚姻观念变迁研究［D］．华东理工大学，2011.

里环境中完成的。家庭是儿童社会化的基本场所，但是在现代社会生活中家庭的教育功能和文化传承功能正逐渐从家庭向社会转移。社会中的专门教育机构和电视、网络、书刊、报纸等媒体以及朋辈群体、社区人文环境等对儿童和青少年的影响正逐渐加强，甚至在某种程度上取代了家庭的教育作用。但是不管怎样，家庭教育提供了儿童社会化的基本方面，对于孩子的未来起着基础性的影响。健康向上的家庭环境和家庭生活能够使儿童和青少年增强抵御不良社会影响的能力，而不健康的家庭则可能成为制造个人问题的温床①。

5. 社会保障功能。家庭是追求福利的初级团体，对家庭成员承担着多个方面的功能。例如，抚养子女和赡养老人是传统家庭的重要功能之一，至今这一功能仍为我国大多数家庭所拥有。在发达国家，家庭这项功能已经逐渐为国家的社会保障制度所替代，而在不发达国家，对子女和老人的保障义务一般由家庭承担。家庭所承担的这种保障功能，实际上反映了生产力发展水平的相对低下和社会福利水平的不发达；它对人们的生育观念和家庭的生育子女数量亦有直接或间接的影响。

6. 闲暇生活和情感满足的功能。家庭是闲暇生活的基本场所之一，通过共同的家庭生活活动，家庭成员可以调节身心、恢复体力，并增强家庭成员间的亲密感。家庭成员之间的理解、关怀与支持可以使人得到精神安慰和寄托，消融在社会生活中产生的苦恼和挫折感，缓解精神紧张，获得前进的动力。在家庭中获得的被接受、被爱的感受，有助于家庭成员保持积极的情绪和健康的身心，增强在社会生活中的适应能力。

家庭对于社会发展以及家庭成员的成长也有消极的影响。例如，父母对子女的过度照顾、保护和溺爱不利于个人独立性的养成；专制的家庭剥夺了家庭成员选择个人生活的权利和生活隐私等。现代社会主张人人享有平等和自由，随着社会的进步，夫妻平等、家庭成员共同参与协商家庭事务、每个家庭成员都有充分发展个性的民主型家庭正越来越多。

二、系统框架下的家庭评估面向

家庭系统理论认为家庭堪称是几个子系统的组合，每个子系统间既有

---

① 陆飞杰，吴育红．高职院校辅导员应遵循的六项工作原则［J］．职业教育研究，2009（02）：33-34.

联系又有制约，形成家庭系统有效的运转，以此来实现家庭的功能。通常，运用系统的观点及架构有助于将家庭评估的焦点放在关系、互动形态与家庭系统的内部动力上。系统性的评估框架也可以评估较大系统对整个家庭的影响。例如，文化、国家整体的经济状况、制度等因素。

（一）家庭环境

家庭的生存之道，就是从那些过去破坏家庭或削弱家庭幸福的问题里学到应对的方式方法。家庭环境评估包括：文化、种族、社会阶层，家庭形态、性倾向、被迫与歧视的经验，以及外在压力对家庭功能或对家庭系统造成的影响。此外，还包括家庭所拥有的基本资源，如食物、健康照顾、住所、经济援助或工作训练，以及寻找这些资源的能力。在评估这些问题时，需要注意的是改变家庭动力、教导沟通或亲子技巧必须放在所有干预之前。而且家庭满足他们的生存需求应该是最优先的，如果家庭缺乏基本的资源时，家庭往往就会陷入危机，甚至无家可归。

（二）家庭优势

优势视角基于增权和人本的理念，相信人的改变和成长，是在助人过程中不可或缺的资源。优势可以扮演家庭对外的保护因子，例如链接外部资源获得发展。任何家庭及其个别成员都有一定的优势，在评估时应该加以挖掘。然而辨识优势并非一件容易的事情，原因在于：一方面受传统影响，专业人员容易受到病理的观点的影响，尚未接受家庭优势的信念；另一方面服务对象本身在求助的过程中，已经习惯于通过描述问题或需求交换所需的服务与资格。在这样的背景下，社工必须引导家庭将焦点聚焦在他们的优点上。需要注意的是，将焦点聚焦在优势并非不去注意问题或危机，相反地，优势有助于解决问题。评估家庭的优势应该以未来为导向，即在目前家庭面临的困难上，强调目标、抱负、希望和梦想。下面提供一些在探讨家庭优势和资源时可以评估的资源：

- 家庭传统
- 家庭沟通
- 分享的目标
- 忠诚
- 求助行为

- 对于灾难/困境的坚韧、因应和复原
- 在特定的家庭或社区中，成功解决问题的经历
- 家庭面对困难时，可能求助的个人、机构或其他资源
- 家庭的能力、期望、梦想、抱负等

（三）家庭系统的界限

界限是家庭系统理论的核心概念，其作用是对系统与系统之间、家庭内部系统之间，以及家庭和环境之间作出的抽象分解。界限会随着事件、家庭系统与家庭成员不同发展阶段而改变。

1. 外部界限

家庭系统是外界较大系统的一部分，因此家庭有必要与外部环境相互交流互动。家庭与其他系统互动有相当程度的差异，此差异取决于边界的弹性。弹性是指外界被允许或被邀请进入家庭系统的程度，以及允许家庭成员与外部系统建立情感和关系的接受度，还包括与外部环境交换资源的程度。典型的封闭家庭系统边界就是严格的家规，包含限制与外界环境的互动，或者约束进出家庭的人、信息或意见等。封闭的边界保护家庭领域不被打扰，隐私不被侵犯。评估家庭的界限时，必须考虑家庭独特的形态、优势和需求。家庭应该让界限较为有弹性，如适当地界定对家庭的责任义务。当外部系统的影响力侵犯到家庭传统和价值观时，会被视为是家庭冲突或干扰的来源，而使得家庭的界限弹性下降。

2. 家庭次系统

家庭根据性别、兴趣、世代或功能的不同而发展出次系统网络，以确保家庭的生存。家庭成员可以同时分为不同的次系统，如母女、父子、兄弟姐妹、祖孙、叔侄等。次系统是参与成员之间所组成的一个联盟，许多家庭形成的联结或结盟是因情境造成的短暂结盟。例如，妻子不认同丈夫教养子女的做法，通常会和子女形成同盟。在家庭中，夫妻、父母、子女的界限需要清楚明确地界定，以便让家庭成员在没有过度干扰的情况下履行自己的家庭角色。同时，也应该注意的是，家庭次系统之间也必须允许相互接触和交换资源。

（四）家庭的权力结构

家庭是一个相互影响的系统，同时也被其他系统影响。家庭外的权力

结构会影响家庭功能、家庭福利，甚至家庭结构。社工在协助家庭时，对社会政策是否支持家庭应该有所觉察。例如，有学者指出社会政策对多数女性是不利的，因此造成家庭权力的不对等。此外，偏见、历史因素的压迫等都可能影响整个家庭。因此，社工在评估家庭权力时，外在系统对家庭功能和幸福具有重要的影响。以下是在评估家庭权力时可以参考的一些问题：

- 谁掌握了权力分配？
- 家庭成员是否满意权力的有关分配？
- 文化如何影响家庭中的权力结构分配？

（五）家庭决策过程

家庭决策形态与家庭权力密切相关，从缺乏领导者到各自具有决定权，有各种不同的形态。但是在家庭中，多数决策过程，都与父母亲的原生家庭决策形态非常相似。子女会随着年龄的增长逐渐进入家庭决策系统，家庭决策系统随着家庭的生命周期的发展而改变。

评估家庭决策的时候，重点是了解达成家庭福利的决策过程是如何进行的，决策是维持还是瓦解了家庭系统。持续或是没有解决的冲突等因素会让家庭成员陷入情绪低落的状态，甚至离开家庭，造成家庭的瓦解。

（六）家庭成员角色

家庭成员角色不会独立存在，即家庭角色涉及两人及两人以上的互动。家庭角色在家庭中是互补和互惠的，且家庭成员在家庭系统中各有不同的社会角色。当应用角色理论到家庭系统理论时，会发现成员在家庭中都扮演一个以上的角色，并表现出被期望、被允许或被禁止的行为。

角色和角色期望是经由社会互动过程来学习。角色可以将个人放在特定的位置，也会因为特定情境而对角色的态度有特定的期望。家庭对角色的期望，也受到社会和社会文化的影响。角色是学习与经验积累而来的，如家庭中的父母角色是从别人与自我经历累积而来的经验。

生命周期的不同阶段会导致角色行为的改变、弹性与修正。例如，家庭可能因为家庭中的长辈要依赖成年子女生活而产生角色转换的困难。当家庭个别成员不满意他们的角色，成员之间却没有达成共识或者个别成员认为自己的角色责任过重（担任多重角色责任），就容易导致冲突的发生，例如，职业妇女在工作与家庭之间的角色冲突。了解在家庭中的角色指派、角色定义、角色冲突是评估角色时重要的考量因素，以下是一些参考的指标：

- 家庭成员是否满意他们的角色？
- 不满意时，是如何调整与重新界定角色的？
- 角色冲突是如何表现的？

（七）家庭成员的沟通类型

家庭成员通过语言和非语言的方式传递信息，社工要了解传递信息的一致，即语言和非语言是否具有一致性。许多学者指出接受信息有三个层次需要加以确认：

- 语言层次：当人们在解释内容信息时，会尝试用抽象且中立的价值层面进行沟通，例如："你如果真的在意我的感受，你就不会站在你父母那边！"或运用两个以上的矛盾信息，如"你应该接受我的忠告：你需要自己作决定"。
- 非语言层次：非语言可以加强语言传达的信息，非语言形式包括手势、面部表情、声调、姿态、眼神接触等。
- 环境层次：沟通情境可以加强或减低所传递出的语言或非语言信息。情境压力越大，沟通的信息就会越模糊，问题行为出现的概率就会加大。

（八）家庭的生命周期

在家庭评估时，对家庭周期的评估也非常重要。家庭生命周期，指的是一个家庭诞生、发展直至消亡的运动过程，它反映了家庭从形成到解体呈循环运动的变化规律。家庭人数的变化是划分家庭生命周期不同阶段最重要的标志。一般来说，家庭生命周期可分为形成期、成长期、成熟期、衰老期。不同世代的家庭，其生命周期会出现交集，比如自己的家庭处于成长期时，父母的家庭可能已经进入了成熟期。家庭处于生命周期的不同阶段，其资产、负债状况会有很大不同，理财需求和理财重点也将随之出现差异。因此，了解一个家庭正处于怎样的生命周期阶段，对于理财方法与策略的制定具有重要意义。[①]

---

① 晏红．家庭教育与家庭生命周期［J］．家庭教育，2004（02）：4-9.

家庭生命周期理论中被普遍接受的关于家庭生命周期阶段的划分，是格利克在 1949 年的一篇论文中提出来的，他根据标志着每一阶段的起始与结束的人口事件，将家庭生命周期划分为形成、扩展、稳定、收缩、空巢与解体 6 个阶段，如表所示①：

阶段	起始	结束
形成	结婚	第一个孩子的出生
扩展	第一个孩子的出生	最后一个孩子的出生
稳定	最后一个孩子的出生	第一个孩子离开父母亲
收缩	第一个孩子离开父母亲	最后一个孩子离开父母亲
空巢	最后一个孩子离开父母亲	配偶一方死亡
解体	配偶一方死亡	配偶另一方死亡

为了完成每个阶段的发展，家庭都必须完成一些任务，例如成年子女必须和原生家庭顺利分离，形成独立的个体、建立新的家庭。在所有的阶段里并非一帆风顺，尤其是家庭的生命周期产生阻碍或变化时，就会有困难。家庭可以改变、重新调整以应对压力的交互作用。家庭生命周期也与文化有关，不同文化有其独特的生活方式和期待，包括对性别、结婚生子或老年面对死亡等。所以，社工必须评估不同文化下家庭周期的生命周期的差异。

本章思考题

1. 试述评估的原则和模式。
2. 试述评估的主体和资料来源。
3. 试述评估的主要内容。
4. 试述系统框架下的家庭评估面向。

参考文献

Chelimsky, E. The Coming Transformations in Evaluation [M] . In E. Chelimsky and W. R. Shadish (eds.), Evaluation for the 21st Century. A Handbook. Thousand Oaks, CA:

① 晏红. 家庭教育与家庭生命周期 [J] . 家庭教育，2004 (02)：4-9.

Sage，1997，pp. 26-53.

万仞雪，林顺利．社会工作评估活动理论取向之反思［J］．黑龙江社会科学，2014（02）：95-98.

尹保华．优点视角观点的实务价值［J］．社会工作，2007（01）：36-38.

王瑞．德彪西歌剧《佩利亚斯与梅丽桑德》的音乐学分析［D］．天津音乐学院，2007.

周红波，姚红梅．基于多元文化护理理论的护理评估表单设计和应用［J］．护士进修杂志，2017，32（24）：2243-2245.

刘凤娥，张锦涛，周楠，李晓敏，方晓义．大学生家庭功能与网络成瘾的关系：应对方式的调节作用［J］．中国特殊教育，2017（02）：90-96.

徐丹丹．农村青年群体婚姻观念变迁研究［D］．华东理工大学，2011.

陆飞杰，吴育红．高职院校辅导员应遵循的六项工作原则［J］．职业教育研究，2009（02）：33-34.

晏红．家庭教育与家庭生命周期［J］．家庭教育，2004（02）：4-9.

第六章　催化改变：从新观点到新行为（洞察阶段）

引 言

王艳与其丈夫、儿子、公公和婆婆共同居住，在母亲去世前，王艳一家人关系和谐，从未产生过任何矛盾。王艳的母亲因病去世后，她内心除了悲伤以外，也一直很矛盾，这甚至影响了日常的家庭生活。

母亲去世一个月后，王艳找到社工说，以前觉得婆婆很好，也很尊敬她，但最近因为母亲去世，婆婆时常安慰自己，常常说一些鼓励的话，但让自己感觉很不好，甚至内心有一些愤怒。王艳无法理解自己为什么会有这样的感觉。社工通过鼓励、自我袒露、面质等，与王艳探索她的感受，促进王艳的觉察和领悟。逐渐地，她理解到，也许她的愤怒源自她与母亲的关系。王艳的母亲对王艳要求十分严厉，她从小就觉得如果自己不够优秀，母亲就不会爱自己，所以从小王艳的学习成绩很好，如果自己没有考到 100 分，就会担心母亲不要自己。王艳感觉一直以来自己都是在迎合母亲的要求。所以，母亲去世后，当婆婆安慰自己，对自己提出一些建议和要求时，王艳觉得仿佛在婆婆身上看到了母亲的影子，将青春期时自己对母亲的愤怒转移到了婆婆的身上。

通过社工与王艳和婆婆关系的谈论，王艳意识到她有这样的感受是因为她将青春期时对母亲的感觉转移到了婆婆身上，当她对自己有了更多的理解，王艳就开始重新思考“自己与婆婆的关系”。王艳因为洞察到了自己的感受和行为的原因，与婆婆的关系开始缓解，自我感觉也好多了。

第一节　洞察阶段的理论背景

在探索阶段通过支持性、非评判性的倾听就可能使其作出一些重要改变。社工的接纳使服务对象体验自己的感受并接纳内心的感受。因此，服务对象变得更加清晰和通透，能够思考自己是怎样的人以及如何应对面临的困境，经历探索阶段后，就能够成为积极的自愈者和问题解决者。然而，并不是所有的服务对象在探索了他们的想法、情感和故事后就能够独自成长、应对困境。部分服务对象会存在难以理解自身情感和行为的现象，需要社工使用洞察，帮助服务对象从一个客观的、崭新的角度看待事物，能够在事物之间建立联系，或者说能够理解事物发生的原因。

对服务对象而言，获得洞察能力就“顿悟”，有一种突然的“茅塞顿开”“原来如此”的感觉。例如，前文提到的王艳在与社工的探讨中意识到，她对婆婆的感受是因为童年时母亲对自己的严厉，感觉母亲对自己的爱是有条件的。她的愤怒可能因为感受到了过去的有条件的爱，并认为婆婆做出了母亲曾经做过的事。对于某些服务对象来说，洞察能力不会突然拥有。罗杰斯（Rogers，1942）认为：“洞察能力是渐渐地、一点一滴地积累起来的，就好像一个人需要发展出足够的心理力量来承受新的观点。”[①]

洞察是情感上和理智上的，从而共同促进行动（Reid & Finesinger，1952）[②]。洞察必须同时有深刻的感受和认知上的理解。理智上的洞察为问题提供客观的解释，获得情感上的洞察可以促进行为上的改变（Ferenczi & Rank，1925/1956）[③]。例如，王艳在理智上理解她对婆婆的冷眼相对是因为她对母亲的愤怒，如果服务对象能够理解自己感受和行为的缘由，可能更能激发动机产生改变行为。

弗兰克夫妇（Frank & Frank，1991）提出，对于人类来说，弄清事件

---

① Rogers，C. R. Counseling and Psychotherapy，1942.

② Reid，J. R. & Finesinger，J. E.（1952）. The Role of Insight in Psychotherapy [J]. American Journal of Psychiatry，108，726-734.

③ Ferenczi，S.，& Rank，O.（1956）. The Development of Psychoanalysis [M]. New York：Dover.（Original Work Published 1925）

真相的需要就像对食物和水的需要一样是人类的基本需要。他们认为人们根据自己的假设对内部和外部刺激进行评估，判断什么是危险的、安全的、重要的、好的或者坏的等①。这些假设逐渐被组织成为高度结构化的复合体，并与那些和情绪情感状态紧密相连的价值观、期望以及自我形象相互作用。这些结构塑造了一个人的观念和行为，同时又会受到观念和行为的影响。他们将洞察看作对过去的重修，这种重修使得服务对象得以看到新的事实，或者从已知事实之间看出新的关系，以及发现它们对于自己的新的意义。

服务对象对事件的理解决定了随后的行为和感受，也决定了助人情境中解决某个问题的意愿。所以，在行动之前先获得洞察，探索问题、获得理解，决定作出什么样的改变，使服务对象获得解决问题的方法。洞察在服务过程中是特别重要的。

一、精神分析理论

弗洛伊德认为心理问题是发展性的，只有通过获得对问题的洞察才能予以解决②。问题通常在过程和当前生活经验的背景中才能解释清楚。例如，根据王艳不喜欢婆婆的安慰方式、对婆婆的愤怒，她洞察到她将对母亲的愤怒转移到了婆婆身上，这个洞察使她明白了自己出现这种感受和采取这种应对方式的原因，使她意识到她可以有不同的选择。

精神分析理论的两个假设，心理决定论原则或因果原则；意识是一种特殊的、非同寻常的心理过程，是整个精神分析的基本理论或理论基础③。

心理决定论是指心理现象与人的躯体现象一样，没有任何事情是偶然的或碰巧发生的④。每一心理事件的产生，都是一些先前的事件决定的。心理生活中的事件看起来似乎是偶然的，好像与过去的事没有关系，其实不然，心理现象与躯体现象是相同的。心理现象同样不能缺乏与其先前事物的因果联系。每个人对当下事物的感受和心理状态，与自己的心理生活

① 许燕．心理咨询与治疗［M］．合肥：安徽人民出版社，2007.

② Penguin Books. Freud，S，trans. James Strachey. Penguin Books，2003.

③ 贺凯琴．基于心理系统观对拉康精神分析学说的解读［D］．吉林大学，2009.

④ 高金才．灵与肉的挣扎　黑夜里的悲歌——评《野草在歌唱》［J］．重庆科技学院学报（社会科学版），2011（17）：113-115.

和心理历程是密切相关的。这个原则的理解和应用，从本质上对于探讨人们面对的心理问题提供了明确的方向。

但是有一些人并不知道自己的心理历程或潜意识的存在和意义。弗洛伊德将意识分为无意识、前意识和意识三部分。他假定心理活动大部分是无意识的，不能直接意识到。一小部分能量处于前意识状态，更小一部分是有意识的。弗洛伊德认为，大多数人都将无意识动机付诸行动，但没有意识到为什么这样做。这就造成人们觉得心理生活是不连续的，思维、情感、遗忘似乎与先前的心理现象并无联系。

所以弗洛伊德提出，对烦恼的问题进行深层的检查和洞察能帮助服务对象解决问题。为了促进洞察，社工可以鼓励服务对象自由联想，即不加评判地说出任何进入脑海里的想法，作为一种无意识意识化的方法，这是精神分析的主要焦点。精神分析的治疗目标是将无意识意识化，用自我来代替本我。

精神分析理论强调早期关系、无意识、洞察的重要性，与本章的观点是一致的。如果只是关注服务对象的探索或行为改变，而不去对意义进行深层次的探寻，社会工作的个案服务只会是单调和肤浅的。所以本章强调，对于让服务对象获得持久的改变，并获得解决新出现的问题能力，洞察阶段是必不可少的。

二、认知行为理论

认知行为理论认为，行为不当及信念不合理会让人难以有效地适应环境。理性情绪疗法创始人艾利斯（Ellis，1962，1995）认为，个体会自我设定非理性信念，例如，“我必须被每个人喜爱”“我必须足够胜任和完美才是有价值的”“事情如果没有按照我的计划去发展将会很糟糕”“必须有一个比我更强大的人来保护我”“肯定有一个完美的解决问题的方法，如果我找不到它，那将非常可怕”等等。

艾利斯强调的 ABC 模型，A 是诱发事件，B 是非理性信念，C 是后果，包括消极情绪反应和行为。在 ABC 模型中，服务对象会假设事件 A 直接导致情绪 C，艾利斯则认为是非理性信念 B 导致了消极情绪 C。例如，陈先生在单位评优评先中落选了（事件 A），他认为是评优评先落选导致了他感觉很差（结果 C）；但实际上，是他内心就评优评先落选这件事对自己设定的非理性信念（我是个失败的人，我应该好好表现，和同事打好关系）让他心情糟糕。

20 世纪 60 年代初期，阿伦 · T. 贝克（Aaron T. Beck）发展出的认知理论认为，服务对象问题的主要来源是自动思维和功能失调。服务对象在错误的逻辑中，在对自我、世界和未来的错误信念的基础上，曲解了事件真相本质。服务对象经常把自己看成有缺陷、不完美，或者不可爱的；把世界看成难以应付、不可控，或者无法招架的；认为未来是黯淡和没有希望的。

贝克提倡助人者和服务对象协作，像科学家一样揭露错误逻辑并检验它的影响。助人者通过问服务对象一系列问题，以帮助服务对象得出合逻辑的结论。贝克认为人们经常在证据不充分的情况下得出结论（例如，某个人可能仅仅因为某天中午没有人陪他吃饭，就得出他不被人喜欢的结论）。人们也经常选择性提取（例如，对自己在课堂上的发言，只关注其中一条消极评价，对其他所有的积极评价视而不见）、过度概括化、夸大或缩小、个人化等。

从认知理论的视角看，洞察阶段可以帮助服务对象认知重建，从而使服务对象认识到思维上的误区并改变它。

第二节　洞察阶段的目标

洞察阶段社工帮助服务对象发展对自身、对情感和行为的新的看法。社工促进服务对象洞察，鼓励服务对象思考他们的行为原因，帮助服务对象对自己的思想和行为的原因及其动机产生新的理解，使服务对象了解如何与人相处，并处理在服务过程中产生的紧张和误解，对自己产生更深的领悟。

一、洞察阶段的目标

洞察阶段有三个目标，促进觉察、促进洞察和利用专业关系。三个目标之间相互促进，都是为了帮助服务对象进行深度的自我理解。

（一）促进觉察

让服务对象意识到他们的想法和行为是很重要的。人们已经和自己生活了太久，并发展出保护自己免于人际伤害的防御机制，所以他们经常意识不到有些想法和行为是病态的。他们只有知道别人对自己的真实看法才能开始进行自我检查。比如，一个服务对象可能没有意识到自己不当的处事方式，这种方式会让其他人对他回避。觉察是指更多地意识到自己的想法、感受、行为和对他人的影响。所以，觉察通常是洞察的先决条件。为了促进觉察，社工首先要挑战一些想法和行为不一致之处。

（二）促进洞察

一旦服务对象开始觉察到一些感受、想法或者行为，他就想要了解得更多。人类生存的一个特点就是希望对自己的想法、感受和行为有个解释。不论对错，一个解释能帮助大多数人感到对世界更有掌控感，并且是促进行为改变的一个潜在要素（Hanna & Ritchie，1995）①。在洞察阶段，社工致力于探寻这样一些问题的答案：是什么驱动服务对象，是什么导致他们的痛苦和快乐，以及什么阻碍了他们实现自己的潜能。此时，社工要用到探索、洞察、解释等。

（三）利用专业关系

在洞察阶段对服务对象来说还有一个特别的目标，就是对服务对象的人际关系获得觉察和洞察。因为服务对象经常会意识不到自己给他人的印象，社工的一个目标就是为服务对象提供他们在服务过程中给他人印象如何反馈。一个假设是服务对象对他人的处事方式与对社工是相似的，所以密切观察服务关系就能得到服务对象人际关系的一个缩影。当然，服务对象对每个人的行为方式不可能与社工的一模一样，但观察服务关系对理解服务对象当前的某个关系提供了一个机会。在后面的行动阶段，社工和服务对象可以进一步把这个特定关系的洞察推广到其他关系上。

二、洞察阶段的障碍

熟练掌握洞察是有一定难度的，在洞察阶段社工会面临困境。

---

① Hanna, F. J. and Ritchie, M. H. （1995）. Seeking the Active Ingredients of Psychotherapeutic Change: Within and Outside the Context of Therapy［J］. Professional Psychology: Research and Practice, 26 (2), 176-183.

（一）过早地洞察服务对象

洞察是建立在关系建立阶段和探索阶段之后，社工与服务对象建立信任、稳固的专业关系，服务对象未充分探索理解自己的问题之前，就进入洞察阶段是不合时宜的。洞察阶段的面质、建议、自我袒露等技术都是在稳固的专业关系和深刻的理解基础上的，否则是难以进入洞察的。例如，服务对象在完全信任社工之前，社工就开始面质服务对象，服务对象可能会难以接受，拒绝再接受服务。

（二）并非所有服务对象都适合洞察

洞察固然重要，但并不是每个服务对象都认同、需要或想要洞察。在服务中，一些服务对象并不喜欢被面质和洞察，只想要快速地改变行为，而不想弄清楚行为背后的原因及为什么感觉很糟。针对这一部分服务对象，社工需要尊重他们的选择，而不是迫使他们去洞察。相反如果强行让服务对象进行洞察，极有可能会对服务对象造成伤害。

（三）社工的反移情

在洞察阶段，社工要处理反移情现象。反移情会阻碍社工有效地实施洞察。社工清醒地觉察自己的感受是非常重要的，充分认清自己的反应中有多少是与服务对象有关的，有多少是与个人问题有关的。例如，服务对象与社工讨论家庭暴力或离婚时，可能会激发社工关于这类问题的一些未解决的情感。社工应该与督导讨论自己在服务过程中的感受并处理自己在服务过程中出现的强烈情绪反应。

（四）忽视同理共情

在洞察阶段，社工可能会因致力于解决服务对象面临的问题，或者探索服务对象问题背后的原因和动机，而忽视了同理服务对象的情绪。忘记了在服务全过程中，社工应适时地觉察服务对象感受和情绪，维持专业信任关系，使用专注、倾听、开放式提问、情感反应等技术，促进同理和共情，在服务中自然地引导服务对象洞察。

三、洞察阶段的技巧

洞察阶段的三大目标，促进觉察、促进洞察和利用专业关系，这些目标的实现需要许多的专业技术和技巧。社工要促进服务对象觉察，社工需要鼓励服务对象说出想法，挑战服务对象的一些不一致之处。为了促进服务对象洞察，社工要用到探索、洞察、提供建议、自我袒露等技术。社工要在专业关系中，利用即时性技术处理服务对象的人际关系问题。

第三节　催化新观点的技巧

一、提供信息

（一）提供信息的定义

提供信息是指在社会工作服务过程中，社工满足服务对象提出要了解政策的要求。例如，一名遭遇丈夫突然去世的服务对象，需要了解关于工伤、遗产继承等相关的法律权利和诉讼途径的信息。

（二）提供信息的功能

洞察阶段提供信息的技术主要有三个功能。第一，当服务对象不知道自己有哪些选择时，为其提供信息可以帮助服务对象明确其他解决问题的方法。例如，孩子学习成绩不好，导致服务对象非常地焦虑，亲子矛盾突出，因为服务对象认为学习好、上好的大学是孩子唯一的选择，尽管服务对象最后仍然可能决定督促孩子提高学习成绩，但在作出决定前，她应该知道成绩优异、上好的大学不是孩子唯一的选择。第二，提供信息也可用来校正无效的或者不可靠的信息，或者驱逐迷信观念。例如，丧亲者在治丧时，有很多的地方风俗需要遵守，但并不知道这样做的意义，即使知道没有意义，也只会盲目地遵从。社工告知丧亲者关于风俗的信息，可以帮助服务对象作出更适合的选择。第三，提供信息可以帮助服务对象审视他们自己一直回避的问题。例如，一名感到身体不适一年多的服务对象，当知道忽视疾病治疗可能会带来严重后果的信息后，也许会尽快地进行身体检查和治疗。

（三）如何使用提供信息

当服务对象需要了解相关信息，且社工提供信息可以帮助服务对象实现愿望和目的时，则信息的提供是适宜的。为了正确应用提供信息技术，社工应该考虑三个主要原则，什么时候提供信息？提供什么样的信息？怎样向服务对象传递信息？

首先，选择合适的时机提供信息。使用提供信息技术要想达到良好的效果，社工应该选择合适的时机提供信息。在传递信息时，服务对象要有接受信息的意愿。如果过早地提供信息，提供的信息会被服务对象忽视。

例如，一名丈夫去世的服务对象，因面临房贷压力，有一些焦虑，社工向服务对象提供房屋出售、出租等信息，希望能帮助服务对象缓解经济压力，但因为服务对象的身体和心理状况，还不具备处理房屋事宜的能力，所以虽然服务对象一直述说对房贷的焦虑，却一直忽视社工提供的信息，未采取任何行动。

其次，选择提供合适的信息。社工应该清楚，什么样的信息对服务对象来说是有用且需要的。所提供的信息应该是服务对象自己无法发掘的，并且服务对象有根据提供的信息作出反应的能力，这样的信息便是有用的。社工不应该将信息内容强加于服务对象，服务对象采用什么样的信息取决于服务对象自己。

最后，社工提供信息还应注意，信息内容是否与服务对象的文化背景相融合。例如，一名患病的服务对象，如果她相信中医，那么向她提供关于西医和手术方面的信息就是无用的，她更希望获得中医方面的信息。

为服务对象提供什么信息、什么时候提供信息以及怎样提供信息，社工可以参考以下的六个步骤进行：

- 评估服务对象对于自身问题还缺乏的信息。
- 确定提供的信息符合服务对象的文化环境。
- 确定提供信息的时机有利于服务对象理解和接受。
- 确定信息提供的方式能够促进服务对象的理解。
- 评估信息内容可能对服务对象造成的情感冲击。
- 判断提供的信息内容是否有效，关注服务对象对信息的反应以及服务对象利用信息的情况。

二、面质

（一）面质的定义

面质是一种言语反应，社工主要运用这种言语反应来描述服务对象在感受、想法和行动中存在的明显差异、矛盾、冲突和含糊的信息。赫普沃斯等人这样定义面质反应："类似于解释和附加共情，它是用来增进服务对象自我意识和促进他们改变的工具。面质涉及使服务对象面对他们思想、情感或行为中某些方面，而正是这些方面导致或维持了他们自己的困难。"①

（二）面质的功能

面质在洞察阶段具有两种功能。第一个功能是帮助服务对象洞察并挖掘认识自己的不同方法，引导他们采取不同的行动或行为。伊根将此目的称为是挑战服务对象的"盲点"，即"服务对象没有看到或不愿意看到的思维和行动中的自我局限性"。这包括去挑战服务对象的歪曲和矛盾，歪曲可能是认知歪曲，常常由不准确、不完整或错误的信念和信息所导致的，也可能是情感歪曲以及根据不准确或错误的知觉作出的歪曲归因。

面质的第二个功能是帮助服务对象洞察到他们的想法、感受和行为中存在着矛盾或不协调。这一点非常重要，因为矛盾常常提示着尚未解决的、矛盾的或有意压抑的情感。如果基于这两种目的去挑战服务对象，并且使用得当的话，就可以促使服务对象发生改变。②

（三）如何使用面质

当服务对象的语言和行为不一致或者混淆信息时，社工适用面质技巧。社工在与服务对象的会谈过程中，会发现许多服务对象的言谈或行为自相矛盾的地方。例如，一名处于青春期的服务对象说因为社工是一名女性，他不想与其交谈，之后他却又滔滔不绝地与社工聊了起来。在这个案例中，服务对象的言语与他的实际行为有明显的矛盾。这就是不一致或者混淆信息。使用面质技巧处理混杂的信息，就是对服务对象的自相矛盾之处进行描述。在社工指出他们的矛盾之前，服务对象通常不会或者仅仅模糊地意识到这种矛盾和冲突。在描述这些矛盾的过程中，会发现面质的使用非常有助于展现矛盾。

下面将列举一些在服务中常会遇到的服务对象的矛盾类型，并举例说明社工应如何使用面质。

---

① 王求是，柳蕴瑜．心理咨询中沉默的处理与运用［J］．教育导刊，2010（04）：47-50.

② 武永江．浅析师生交谈中的"面质"技术［J］．教育导刊，2010（04）：50-52.

1. 言语和非言语行为之间的矛盾

A 服务对象："我感到很舒服"（言语信息），而同时又坐立不安并不断摆动她自己的手（非言语信息）。

社工：你说感到很舒服，可是你同时又不安地摆动手。

B 服务对象："我对我们之间的关系就这样结束感到很高兴，这样或许更好"（言语信息），但她说话的速度很慢，音调也很低（非言语信息）。

社工：你说对关系的结束感到很高兴，但你的语气同时又暗示出你可能还有一些其他的感受。

2. 言语信息和行动之间的矛盾

A 服务对象："我打算给他打电话"（言语信息），但是她又说，她上周并没有给他打电话（行动）。

社工：你说你想要打电话给他，可直到现在你并没有采取行动。

B 服务对象："来个案室与你见面对我来说是非常重要的"（言语信息），但是却取消了后面两次的见面（行动）。

社工：几个星期以前，你还说与社工面谈有多么重要，现在你却取消了我们原定的两次面谈。

3. 两个言语信息之间的矛盾

A 服务对象："他与很多人交往，我并不为此感到烦恼（言语信息1）。但是我想，我们的关系对他来说应该意味着更多的东西（言语信息2）。"

社工：开始时，你说你感到他的行为没有什么，而现在你又觉得难过，因为你们的关系对他来说不像你认为的那么重要。

B 服务对象："我真的有点喜欢他（言语信息1），尽管他经常惹我生气（言语信息2）。"

社工：你似乎已经意识到，大部分时间里你还是喜欢他的，但同时你有时也对他感到很生气。

4. 两个非言语信息之间的明显不一致

A 服务对象：又哭（非言语信息1）又笑（非言语信息2）。

社工：在笑的同时，你却又在哭。

B服务对象：直视社工（非言语信息1），然后又把椅子搬离社工（非言语信息2）。

社工：在你谈到这些内容时，你能直视我，同时又要与我保持距离。

5. 两个人之间的矛盾

A服务对象：服务对象的丈夫在两年前失去了工作。服务对象想要离开这里，到其他地方去找工作，但她的丈夫却不想离家太远。

社工：你想让丈夫去外面工作，你的丈夫却不想这样。

B服务对象：一个表现出焦虑、沮丧和记忆缺失的女人。社工建议服务对象去医院就医，帮她摆脱这种情绪，然而服务对象拒绝了。

社工：我认为去医院就医对你来说帮助很大，这对我们双方都很重要。但你好像不愿意去医院，那么我们应该怎样做呢？

6. 言语信息和背景或情境之间的矛盾

A服务对象：一个对父母离婚感到很难过的孩子，她想帮助父母重归于好。

社工：你说你想帮助你的父母重归于好。然而，你不是他们关系破裂的原因，你怎么帮助他们呢？

B服务对象：一对年轻夫妻在过去3年中一直吵架，他们想通过生一个孩子来改善他们的婚姻关系。

社工：你们说你们在过去的半年里曾经3次分手。如今希望通过孩子来改善你们之间的关系。但是许多年轻的夫妻说生了孩子后只会增加他们的压力而不会减轻压力。你们会怎样处理夫妻关系和亲子关系呢？

使用面质的方式要有助于服务对象检验自己行为的结果，而不是对自己的行为进行辩护，换言之，面质必须谨慎使用①。首先，社工在使用面质时，必须清楚知道为什么使用，使用面质的动机是什么，尽管面质听起来严厉，但它在服务过程中却不是对服务对象的攻击。面质不论在内容还是意图上，都应该是积极的，它是提供具有建设性和指导性反馈的手段，

① 武永江．浅析师生交谈中的“面质”技术［J］．教育导刊，2010（04）：50-52.

而不是提出异议和批评。为了避免面质变成指责，面质针对的只是问题中的矛盾，而不是针对服务对象本人。

首先，社工需要注意说话的语气和身体语言，表示出不是对服务对象作出是非判断。“你希望别人喜欢你，但你的性格却是拒人于千里之外。”案例中的社工对服务对象的性格作出了一个总的判断，同时暗示服务对象若想与人处理好关系，就必须改变性格、脱胎换骨。有效的面质应该是：“你希望别人喜欢你，而你却不断地对自己进行评论，这妨碍了你与别人的交流，让别人都躲避你。”

其次，社工在使用面质技巧时，应先确定与服务对象建立起了良好的专业关系和信任度。关系越是牢固稳定，服务对象越容易接受社工的面质。

最后，选择在合适的时机进行面质也非常重要。因为面质的目的是促使服务对象进行自我检测，所以只有当服务对象有能力利用它的时候，才能使用面质技术。面质之后，社工应该给服务对象充分的时机作出反应和讨论反应的效果，所以面质应该尽量避免在会谈接近结束的时间里使用。

（四）使用面质步骤

进行有效的面质处理需要考虑以上问题外，还可以有一定的步骤：

1. 观察：在使用面质之前，社工要仔细观察服务对象，评估和确定服务对象所表现出来的矛盾或者歪曲的类型。专注倾听服务对象的陈述，探寻服务对象的矛盾之处，不要过早地作出面质。

2. 评估：社工需要清楚地知道面质的目的，确定是因为服务对象需要被挑战，而不是由于社工自己需要被他人挑战。评估服务关系是否足够安全，服务对象是否能够从面质中获益。评估服务对象的年龄、性别和性格等，使用面质是否合适。

3. 总结：总结矛盾中的不同因素。使用陈述句将冲突各个部分内容进行联系，不排斥任何内容，面质的最终目的是解决冲突、实现和谐。在进行面质时，要用一个恰当的总结性的说法：“一方面，……另一方面，……”尽量少使用“但是”或者“然而”这种否定性的语句，这有助于社工用描述的口吻而不是评价的语气提出面质。

4. 效果：评估面质的效果。当服务对象承认存在矛盾冲突或者不一致时，说明面质就取得了一定的效果。需要注意的是，面质的效果并不一定是立即发生的。同时，面质使用后，社工要关注服务对象是否变得更加的防御，如果服务对象没有很好地接受面质，可能会出现退缩或者封闭的防御机制。

所以在使用面质技巧时，社工可以时常问自己："与服务对象交流过程中，我看到、听到和了解的矛盾或不一致信息有哪些？""我对这名服务对象进行面质的目的是什么？此时进行面质对服务对象来说是否有用？""我怎样向服务对象描述我观察到的矛盾或歪曲？""我将怎样才能知道使用面质是否对服务对象有效？"

服务对象：对我来说，教育儿子是一件特别困难的事情，我知道我太纵容他，我也知道需要给他一定的约束。但我就是不能这样做。（服务对象说话缓慢，声音柔弱）

社工：一方面你觉得约束儿子会有助于你儿子成长，同时你又让他我行我素。你怎样把这两者结合起来呢？

三、解释

（一）解释的定义

解释是理解和交流服务对象表达的信息的技术。在进行解释时，社工需要根据自己的直觉或者观念识别出信息背后的模式，并将隐含的信息明确清晰地显示出来。所以可以将解释定义为，是社工根据自己的直觉，识别出服务对象表达的信息中暗示或者隐含的行为、模式、目标、愿望和情感。①

解释针对的是信息背后隐含的那部分信息，即服务对象没有说明或者没有直接讲出来的那部分内容。伊根（Egan）将解释称为"高级共情"，因为它们促使服务对象看得更远。

（二）解释的功能

在服务过程中，适当地应用解释可以得到更好的效果。首先，有效的解释可以促进积极、专业的服务关系的建立，它能够增强服务对象的自我

① 陆晓花．试论心理咨询会谈技巧在大学生思想政治教育工作中的运用［J］．兰州教育学院学报，2014，30（03）：141-143.

分析，提高社工在服务对象心中的可信度，并传达出社工对服务对象的专业服务态度。其次，通过解释可以识别出服务对象明确表达的信息和隐藏的信息与行为之间的关系。再次，解释可以帮助服务对象从另外一个参考框架去审视自己的行为，或者从另外一个角度对自己的问题进行描述，增加对问题的理解。最后，解释可以促进服务对象的洞察。Johnson 发现，解释之所以对服务对象是一个有用的技术，因为解释引发洞察和领悟，而洞察和领悟是促进服务对象行为改变的关键和前兆。

一名年轻的女士认为："生活太单调无聊了，没有什么新鲜感，一点儿也不能让人感到激动，我也没有什么朋友。"社工会说："你对于与过去一样的、千篇一律的生活感到厌倦，你感到乏味、孤独，或许甚至有些不安，你渴望你的生活中发生一些新的事情、一些不同的事情、一些令人兴奋的事情。这样说符合你所说的吗？"

（三）如何使用解释

社工要有效地使用解释技术，首先，社工必须与服务对象建立安全而又沟通良好的专业关系。其次，社工必须准确地获取了服务对象的信息。再次，社工需要关注服务对象对解释的反应。最后，解释的内容不应该与服务对象的文化背景发生冲突。

一般而言，有效的解释有三个步骤：

1. 社工要倾听并确定服务对象信息中隐含的意思，即服务对象以微妙和间接的言语或非言语传达的内容。倾听服务对象的行为、模式、情感有隐含的目标、行动和愿望等。

2. 社工要确定对问题的看法，参照框架不应该与服务对象的文化背景相冲突。

3. 通过评估服务对象对解释技术作出的反应，检查解释的效果，同时要注意观察服务对象的言语和非言语信息。

四、即时化

（一）即时化的定义

即时化是社工在服务中描述此时此刻发生的事情的一种技术，帮助社工表露当下对服务对象的感受、对服务关系的感受，或者与服务对象相处中自己的感受。即时化也被认为是一种真诚和直接、相互的谈话。即时化虽然也涉及自我表露，但它只与当前的情绪情感的自我表露有关。伊根（Egan，1994）认为，即时化可以聚焦于整个服务关系，例如“我能感到现在我们相处得很好，因为我们已经解决了最初的不愉快”；可以聚焦于会谈中的特殊事件，例如“当你说你喜欢会谈时，我感到很惊讶，因为之前我一直不确定你对我们工作的感受”；也可以聚焦于服务对象即时的个人反应，例如“我现在感到很受伤，因为你反对我说的一切”。在服务过程中运用即时化技术时，社工要在三个方面作出反应：第一，社工的想法、情感或者行为；第二，服务对象的想法、情感或者行为；第三，两者之间的关系。

（二）即时化的功能

即时化可以帮助社工和服务对象之间进行更好的配合。在洞察阶段，即时化可以帮助服务对象深入理解他们在服务关系中的表现，引导服务对象运用这些信息去改变他们在服务关系之外的人际交往方式。

（三）如何使用即时化

1. 此时此刻正在发生的事情需要进行反应。

如果社工非要等到服务结束时，甚至等待下次会谈时再进行描述以前发生的事情，其效果会大大地降低或者丧失。而且，如果忽略相互关系中的情感因素，或者不予关注的话，这些问题会慢慢地积累起来，最终以更为激烈或者扭曲的方式表现出来。社工如果没有使用即时化技术，那么一些没有得到解决的情感或者问题极有可能会损害双方的关系。

2. 语言应该使用现在时态，反映“此时此刻”的体验。

例如“我现在感到不舒服”，而不是“我刚才感到不舒服”。这是社工在向服务对象示范如何表达当前的感受，而不是过去的感受。

3. 在谈到自己的情感或者感受时，要强调“我”这个主体，要使用第一人称代词“我”或者“我的”等等。

可以说“我现在对你有些担心”，而不是“你使我感到担心”。用“我”来表达此时此刻的感受，会增加服务对象对社工即时化技术的接受程度。赫普沃斯等人指出，“我”的字句在小组活动中的效果也很明显，它可以“深深地影响小组活动过程中的质量”。

即时化技术很考验社工的能力。即时化技术不仅需要批评性思维，同时也要求灵敏的反应能力。在使用即时化技术时遵循如下步骤，第一步，需要感受到相互关系。要做到这一点，社工必须随时注意互动关系的变化，了解对自己、对服务对象以及两者关系中正在发生的事情。社工需要能够读懂各种线索，避免出现理解性错误，从而不会把自己的偏见和盲点投射到互动之中。第二步是能够主动进行言语反应，与服务对象共同分享互动过程中的感受和印象，有时也包括分享冲突情感或矛盾感受。第三步是以中性和描述性的态度，而不是评判性的形式来叙述情境、感受或者行为。第四步是识别问题情境的具体关系问题，或者分享服务对象行为对他人和社工的影响。通过真诚地分享服务对象如何影响自己的感受，有助于服务对象采取某些行动。第五步是关注即时化技术后服务对象的反应。例如，可以直接问服务对象类似的问题："我刚刚所说的话，你的反应是什么？"如果即时化技术没有效果，服务对象常常会有自闭、退缩甚至斥责。如果即时化技术有作用，服务对象则会提高反馈并参与更多的洞察和领悟。

例如，小黄正在为找工作还是考研而矛盾。平时，她经常会给社工打电话和发微信，社工对此有些厌烦、想要摆脱。因此在面谈时，当服务对象谈到她与朋友联系、朋友不太搭理她时，社工使用即时化技术。

社工：小黄，我意识到你的一些感受可能与你对工作或者考研的决定有关，也与你试图与他人联系时没有得到回应有关。如果你愿意听的话，我现在想和你分享一些我的感受，好吗？

服务对象：好的。

社工：我发现，当你每次给我打电话和发微信问我你该找工作还是考研时，是在要求我帮助你作选择，所以我需要花费很多的时间和精力来帮助你，这让我变得想要远离你。我想这是否也是你生活中联系朋友时遇到的困难呢？对于我刚刚的描述，你有什么反应呢？

服务对象：哦。我从来没有这么想过，我没有意识到那会有什么影响。你说的是对的，我很难自己作决定。

五、其他技巧

（一）鼓励

鼓励是一种支持，支持是成功的一个主要成分（Beutler，2000）①。米勒和罗尼克（Miller & Rollnick，1991）引入一种被称为鼓励性会面的助人方式②。鼓励技术是一种指导性、以个人为中心的服务方式，它协助服务对象解决矛盾状态，并实现积极的转变。它可以运用于服务前的准备、短期干预。鼓励也可以运用于服务过程的任何阶段和任务上，可以鼓励服务对象确定和讨论他们的问题和未利用的优势，促进行动改变。

（二）建议与推荐

社会工作尊重服务对象自决，但这是否意味着建议与推荐是绝对禁止的呢？并不是，如果社工与服务对象已经建立起了坚固、信任、尊重的关系，那么一些直接的干预有时候更能起作用。研究表明，只要推荐的做法与服务对象的问题情况有清楚的关联，服务对象一般会遵循社工的建议与推荐。

（三）自我表露

在洞察阶段，社工的自我表露是为了帮助服务对象获得他们没有意识到的认知。当服务对象卡壳或者自己很难获得更深层次的自我认识或自我理解时，自我表露可以促使服务对象获得洞察和领悟，恢复自信。所以，洞察阶段的自我表露是指社工表露自己获得洞察的个人经验（不是即时化技术）。例如，服务对象因为丈夫去世，觉得家庭失去了顶梁柱，独子虽然30岁了但还是一个孩子，没有承担家庭责任的能力。社工自我表露，自己也是一个独生子女，当家里遭受变故时，义无反顾地承担起了在家庭中应该承担的义务，之前自己也从未想过自己具备这样的能力。社工希望服务对象在听到他的经验以后，可以更好地理解自己和自己的儿子。

---

① Beutler L E , Harwood M T . Prescriptive Therapy : A Practical Guide to Systematic Treatment Selection [M] . New York : Oxford University Press, 2000, 124-168.

② Miller, W. R. and Rollnick, S. Motivational Interviewing: Preparing People to Change Addictive Behavior [M] . New York: Guilford Press, 1991. pp. xvii + 348. £ 24. 95 hardback, £ 11. 50 paper. ISBN 0 - 89862 - 566 - 1.

【互动练习】

1. 社工评估服务对象需要什么样的信息？什么时候提供信息是合适的时机？社工如何提供信息是有效的？

2. 社工如何才能在对服务对象使用面质技术时保持好奇和同理的态度而不是攻击服务对象？

3. 认真阅读下面服务对象的陈述和社工的反应，识别并写出社工每段话所使用的技术。如果你是社工你可能还会产生怎样的反应？

A. 服务对象："工作上的压力开始向我袭来，我一直处于不停的奔忙之中，想尽量干得快一点儿，同时做几件事情，可时间根本不够用。"

社工："嗯，听起来好像是跑得越快，反而越落后。在你的情况中，你越是努力，就感到越大的压力，压力越大，你就越努力。所以你好像陷入了一个循环之中，而这让人难以承受，你想找一种方式解脱。"

______

______

______

B. 服务对象："我真是不愿意自己一个人待在家里，但是当我跟一个女孩子说我想和她约会时，我感觉特别紧张。"

社工："你好像是说你感到孤独，同时你又说不愿意冒险请女孩子出去约会。"

______

______

______

C. 服务对象："我不知道为什么会忍受他的虐待，我真的不爱他。"

社工："一方面，你说你不爱他，而另一方面，你还跟他住在一起忍受他打你，你怎样将这两者联系起来呢？"

______

______

______

D. 服务对象："我真的不知道我们为什么会结婚，有一段时间还好，但是自从我们搬家以后，婚姻就开始出现问题。"

社工："我也曾经经历过类似的情境，当其中一个方面出现问题的时候，我就想要把整个事情都抛开。你现在对婚姻的感觉中，有没有类似的情况呢？"

______

______

4. 分组进行角色扮演会谈，一名或几名同学扮演社工，一名同学扮演服务对象，一名或几名同学作为观察者，扮演社工的同学尽量理解扮演服务对象的同学，当作一次实践的机会而不仅仅是一次练习；扮演服务对象的同学可以就自己真实面临的问题进行求助；观察者记录社工和服务对象互动过程中的反应、使用的技巧。

5. 探讨探索阶段和洞察阶段的区别，如何更好地将探索阶段和洞察阶段相结合？

本章思考题

1. 试述精神分析理论在洞察阶段的影响。
2. 试述认知行为理论在洞察阶段的影响。
3. 试述洞察阶段的重要性、特征、面临的困境及如何介入。
4. 试述提供信息技巧的定义、功能和应用。
5. 试述面质、解释、即时化技巧的定义、功能和应用。

参考文献

Rogers, C. R. Counseling and Psychotherapy, 1942.

Reid, J. R. & Finesinger, J. E. (1952). The Role of Insight in Psychotherapy [J]. American Journal of Psychiatry, 108, 726–734.

Ferenczi, S., & Rank, O. (1956). The Development of Psychoanalysis [M]. New York: Dover. (Original Work Published 1925)

许燕．心理咨询与治疗［M］．合肥：安徽人民出版社，2007.

Penguin Books. Freud, S, trans. James Strachey. Penguin Books. 2003.

贺凯琴．基于心理系统观对拉康精神分析学说的解读［D］．吉林大学，2009.

高金才．灵与肉的挣扎　黑夜里的悲歌——评《野草在歌唱》［J］．重庆科技学院学报（社会科学版），2011（17）：113–115.

Hanna, F. J. and Ritchie, M. H. (1995). Seeking the Active Ingredients of Psychotherapeutic Change: Within and Outside the Context of Therapy [J]. Professional Psychology: Research and Practice, 26 (2), 176–183.

王求是，柳蕴瑜．心理咨询中沉默的处理与运用［J］．教育导刊，2010（04）：47–50.

武永江．浅析师生交谈中的“面质”技术［J］．教育导刊，2010（04）：50–52.

Beutler L E, Harwood M T. Prescriptive Therapy: A Practical Guide to Systematic Treatment Selection [M]. New York: Oxford University Press, 2000, 124–168.

Miller, W. R. and Rollnick, S. (1991) Motivational Interviewing: Preparing People to Change Addictive Behavior [M]. New York: Guilford Press, 1991. pp. xvii + 348. 24. 95 hardback, 11. 50 paper. ISBN 0 - 89862 - 566 - 1.

陆晓花. 试论心理咨询会谈技巧在大学生思想政治教育工作中的运用 [J]. 兰州教育学院学报, 2014, 30 (03): 141-143.

第七章　促进行动：实现目标

引　言

小舒一直是社区活动的积极分子。但是，最近她觉得生活索然无味，她表示自己没有什么真正的朋友，觉得自己是被孤立的。虽然最近晋升到了大堂经理，但是在新岗位上表现不好，她说现在的压力很大，不像之前像在童年时一样无忧无虑，也终于懂了那首《不想长大》的歌曲是什么意义。

在进一步的探索中，小舒说到她的父母在半年前的车祸中丧生，自己现在孤身一人独自面对生活。在洞察阶段，社工协助服务对象发现，服务对象因为工作上的压力，而没有机会去体会失去父母的悲伤。就在父母出事前，小舒搬到了新家，找到了现在这份工作，跟以往的亲友也失去了联系。此外，社工了解到小舒的童年生活也没有像她说的那样悠闲自在，而是走过一段非常辛苦的儿童青少年阶段。在童年，父母感情不和，父亲和母亲离婚后，母亲带着小舒改嫁。继父对自己和母亲都很好，但是在青少年时期，小舒因为感情和学业问题与他们有许多争吵。在与社工的会谈中，小舒开始了解到自己在内心中对父母有许多抱怨，因为她认为父母对自己的生活干涉太多，所以她也很少发展家庭以外的友谊关系。现在，她很怀念自己的父母以及父母给予的支持。虽然父母对自己很严厉，但是对自己的支持也是实实在在的。

小舒在会谈中谈到想交一些新的朋友，并缓解工作上的压力。在接下来的助人过程中，社工协助服务对象进行自我肯定训练，以帮助小舒能够更清楚地表达对朋友的需求；进行放松训练，帮助她缓解工作上的压力；并以行为取向为基础，帮助她思考在工作情境里与以往一些不同的行为表现方式。在几次会谈之后，社工邀请服务对象参加社区活动、小组沙龙，社工发现服务对象能够比较从容地交往到新的朋友，对工作中压力的提及也开始变少。

小舒的案例最后一部分是行动阶段，选择行动方案，并协助服务对象尝试改变。行动阶段强调社工协助服务对象提出想法和进行实践，而非口头表达地服务于对象。社工的角色就像一个教练。本章的主要内容是对社会工作行动阶段的概述以及一些行动改变的技巧方法。

第一节　社会工作行动阶段概述

社会工作的目的是协助服务对象进行自我探索，使服务对象对自己及环境有正确的了解，进而开拓自己的能力和环境资源，学习并采取有效行动解决问题和困扰，拥有更美好的人生。

在实务中，很多社工只停留在探索和洞察阶段，并未进入行动阶段。很多社工做完同理心、给了温暖或者建立了和谐的专业关系，在了解问题之后，常常因为找不到资源或者害怕给建议就停止进入下一阶段了。这可能是社工未能对服务对象本身及其环境，包括阻力以及助力有正确的了解，所以没有办法鼓励和催化服务对象运用自己以及环境资源来解决问题。

此外，可能是社工本身缺乏生活经验。社工对各种生活事件没有太多的接触，对很多生活问题缺少概念、了解与体验，以致无法给服务对象很具体的解决策略。本书主要目的是提供助人的过程与技巧，对于助人的架构层面和各类生活及事件，如人际关系、感情交往、亲子沟通、职业规划等多作探讨。所以读者需要用更多的时间和精力去涉猎和学习，丰富自己的知识内涵，以在架构之中加入内容，这样才能够成为真正有效的社工。本节将对行动阶段的理念背景、目标进行介绍，以便在行动助人阶段，社工可以了解在助人时的依据和路径。

一、行动阶段的理论基础

（一）认知行为治疗

1. 行为理论

行为治疗起源于20世纪50年代末60年代初，是建立在有100年历史的行为科学原理之上的行为理论。行为治疗认为，行为、情绪及认知都是学习而来的，因此讨论这些学习如何发生是非常重要的。20世纪60年代，班杜拉发展出了社会学习理论，将经典条件反射、操作条件反射与观察学习结合在一起。

行为理论的假设行为理论有些共同的假设：

- 以外显的行为为焦点，而不是潜意识的动机。
- 以造成和维持症状的原因为主，而不是引起症状的原因。
- 行为是学习而来的。
- 强调现在而非过去。
- 强调特定而清楚地定义目标的重要性。
- 重视社工的积极、直接而且规范个案的角色。
- 相信社工和服务对象间的关系对建立支持并获得服务对象的合作的重要性，但这些关系并不足以帮助服务对象改变。
- 以决定特定情境下的适应行为为焦点，而非以改变人格为焦点。
- 依赖实证资料及科学方法。

2. 认知理论

认知理论基于这样的观念：在我们想什么、怎么感觉和怎么行动之间有一种相互作用，我们的思维决定我们的情绪，我们的情绪决定我们的行为。与心理动力理论比较起来，这个理论更关注当前的世界，而非潜意识的冲突，其目标在于改变服务对象的思维过程，使之更为理性[①]。

认知的意义的凸显被称为行为科学中的“认知革命”。这一革命已经渗透到了社会工作领域。艾利斯（Ellis）的理性情绪治疗，聚焦于非理性思维和非理性信念，艾利斯坚信它们是导致自我伤害行为和心理痛苦的重

① 高伟丰．个案社会工作介入城市丧偶老人再婚心理障碍问题研究［D］．广西师范大学，2014.

要因素。随后学者们尝试将社会学习理论、认知理论和行为理论整合起来，形成认知行为治疗。在社会工作领域，到20世纪90年代，已经有超过20种基于认知理论的治疗模式。社会工作中的认知理论包含以下内容[①]：

- 人类认知的成长和发展存在于整个生命周期。
- 个人在任何既定领域的认知能力会因个人功能发挥的情境而变化。
- 认知既是个人对环境事件的接触，也是个人对这些事件意义的建构，个人的行为是为了回应对环境事件的认知意向。比如，他们会选择性地注意和解释事件的意义。思维、感觉、行为及其结果都是因果相关的。
- 认知意向，包括对自己的思考，会影响社会功能和情感愉悦感，并且可以改变。
- 行为改变可以受到认知改变的影响。

尽管认知治疗和行为治疗是从不同的理论路径进入到社会工作领域的，但两者在发展过程中不断融合，认知行为治疗即为两者整合的结果[②]。它以结构化的方式干涉个人的行为和认知，有大量的经验证据表明其具有有效性，已成为流行的、应用广泛的社会工作实践模式[③]。

3. 行为理论及认知理论与行为阶段的关系

认知理论与行为理论和助人模式中的行动阶段配合得很好，因为可以提供详细的策略来协助服务对象的改变。当服务对象在探索想法及行为，并对自己得到洞察的时候，行动可以让他们决定他们想如何改变自己的生活。因此，社工必须将焦点放在行动上，以协助服务对象达成目标。当我们采取同理及合作的态度，并在适当的时机使用，那么这些处理方法对促成服务对象的改变是非常有用的。

（二）寻解取向治疗

寻解取向治疗是社会建构主义影响下的一个重要的社会工作实践理论，它起源于20世纪70年代后期，这一模式对以往社工实践模式的颠覆

---

① 郑宇贺．Z社区流动儿童偏差行为矫正的小组工作介入［D］．长春工业大学，2017.

② 王迎．“我想有个伴”项目总结书［D］．长春工业大学，2014.

③ 陈飞．个案社会工作介入城市困难家庭精准帮扶研究［D］．扬州大学，2018.

在于：不再聚焦于问题本身，而是更加关注问题的解决方法，所以对促进服务对象行动、寻找行动路径具有非常大的启发意义。

一个早期的研究显示，服务对象对自己的问题解决是比较有兴趣的，然而许多社工却关心问题的根源，通过洞察来改变这些问题。所以在实务中，很多社工将重点放在第一阶段，也有许多社工的干预计划仍然强调阶段一的活动。每一个助人取向都要求沟通技巧，但是若长期限制在关系建立、资料收集而不采取行动则是一种浪费问题，“问题情境”的讨论常常是一种“缓慢行进”的想法。然而，行动和解决取向不是缓慢行进，而是以许多问题需要被处理甚至超越的假设为基础的。寻解取向摆脱了问题取向，解构了症状，不再干预所谓的问题。与此同时，短期干预成为一种潮流，寻解治疗恰恰顺应了社会工作和心理治疗的这一发展趋势。目前，寻解取向治疗已经应用在不同的领域，诸如精神健康、家庭暴力、酗酒、学校社会工作、青少年服务和家庭服务，其主要观点对社会工作产生了较为深远的影响，并整合进社会工作融合模式之中。

正如前述所及，寻解治疗是关于人是什么、治疗是什么和改变如何出现的思考方式，并且这一思考方式明显有别于基于问题和病态为本的实践模式。以下几点是寻解治疗的核心假设：

1. 正向哲学

社工要将重点放在资源上，不要放在缺陷上；放在成功上，不要放在失败上；放在成就上，不要放在责难上；放在解决方案上，而不要放在问题上。

2. 服务对象的观点

要将他们当成是对生活有抱怨的人，而不是有问题症状的人。服务对象和我们其他人一样，不要认为他们对改变和拒绝治疗会产生矛盾的心情，服务对象自身有智慧的积累，有些学习也有些忘记，但仍然是有些事可用的。服务对象有资源和优势来解决他们的牢骚，就好像任何其他人一样，服务对象会有自己对生活的看法，要尊重他们所建构的现实。在某种程度上，服务对象是自己生活中的专家，他们有能力解决自己的问题。而当社工认为服务对象就如问题一样必须被解决时，就等于让服务对象变弱，并且夺走了他们的力量。

3. 关注过去成功而非失败

人们无法逃避过去的创伤，毕竟这是事实上发生过的经历。然而，如果社工总是引导服务对象想起那些创伤事件，则有可能导致服务对象成为它们的俘虏。事实上，很多人就成为了俘虏，他们需要将自己从过去中解放出来。服务对象对于过去的坏经验，必须获得一个有组织或统整的观点，但是探索根源和因果关系通常不会太有帮助。焦点解决强调将重点放在服务对象克服问题情境的能力上，抓住原因通常无法解决抱怨。虽然如此，但当服务对象推进对过去有益的部分时，会有更多的信心，并且在他们迈向未来的旅程上也会觉得自在。他们可以提出的最好的东西是过去的成功。他们要完成的事情，如果带着部分服务对象的过去，那么必须是过去最好的部分。这就像是一个通过探索现在和过去最好的部分，来产生一个新的且更好的未来聚合意向的意图。

4. 社工的角色

社工是咨询者、催化者、引导者、促进者、协助者。在社会工作服务过程中，熟悉服务对象的世界观是非常有意义的，这有利于协助减轻其犹豫和抗拒。同理，益于社工对服务对象世界的了解；注意和发展服务对象本身给予生命的力量以及建设性改变的任何特征，为了扮演好一个“侦探”，发展一双赏识的耳朵倾听问题，以及埋藏在问题之下的机会，应用问题以激励和鼓舞服务对象提出正向积极的例子，问题应该激发对话。要记住，问题不是问题，重点在于如何去处理这个问题。

5. 协助服务对象探索和开发能力、成功和正常时刻

协助服务对象确认过去有效的思考行为和互动方式，因为服务对象不是持续地出现问题行为。协助他们探索没有这种问题的时刻，这没有问题的时刻就指出了问题解决的方向，社工需要协助服务对象好好利用这些时刻。帮助服务对象拓展曾经有效的事情，回想过去成功的经验。例如：“你的婚姻在美好的时候是什么样子?”“当你成功地拒绝酗酒的行动时，你都做了些什么?”“你之前按时完成任务的时候，你都做了什么?”

抓住服务对象有能力和有资源的时刻，并且协助他们好好检视这些能力和资源在那些时刻当中的自己，注意呈现在服务对象故事和行为中的能力。在每一个服务对象身上，都有一些事情是可行的，请寻找出来并讨论这些才能，因为他们是服务对象可以依据的优势。

6. 修改问题的本质和我们谈事情的方式

就如其他人一样，服务对象会成为自己所说的样子，然后通过谈论它去增强他们想成为的自己。如果你总是鼓励他们谈问题，他们就会有成为问题人物的风险。因此，社会工作服务会转向治病和修补缺陷，而服务对象所着重的也会成为他们习惯性的现实。协助他们将自己的问题看成牢骚，我们所有人都有牢骚，将问题一般化。在另一方面协助他们“正常化”自己的问题，也就是这些问题是生活中常见的难题。例如：

- 过量饮食是显示太热衷于对食物的触感风味和慰藉
- 过度活动的经历，有时候对我们是好的，但是却容易干扰我们的休息放松和人际关系
- 一个完美主义者是一个爱好追求品质但又太过火的人

7. 协助服务对象看到问题是干扰者而不是控制者

问题是干扰者，有时干扰了我们最好的状况；问题也是困扰我们的抱怨，这抱怨使我们不能正确界定自己。通常，社工不需要知道太多有关抱怨的东西以解决它们，对于问题要更谨慎一些，它们不应该是将服务对象困在谈论问题中，因为，谈论问题会让服务对象陷入挫折、无力甚至绝望之中。

8. 洞察聚焦在资源，不在问题

洞察是一把双刃剑，洞察问题根源未必会产生改变。因此，不要一味地只追求洞察，洞察常常就是问题，这些洞察鼓励服务对象从问题的角度来持续地界定自己。反之鼓励将重点放在资源和偏好结果的洞察，能协助服务对象从优势和成功的角度定义自己，让他们投入正向结果的情节。

9. 建设的梦想：美好未来的可能性

这个原则是，我们期待的未来是由我们创造出来的。社工和服务对象必须在系统地搜寻可能性和潜能的工作上合作，服务对象的想象需要被“诱发”，以找出追求生活中“希望”的新方法。询问的问题必须能够激发服务对象尽量有创意地思考一个更好的未来，例如：

- 什么意向能捕捉到你对未来的希望？
- 你可以做些什么来让这些充满希望的意向更鲜活？
- 如果你不再需要协助，你的行动会是什么样子？
- 如果这个星期你为自己做正确的事情并拍摄成影片，这些影片的重

点会呈现出什么样子？

- 假设你想往前进展，在未来一个星期你会做些什么？

10. 计划解决方案

要如何过好生活并没有一个准确的方法，协助服务对象积极地设计出可以将可能性转化为提升生活质量的解决方案。解决方案不需要那么复杂：协助服务对象对于复杂问题找寻简单的解决方案。改变常常所需要的只是小小的改变，系统中一部分改变可以使系统中其他部分产生好的结果。摆脱症状不是肤浅的、无用的或危险的，解决方案必须包括服务对象在未来生活中自己解决问题的能力。

11. 交付行动完成事情

执行就是完成目标的唯一选择。改变的步伐对每一个服务对象而言是不同的，一方面，有些服务对象需要协助来放松自己，以便慢慢地进行解决，用最小的行动使其向前一小步。另一方面，快速的改变也是可能的。在执行的过程中，不要欺骗服务对象，而是要协助服务对象发展出与周围的社会环境连接的新方法，包括“来自何处？”和“谁需要来参与处理好事情？”

二、行动阶段的目标

1. 获得新的洞察自然而然会导致行动

例如，“我曾经对这个世界充满了愤怒，因为我什么都不如我哥哥。他那么聪明总是受到表扬和嘉奖，而我总是被忽略，这实在是太不公平了。但现在，我不这样想了，因为我也可以接受我本来的样子，而且明白我也拥有可以给予别人的东西，我也有自己的优点和能力，我不必那样自卑。如果我仍然用对待父亲的方式来对待我的老板，我的工作就会如履薄冰，我再也不要这样了。我要勇敢地对他说，请他给我加薪。”

对某些服务对象而言，当他们谈论如何运用洞察阶段所学习到的东西时，他们就自然而然地进入了行动的阶段。然而，有些时候因为服务对象觉得自己卡住了或是没有完全了解情况，或是只是停留在理智的层面，也可能是还不能承担自己在问题当中的责任，洞察并不一定能够自动产生行动。例如：阿辉失业了，他很清楚自己因被解雇而感到沮丧的情绪，但他并不允许自己因此而感到羞愧，也不允许自己对老板感到愤怒，他也不知道该如何让自己从失败中走出来。在进入行动阶段前，表达理解、接纳自己在这件事当中的角色是很重要的，所以阿辉和他的社工还需要在洞察阶段花更多的时间。

2. 学会行动有关的技能

领悟无法直接导致行动的另外一个可能的原因，是服务对象缺乏必要的技能，例如：小丽知道自己不自信的原因，也想要改变自己的行为，可她并不知道该怎么样去做。她无法表现得更自信，是因为她缺乏自我肯定所需要的技能。因此，服务对象需要学习和练习这些技能，并得到对其行为表现的反馈，这样才能够充分发挥这些技能。

3. 激发行动的动机

服务对象也许会觉得自己难以改变，因为旧习难改，而且他们也害怕尝试新的事物，他们可能会觉得沮丧，也不相信自己可以改变现状，还需要一些鼓励才会考虑改变。

4. 获取行动有关的资源

由于服务对象资源是有限的，所以他们并不能改变所有他们想要改变和需要改变的东西。例如：小安在大学的成绩并不好，如果他想进入一所一流的研究生院是缺乏现实基础的。因此，这个阶段的目标是促进服务对象在其能力范围内进行改变，并尽量扩展这一范围。因此，小安的社工可以协助他寻找相关领域的进修机会，以便他能找到与目标相关的职业。

每个人都能做他想做的任何事，但会受到客观现实状况的制约，因此，社工需要在助人过程中，在了解个人局限的基础上尽可能协助服务对象发挥自己的潜能。

行动阶段的主要目标是鼓励服务对象探索可能的新行为、协助服务对象决定行动、催化行动技巧的发展、对服务对象的尝试改变提供回馈、协助服务对象评估行动并修正行动计划、鼓励服务对象对处理的行动的感觉。从实务过程中可以看到，服务对象在改变的历程中会面临诸多的困难。然而，社会工作的目标在于达到“助人自助”，希望通过社工的协助，能够达到特定的结果，诸如更愉快、更少挫折、更加有能力。在行动阶段，社工要记得同理并根据服务对象的需求来调整社工自身的干预节奏。在行动阶段，探索的立场通常才是最有帮助的，而不是给予规定处方的立场。

第二节　确定行动目标的策略

社工可以用最体贴的、最人道的以及最有力的方法跟他们在一起，协助服务对象达成目标。社工在服务过程中常常避开这个步骤，因为他们认为这样做“太技术性了”，但是不这么做会对服务对象产生有害的影响，即使服务对象有目标。本节主要讨论如何协助服务对象发展行动目标的策略。

一、目标概述

（一）目标的含义及功能

目标其实就是一种期望达到的境界。在行动计划中涉及两种目标，即总目标和具体目标。总目标是服务对象想要达到的境界的广泛的、整体的陈述。它并不一定是可测量的，它所表达的是一种想要得到的结果，一种理想的境界或者是一种助人关系的长期目标①。具体目标是指服务对象在其行为和情境方面希望发生的具体变化的清楚的表述，是可以观察并且可以测量的，具体目标是要达到总目标的那些较小的增量的成果。社工和服务对象可以设定很多具体目标来实现一个单一的总目标②。因此，总目标和具体目标既有联系又有区别，总目标是社工和服务对象通过共同的努力达到的最终的期望，而具体目标是为实现总目标服务的，是具体的、明确的、切实可行的、可测量的目标③。

在构思行动之前，首先就要设定目标。目标是行动计划的重要组成部分和关键要素，其意义在于：

- 澄清问题所在。
- 促进服务对象的参与。
- 引导解决问题的行动方向。

① 董颖晗．提升乳腺癌患者抗逆力的小组工作介入［D］．河北大学，2015.

② 董颖晗．提升乳腺癌患者抗逆力的小组工作介入［D］．河北大学，2015.

③ 李云波，陈涛，林晓辉．北京市未成年人救助保护中心的社会工作实践［J］．社会工作（上半月），2010（12）：12-14.

- 作为评估的指标。

下面一个例子可以说明目标的作用，以及总目标和具体目标的区别：

小琴从小和奶奶一起长大。到了初中的年纪，小琴搬到城里和父母共同居住。由于双方缺乏沟通和相互了解，因此经常产生矛盾。社工了解以后开始介入他们的家庭问题，希望解决他们紧张的家庭关系。社工了解到，小琴的父母文化水平有限，对小琴的教育方式是非打即骂，对小琴的内心情感了解得非常有限。社工通过与小琴的父母会谈，将目标确定为：

总目标：改善亲子关系，促进家庭和谐。

具体目标：

1. 每天下班和孩子聊天，关心孩子在学校的学习和生活情况。

2. 每个月抽出一个周末进行一次家庭活动，例如：郊游、家庭电影等。

3. 父母参加社工组织的“亲子甲流工作坊”，每周一次，学习家庭教育的方法和技巧。

（二）确定目标的任务

任务1：是可能的行动——协助服务对象发展完成目标的可能行动：什么样的行动将协助我得到我所需要的和想要的？

任务2：最合适的行动——协助服务对象选择合适的喜好和资源的有效行动：什么行动对我是最好的？

任务3：计划——协助服务对象将目标转化为实际的行动计划：为了建设性地改变我的行动看起来必须如何？首先我需要做些什么？接着呢？再来呢？

二、协助服务对象确定目标的策略

策略是协助服务对象达成自己目标的行动。服务对象如果能够看清通往目标的路径，就会有一个比较高的自我效能感：“我可以这样”“我可以做这个”。但是，现实情况往往是，大部分的服务对象不会自发性地寻求不同的通往目标的路径，也不知道什么样的路径是最有意义的以及是最有效的。因此，协助服务对象发展完成目标的策略需要掌握一定的方法和技巧。

（一）脑力激荡

脑力激荡在前面的章节也有介绍和探讨过，它在助人历程中的许多阶段都可以运用到。同样，在行动阶段，协助服务对象确定目标方面可以发挥非常大的作用。很多服务对象找到一种或几种解决问题的方法后仍然会陷入失败，例如：

张叔喜欢酗酒，因为酗酒丢掉了工作和婚姻，生活越来越糟糕，身边的朋友不断远离他。张叔知道他必须停止酗酒才能让生活有所好转。他的目标是停止喝酒，他采取了一些方法让自己离目标近一些：

- 降低喝酒的频率
- 降低喝酒的数量
- 以前常常会喝得烂醉如泥，现在不会了

这样的尝试让张叔成功了几天，但是他很快失败了。这种情况反反复复发生了许多次，直到最后，他终于不能忍受，他开始明白，停止喝酒并不像最初看起来那样简单。于是，他开始寻求专业人士的协助。

脑力激荡在策略发展上扮演一个很重要的角色，因为完成目标的路径越多越好。再看下面一个案例：

小马是进城务工的一名青年人，不久前他刚刚和女朋友分手搬到这里，并没有亲人和朋友的支持。社工建议小马给自己几个星期的时间适应新的环境以及调整自己的心态，尝试去做一些有益的改变。社工给小马一个笔记本，并提醒他当对自己的生活有新的想法的时候，就写下来。下面是小马想出的一些可能性：

- 开始购买一些专业书籍和学校招生信息，通过专升本提升自己的学历。
- 撰写求职履历，找一份工作安定下来。
- 合理规划自己的时间。
- 参加社区的活动或者一些俱乐部，让自己在新的环境有新的朋友。
- 参加单身俱乐部。
- 参加志愿者组织。
- 如果有朋友邀请或聚会，就答应前往。

- 给自己添置一些新的衣服和鞋子，让自己看起来体面一些。
- 坚持每周运动一次。
- 熟悉周围的环境。

小马写下这些想法以后，就准备思考这些目标达成的可能性。例如，他加入单身俱乐部，时常去参加一些相亲活动，认识了一些新的朋友；参加了社区志愿服务，对社区更加有归属感；经常到社区图书室看书，增加自己的知识积累。

如果服务对象在寻找策略上有困难，社工可以提出一些具有建设性的想法来引导服务对象的想法。要注意的是，社工也许可以建议一些可采取的方法，但是对建议的评估和选择策略的主要责任仍然需要留给服务对象。

（二）应用架构

社工可以应用简单的架构定义出问题，协助服务对象发展一系列的策略。应用架构就是指协助服务对象调查生活当中的资源，找出可利用的策略资源，包括个人、典范、社区团体、地方、事情、机构、课程和个人资源。以张阿姨为例：

张阿姨患晚期癌症，她在过去几个月进出医院很多次，每一次都面临生命的危机。她知道自己的生命可能不会超过一年，她希望在一年的时间里能够过得实在一些。她不喜欢待在医院里，所以她的目标之一是不会死在医院。此外，她希望尽可能死得安宁一些，并且尽可能死得有价值一些。她怎么样能够达成这些目标呢？

1. 个人。张阿姨提到，她的一个朋友说过他的父亲曾经受到过非常不错的癌症照顾，并且最后在家中去世。另外，她有一个朋友的太太死于癌症，她认为偶尔与周围朋友谈话，可以协助自己找到需要的勇气和一些经验。

2. 示范。谁正在做服务对象想要做的事情？张阿姨的一个同事因为癌症在家里去世，张阿姨曾经拜访过这个同事一两次，她注意到她的朋友从来不允许自己有自怜自艾的谈话，他将死亡看成是生活的一部分。这在当时深深地触动了张阿姨，而现在回想这些经验，也许能协助张阿姨发展相同的乐观的态度来面对自己的未来余生。

3. 团体。服务对象可以通过什么样的社会团体获得执行目标的策略？社工了解到，张阿姨的儿女工作繁忙，自己是张阿姨重要的支持力量，这增强了社工为张阿姨建立某种社群的想法以增强服务对象的支持体系。社工在网络上搜索，发现网上有许多像张阿姨这样的人可以参加的自助团体。

4. 地方。有什么地方可以提供协助？张阿姨身体常常有不适，但是有一次，她在网上互助团体中分享到很多和她一样的人的经验，学习到了处理身体痛苦的一些方法，并且获得了很多精神的支持和鼓励。同时，张阿姨让团体分享自己的经验，也帮助、鼓励了许多的人。

5. 事情。有什么事情可以协助服务对象达成目标？张阿姨听过某种电击刺激可以防止慢性的痛苦，她跟她的医生探索过这些可能性和专业的意见。此外，有人提供了一些线下线上的活动信息给张阿姨，诸如一些新闻事件和联欢会。这些事件为张阿姨开启了一扇新的大门，对愉悦身心、转移对身体痛苦的注意力十分有帮助。

6. 机构。社工提供了一个协助年轻癌症病患者获得希望的机构，她申请担任志愿者，以自己的经验去鼓励支持这些年轻的患者。在这个过程中，张阿姨感受到了尊重、支持、被需要。

7. 课程。是否有任何现成的课程可以协助服务对象？包括分享资讯的线上线下讲座、课程、公益活动等等。同时，也包括专业机构的疾病诊治方案、计划等。

（三）积累知识和技巧

人们有时会因为缺乏需要的生活技能，或是处理问题情境的技术而陷入困境、无法逃出其中。如果服务对象因此而无法自拔，那么协助服务对象找出学习有效处理生活技能的方法，是一个很重要的策略。将技能和知识的训练当作干预的部分，对一些服务对象而言也许是很重要的。挑战服务对象，让他们在没有技能的情况下，投入参与活动会将问题弄得更糟。这样不仅不能解决问题，反而会让问题变得更加糟糕。因此，在实务中，社工需要思考：服务对象需要什么工作知识和技术来达到他们要去的地方？

在婚姻家庭辅导方面，一些知识和技能的训练是不可缺少的。例如在婚姻家庭沟通技巧的训练上，将夫妻分开，并且创造一些情境训练他们积极倾听、同理以及回应的技巧。在这个过程中，为了练习技巧，社工通过女人对女人、男人对男人配对开始；接下来，以一男一女配对，但他们不是夫妻，来练习相关的技巧；最后，以夫妻配对，协助他们应用所学到的技巧投入到问题解决之中。这样的训练使他们学会了人际沟通和问题解决两套生活技巧。

（四）构建社会支持

要达到最终的目标或者是完成一个完整的行动方案，需要协助服务对象确认他们需要追求的目标资源，包括内在的和外在的环境资源。许多服务对象不知道如何动用需要的资源，最重要的资源之一就是社会的支持。

虽然社工本身可以提供给服务对象许多的支持，但是如果服务对象回到真实生活中，他们也需要环境里面的支持。有研究显示，社会支持曾被检定为心理疾病过程的一个预测物，大约有75%的忧郁症病患，社会支持的因素会增强治疗初期的成功，并且协助病患维持他们的治疗成效。同样地，这样的结果在精神分裂症和酗酒的人们的研究中也得到证实，此外，治疗效果的成功和维持也跟社会支持是相关的。

当谈到社会支持的时候，会出现以下三种情况：

- 服务对象社交生活贫瘠。对这一类服务对象，目的是协助他们找出社会资源，让其带着建设性的方式回到社区中。
- 服务对象无法有效地应用社交系统。面对这样的服务对象，社工要协助服务对象开发既有的资源，以一种协助他们更有效地管理问题的情境的方式进行。
- 需要社会支持的服务对象因自身的情况而处在社交隔离的边缘。因此这样的服务对象可以在社工的帮助下学习调整如何表现自己，同时，在另一方面，社工也应协助可能的支持者学习如何和这些处于困境中的服务对象相处。

因此，从对三类情况的分析来看，构建和强化社会支持一般性的策略有：协助服务对象动员或增强来自既存社会网络的支持，以及将新的资源结合到贫瘠的社会网络中。例如下面的案例：

李先生是一位非常有才华的工程师，他的能力突出，待遇优厚。但是他仍然有怀才不遇的感觉。他认为他的老板很庸俗，同事之间钩心斗角。因此，他在工作中总是独来独往，自己钻研项目，但是研究出来的项目总是没有受到该有的重视和支持。近期，李先生想申请去国外留学，但是他不想请教同事，自身也没有相关的经验和资源。这件事情一直停滞不前，领导认为李先生不求上进，严厉批评了他。

从上述案例可以看出，李先生的主要问题之一在于他没有争取所需要的社会支持。和社工多次会谈以后，李先生觉得他的压力明显减少。社工挑战他，让他向自己的同事求助。之前，李先生一直认为不会得到同事的回应，但是当他这样去做的时候，他发现同事非常真诚地分享了相关的信息和资源。此外，他找到一家专业的英语培训中心训练自己的口语。

总体来说，在构建社会支持方面，在服务对象的态度和开放程度上，社工要协助服务对象接受支持。此外，服务对象必须要做到在不需要社工的协助的情况下就能够寻求支持。要达到这样的效果，社工从一开始就需要尝试协助服务对象探索问题情境的社会支持领域。下面的问题对寻找社会支持是有帮助的：

- 谁能协助你完成这件事情？
- 当你想要放弃时，谁会挑战你？
- 你可以跟谁分享你的心情？
- 当你完成目标时，谁会称赞你？

三、协助服务对象选择最合适的策略

社会工作者需要协助服务对象选择出最符合自己的情境、资源、人格和喜好的策略。有些服务对象在社工的协助下，发展出一系列执行目标的策略之后，就会自己向前进展，也就是他们会选择出最好的行动计划，并且去执行。然而，也有些服务对象在选择最适合自己的策略时需要协助。

选择目标完成策略的标准与订立目标息息相关，社工需要掌握以下几个要点：

第一，策略的设定是要建立在需求评估的基础之上，目标要与服务对象的问题紧密相连，离开服务对象的问题而设定的目标是不切实际和无效的。因此，社工应该明确从问题到目标乃至最后的评估都是环环相扣，要注意前后的一致性。

第二，策略的设定过程是工作者和服务对象在协商中达成共识的过程。服务对象来机构求助时，有的很清楚他们要什么；也有的可能不清楚自己真正需要什么。同样，社工在提供服务时，有的知道自己想要去帮助服务对象发生何种改变；但也可能不清楚到底要改变服务对象的哪一部分。因此，很重要的一条是服务对象参与，因为服务对象是自己问题的专家。

第三，策略必须是具体的。为了达成目标策略必须具体到足以激发行为。为了在助人过程中指明方向，策略要明确地指向产出的结果，而不是过程和手段。在具体策略的叙述中应该有几大要素：谁、将做什么、什么程度、在什么条件下、到何时为止。

第四，策略应该是切实可行的。策略达成的难易程度也是十分关键的因素，假如我们设定的策略太难达到，会使服务对象遭受失败，增加挫败的感觉，而制定得太简单，极易完成，服务对象也会觉得社工的帮助缺乏诚意和水准，因此，目标的设定要考虑服务对象的能力以及环境中可能存在的不利因素。

因此，下面列出了一些问题可以协助服务对象在选择最合适策略的时候询问他们自己：

- 哪些策略在帮助我得到所需要的和所想要的时候是最有用的？
- 哪些策略对这些情况最好？
- 哪些策略最适合我的资源？
- 哪些策略在应用我的资源时是最经济实惠的？
- 哪些策略在处理问题中是最有效的？
- 哪些策略最适合我所喜欢的行动方式？
- 哪些策略最适合我的价值观？
- 哪些策略会有最少不想要的结果？

四、协助服务对象制订可行的行动计划

在确认和选择了完成目标策略之后，服务对象需要将这些策略组成计划。计划是预估和实施改变行动的桥梁，是为了解决服务对象问题而进行

的一系列解决方案的思考和决策过程。好的计划是成功的基础，而缺乏行动计划会让服务对象陷入问题情境。

（一）计划的作用

1. 发展服务对象的纪律性

计划是一种对改变过程进行的整体性的考虑，是为了实现总目标和具体目标而精心设计的一系列行动，只有协助服务对象按照计划向前迈进，才有可能达到最后所期望的目标。因此，纪律是非常重要的。然而许多服务对象因为缺乏纪律一开始就会陷入困境，计划需要对服务对象合理地要求以发展纪律。在实务过程当中，通常的做法就是与服务对象签订服务协议来发展纪律。双方统一在服务协议上签字，基本表明了各自对自己所承担的任务与责任的知晓，并同意一起合作来实现所订立的目标。同时，签订服务协议也意味着社工对服务对象服务品质的承诺，社工由此肩负起了认真履行协议和适时调整协议内容的责任。

2. 检验目标可行性

计划能够让服务对象认为目标是可行的，让人惊奇的事情是可以通过采取小小的步骤朝向实质目标的方式来完成。大多数情况下，服务对象是有能力达到其预定的目标的，所以社工要肯定计划的有效性并表达相信他们一定能实现其目标。但是，偶尔也会遇到有些服务对象喜欢夸大自己的能力。在此情况下，社工要敏感地、有技巧地帮助他们调整计划至现实的可行程度。至于环境的限制，主要是在服务对象改变过程中环境因素对其的影响。

3. 发展事宜的策略

例如，阿强以前是一个酗酒的人，当他太太和儿女跟社工合作开始塑造一个处理他们对阿强酗酒问题的计划时，他们了解到他们曾经试过的策略是没有规划的。经过社工的协助，他们又回到了规划期，阿强的酗酒为家庭带来了很多矛盾，计划可以协助他们重建秩序。

计划并不会解决服务对象所有的问题，但它是一种将时间穿成一个盟友而不是一个敌人的方法。许多服务对象在处理问题时，将自己的努力投入没有目标的工作，而计划可以协助服务对象将自己的时间进行最好的应用。

（二）计划的内容

计划需要形塑以激励行动。一个正式的计划需要包含完成一个目标或者一个次目标所需要的工作和行动，将工作排成一个合乎逻辑而又有弹性的顺序，进而设定完成每一个关键步骤的时间表。因此一个计划需要包括下面几个问题的答案：

- 完成哪些具体的事情才能达到目标和次目标？
- 这些事情需要以怎样的顺序完成？
- 任务时间表是什么样子？

如果所选的目标复杂而困难，可以协助服务对象设定次目标，有步骤地朝向最终目标。一般而言，计划不宜太复杂，计划的好坏在于形塑和设计是否可以达到预期的结果。如果计划太复杂，可以分成一些次目标，以及需要达成这些次目标的策略或工作，这样的话，复杂的计划也是一样可以被达成的，并且时间表也是符合实际的。下面一些问题可以协助服务对象认真地思考拟订一个自己需要的系统计划：

- 哪一个行动顺序可以让我达成目标？
- 哪些行动是最重要的？
- 行动进行的优先顺序有多重要？
- 对于每一个行动，最好的时间表是什么？
- 计划的哪一个步骤需要次步骤？
- 我如何收集执行计划所需要的资源，包括社会支持？

五、付诸实践

设立了目标以及有行之有效的方法策略和计划，接着就是将其付诸实践达到目标，此时社工的责任是：

第一，鼓励社工采取行动。计划再完美，方法再有效，不付诸行动就永远无法达成目标。

第二，协助服务对象以循序渐进的方法，确实执行，切勿操之过急。

第三，服务对象因改变而经历痛苦的时候，社工应用倾听与同理予以支持鼓励。

第四，服务对象遭到困难时，社工可运用同理心、自我表露、面质、立即性等技巧，协助服务对象分析困难的所在以及克服困难的方法。

第五，服务对象表现出建设性的行为时，社工应予以增强，激励服务对象继续朝目标努力。

第三节　从演绎到行动：角色扮演

一、角色扮演的理论来源

角色扮演疗法是由心理剧的创始者莫雷诺（Jacob L. Moreno，1946，1945）提出的。莫雷诺认为人不只是角色的取得者，就如同社会学家米德指出人也是角色扮演者。但这二者观点的区别在于：米德的看法源自他认为自我的产生是因个人内化了生活中其他人的角色，于是，他人眼中的自己成为你看见的自我。而莫雷诺的看法较活泼且具有戏剧性，即个人能饰演不同面向的自己，也能通过角色互换来扮演他人。

角色扮演目的在于运用戏剧表演的方法，使人发现问题、了解问题的症结所在，进而更好地调整心理状态，解决心理问题。在角色扮演中，人们能亲身体验和实践他人的角色，从而能够更好地理解他人的处境，体验他人在不同情况下的内心情感，同时，反映出个体深藏于内心的感情①。

运用戏剧隐喻、角色扮演来研究社会行为，以社会心理学家高夫曼最著名。人类在生活中饰演不同的角色，私下会为特定观众演出某个面向的角色。角色扮演借用以戏剧作为生活隐喻的概念，将观察及分析个人行为由专有名词转化为实际行动。在角色扮演中，参与者会重演及排演生活情景，并非抽象地在脑海里重演，而是通过戏剧具体重演及排演。角色扮演能对自身扮演的角色与他人互动、尝试控制他人反应的习惯等增加洞察力及觉察力。在现实生活中，人们忙于扮演自己的角色，以至于难以意识到自己的行动。角色扮演可以提升自我反省的能力。当一次角色扮演结束或定格时，参与表演的服务对象和社工总会自然地回顾当时发生的事件、感

① 陈力予．大学生参与型社会实践模式研究［J］．吉林师范大学学报（人文社会科学版），2013，41（03）：76-80.

受与观察。根据角色理论者所言：当现实生活反映在戏剧里，可以帮助我们了解现实生活；根据剧场工作者的看法，现实生活帮我们了解及创作具有质感的戏剧，因为剧场反映生活。两者皆有理，因为现实生活反映在戏剧里，通过戏剧让我们的生活更美满。

二、角色扮演的目标

治疗目标随着服务对象处理的问题、需要及强弱而不断改变，不过仍然有一些一般性目标适用于不同的对象。根据实务经验，大概罗列出角色扮演的目标：

第一个目标是表达及包容情绪。一方面，角色扮演为强烈而多变的情绪提供出口。例如恐惧感能通过角色扮演安全表达，因为在角色扮演的过程中，扮演者不需要承担表达恐惧可能出现的后果。另一方面，角色扮演为所要表达的东西提供距离感，服务对象能同时经验强烈情绪又对表达的东西有所掌控。角色扮演特别强调释放与包容情绪的互相影响。包容并非压抑，而是掌管情绪，在适当及被接纳的环境中释放自己强烈的情绪。

有些服务对象在接近及表达情绪上需要社工的协助才能达到连接自身情绪的效果；有些服务对象被情绪过分主宰，则需要在管理情绪方面获得协助。但对大部分人而言，两者互相影响：对情绪表达的抗拒来自失去控制的恐惧，这些人既需要经验情绪表达，又需要经验情绪包容，直到他们更加了解自己，可以容忍表达与包容情绪之间的汇合处，才能释放强烈感受。

第二个目标是发展“观察我”，即见证和反映自己的部分。观察我与观察自我的区别是前者更超越自己的部分。我们心里的导演总会宏观地俯瞰全景，也总有能力理性面对情绪煎熬。导演较能超然地对现实环境作出适当的反应，看到不同的选择。他/她仿佛看着一张放大的地图，包括过去、现在和未来，还有与外界的关系。从这种角度看待事情，较容易看到希望灵性及信念，然而社工常忽略了这种角度。说到希望和信念，并非指不切实际和不能达到的目标，而是确实可能发生的外在经验和内在转变。

第三个目标是拓展角色目录。在真实世界里，我们的角色反应及与人互动的模式没有太多变化的空间，我们被既定模式及他人的期望束缚。在角色扮演中却能够有无限的可能：我们可以扮演不同的身份、发现和表达潜在的自己、练习新的互动模式。拓展角色目录不只是饰演多种不同角色，也是在扮演同一个角色时有更大的弹性。拓展角色目录有助于人们面对生命中不同情境时有更多的处理方法，不论对新老问题都有崭新、富有创意的回应。此外，能够面对那些我们本以为不能够触碰、不能够到达的部分更开放和愿意接纳。

从容地拓展角色目录有助于提升、改变自我形象。修改及开拓自我形象是角色扮演的另外一个目标。角色与自我形象之间有互动关系，自我形象决定我们在角色目录中有哪些角色，角色目录则决定我们的自我形象。很多服务对象小时候都有一个将他们视为坏的、无用的养育者，那么通常这些服务对象发展出的自我形象会与养育者投射给他们的形象一致。自我形象虽然会决定角色目录，但通过角色扮演，他人的反应与见证，以更广阔及正面的方法给予反馈和对待，则有机会不断修改服务对象对自己的看法。① 拓展及提升自我形象有助于提高自我价值，包括越来越了解、接受及尊重自己的不同面向。

第四个目标是发展社交技巧。角色扮演在解决人际关系的问题上相当有效，角色扮演通常具有团体合作性质。例如，对于有社交退缩及孤立的精神障碍的服务对象，经常以发展社交技巧为治疗目的，在语言及非语言层面上提升与人接触的自信心与能力。在团体治疗里，如果能发展亲密而信任的关系，则能拥有更广阔的外在世界提供新的可能，而且团体中许多人一起参加角色扮演，也可以减轻深藏于心底的疏离感。即使社交没有问题，角色扮演也能够为错综复杂的人际互动提供一项探索的工具。角色扮演强调人与人之间的关系，而关系是生命的重要面向。在角色扮演过程中，每个人都有机会就关系做最深层次的检验和了解。

三、角色扮演适用情境

角色扮演可以把过去已发生或未来可能发生的事情搬到现在，让服务对象体验、探究和学习。服务对象常处于“当局者迷”的情况，有时仅以讨论的方式并不能帮助服务对象澄清他的迷惑和冲突。角色扮演的方法可

① 张楠楠．戏剧治疗在高职院校职业规划团体中的运用［J］．教育与职业，2010（24）：89-91.

以弥补讨论的不足，协助服务对象通过设身处地的方式对自己、他人以及问题有更加深入的理解。双方在扮演角色的过程当中，需要注意体会自己内在的经验。社工要注意观察服务对象的反应状况，角色扮演结束后共同就扮演过程中所发生的情况及彼此的感受加以讨论。社工就他的观察与体会回馈给服务对象，协助服务对象对自己及问题有更清楚的了解，从而更有效地学习。角色扮演中的回馈能够帮助服务对象澄清发生在自己与别人互动过程当中的情绪动机、信念以及行为态度等等，当然角色扮演也可以作为行动的预演，在安全的气氛下练习被期望的行为，以便运用在现实生活中解决困扰服务对象的问题。

在社会工作服务过程中，角色扮演适用于以下情境之中：

第一，协助服务对象澄清问题，了解自己。角色扮演可以帮助人了解其心理过程中的内心冲突与外在表现，为解决问题提供切实有效的途径[①]。当人的问题难以用言语表述时，角色扮演可以使服务对象的喜、怒、好、恶在不知不觉中流露出来。有时候人们很难判断某一行为的后果，而角色扮演有助于获得有关行为结果的反馈。因此角色扮演可以深入探索自己的行为及其对他人的影响，比说明、描述的方式更形象、生动，更具有效力[②]。

服务对象对自己在某个情境所表现的行为感到迷茫不解或无所知觉时，社工可以扮演该情境中与服务对象有关的角色，与服务对象一起模拟当时的互动，使服务对象再次经历当时的冲突和困难情境，进而对自己的想法、行为和感觉有所察觉、领悟。

例如，一个常受到父亲责备的孩子在挨骂时老是闷不吭声，但私下里却总是找弟弟的麻烦，甚至通过打弟弟出气。在会谈的讨论时，由社工扮演父亲，并用责备的口气让服务对象再次体会当时的情境，引出他对父亲内心的恨意，使其能够清楚地了解自己的感受以及他的情绪为何会转移到弟弟身上，这样有利于他了解并处理自己的问题。

第二，协助服务对象澄清、了解别人。服务对象不只扮演自己，也扮

---

① 尹璐．引入团体辅导技术提高“基础课”教育教学效果的可行性研究［D］．哈尔滨工程大学，2011.

② 罗四清．心理教育在大学生社会化中的应用［J］．继续教育研究，2009（02）：58-61.

演生命中的其他人，例如，年轻的服务对象会演自己的父母，然后以父母的身份接受访谈，进而探索其中的冲突。扮演他人时，我们更能从那个人的观点明白他的反应和动机。此外在角色理论中提到，扮演生命中的重要他人，也就是从他人的角度看自己的生命，这有助于认清对自我的概念和身份认同。扮演生命中的重要他人，例如，我扮演我的哥哥等，而我则由其他人扮演，这有助于个人消化自己面对不同角色面向和互动关系。

服务对象往往不知道自己的行为对他人有什么样的影响，若由服务对象扮演他人的角色，社工扮演服务对象，两人重新经历当时的情境，有助于服务对象深切了解自己的行为对他人造成的影响，以及他人可能有的感受与反应。

例如，服务对象常常与父亲起冲突。可以由社工扮演服务对象，模仿服务对象的言行而由服务对象扮演父亲，在模拟情境中服务对象可以体会自己的言行如何激怒父亲，进而讨论如何解决与父亲之间的冲突。

第三，协助服务对象预演行动计划。很多服务对象都知道要做什么或者用什么方法解决问题和达到目标，但是认知与实际行动仍然有距离。为了有效达成目标，社工可以安排利用角色扮演来练习，以加强服务对象的信心以及掌握熟练应对的方法。

例如，服务对象在接受生涯规划的辅导的时候，虽然知道面试应该注意的事项，但却担心做不好。面对这样的服务对象，可在真正面试之前由社工扮演面试主考人员，让服务对象预演面试情境与应对，身临其境体验及学习面试的过程与应对的有效方法。

在角色扮演以后，通常服务对象会清楚体验到一种希望生活有所改变的感觉，这个希望来自服务对象通过角色扮演、尝试与经验某些情境，以及不同以往的建设性的反应。意义在于，假如他们能够在角色扮演中如此逼真地体验到不同的感觉，或许就能在真实的世界里如此行动。在这里，要重申协助服务对象发展角色扮演技巧的重要性，因为如果对角色扮演没有一定的掌握，就不会有逼真的效果，在这个时候通常服务对象会发现自己对现实生活的难题有一个全新的反应。

四、注意事项

（一）掌握角色扮演技巧，评估服务对象成长

角色扮演通常是行为层面，例如，自信心训练的角色扮演。当然，如果社会工作的技巧够好，除了行为层面之外，也能为服务对象提供角色与行为模式的觉察力，在这个阶段社工要留意服务对象是否仍重复以前的模式，还是发现新的选择。这时角色扮演通常会伴随着言语的分析和分享。角色扮演和讨论不仅帮助服务对象宣泄感受和练习新的行为，也能明白和改变内在的动力。在这个阶段，服务对象应该感受到自己不只是生命戏码，既是演员，更是导演、编剧、观众和剧评。

（二）对扮演角色充分理解，对扮演过程合理掌握

首先，社工使用角色扮演技术的时候，自己与服务对象要事先对即将扮演的角色有充分的了解，并允许服务对象在过程中任何时候想停止就停止，使其在扮演时无心理压力方能达到效果，而演完之后的讨论、澄清更是不可缺少，如果扮演过程不顺或事后讨论修正方法和意见，可重新来过，以达到最佳的效果。

其次，很重要的是要恰当地安排角色及讨论扮演的内容，最好让服务对象担任导演，决定谁扮演谁的角色，并教导社工如何扮演被指派的角色。讨论扮演内容的细节、角色的个性、说什么话、什么样的表情等等，以尽量接近真实情况。

（三）在角色扮演中提供距离化

角色扮演和角色理论是影响这个阶段非常重要的概念，通过将事情戏剧化以及之后的讨论，服务对象会对自己在现实生活中扮演的角色和与人互动的模式有更深刻的看法，在角色扮演过程当中，生活点滴会被放大检视。服务对象在这里做到现实生活中难以做到的事情，演自己也观看自己。角色扮演所提供的距离化助长自我观察的能力。有几个方式可以加强距离化，例如，在扮演过程当中暂停或刚演完，在他们还能感受在角色扮演当中感觉时，讨论及解读扮演过程当中角色的行为。

（四）尊重和包容服务对象的节奏

一个人对事情的反应大多数可以预测。例如，一个悲观的人，很可能

会在角色扮演中演出悲观者的角色。在角色扮演中，社工观察到这个情况时，不需要强迫服务对象立刻改变，反而要协助服务对象看到自己的模式，在角色扮演的协助下便会缓慢而自然地产生改变。

（五）不主张服务对象把角色扮演中的练习带到现实生活中与服务对象对质

有些角色扮演是为现实生活作排演，有些角色扮演却以健康的情绪释放为目的，不主张服务对象带到现实生活中与服务对象对质。社工有必要向服务对象说明两者的区别，例如，在角色扮演里向虐待自己的家长表达愤怒，针对个别服务对象可能有帮助，但是带到现实生活中向家长如此表达可能没有建设性，甚至有害。当社工发现服务对象可能误会社工要把他在角色扮演中的实验带到现实生活中，或服务对象以为扮演情景以后就要在现实生活中做出来，而不愿意去尝试进行角色扮演练习，社工就有必要出来澄清。

第四节　行动改变技术

经过探讨、了解问题之后，也建立了期望的目标，形成了具体的计划，还需要一套具体的方法协助服务对象，逐步改变原有不适应或无效的行为，以建立良好的、有效的行为才能达到最终的目的。上一节介绍的角色扮演是一个很好的促进行为改变的方法、技巧和策略，本节中的行为改变技术同样也是非常有用的技术。行为改变技术源自行为学派，旨在减少消除个体不良行为，塑造增加个体良好行为的各种原理方法[①]。其基本假设是：无论是好的或是坏的行为都是通过学习而获得的，也可以通过学习的历程进行更改、增加或消除。

一、操作制约

（一）制约

制约的方法有两种：一种是古典制约，其原理是将一个原本不能引发

① 陈琳．特殊教育专业课《行为改变技术》教学质量提升策略之我见［J］．文教资料，2014（28）：179-180.

个体某种反应的中性刺激伴随另一个能引发反应的刺激多次出现后，此中性刺激将能产生与非制约刺激所引发相似的反应，例如：老师每次惩罚学生时都咳嗽三声，以后学生只要听到咳嗽声就会产生焦虑。另外一种是操作制约，其原理是个体产生某种自发性反应，随之带来某种增强刺激或增强物，将此反应的强度与频率增加。例如：孩子自动把玩具收好而得到父母的称赞或奖励，将更增加该孩子以后自动收拾玩具的行为。

（二）增强

增强是指个体产生行为反应后若得到愉快满足的结果，则该项行为反应的出现频率将增加，反之则减少。增强作用有正增强与负增强两种。前者使用正增强物，例如：食物、表扬、微笑等等；后者使用负增强物，例如：惩罚、嘲笑、叱责等。两者的作用都是增强个体某一正确反应的可能性。例如，考试第一名得到妈妈送的手表，受到老师赞美是正增强，以后会继续努力考第一名；再如，考试考不到 80 分要受到惩罚是负增强，为了考到 80 分以上可免罚而努力考到 80 分。

增强物并不一定一直发挥着增强作用。就好比食物对饥饿的人才有用。对不同的人而言，增强物也不会都有相同的作用，可能对某些人有用，但对某些人却没有用。增强物是否有用要视目标行为是否针对该增强物的出现而定。因此，社工可视服务对象对该事物的反应，分析某些事物是否有其增强的性质。

增强必须和行为同时出现或直接相连才会有效。例如：无论工作成绩如何，每三个月得到加薪的职员，他们的行为不会有什么改变。相较之下，因为有好的表现而加薪的职员才更有可能进步。

（三）行为塑造

要增强某一种行为，首先必须让该项行为表现出来。所以，社工通常必须先进行行为塑造。行为塑造是指慢慢训练个案一项复杂的行为，通过逐步增强而接近所想要学习的行为。例如，想减肥 10 千克无法一次减掉，可以分为 10 个月来完成，一个月减 1 千克；再如，一个不想读书的孩子，一开始只要他愿意拿起报纸、拿起故事书翻来翻去就能得到增强。不论他是否阅读其中的内容，但至少是朝向想要读书的步骤之一。下面是塑造良好行为的程序与方法：

第一，评定起点行为。建立所期望的行为之前，需要先知道行为的起点是什么。例如，想把自己专心读书的时间增长为30分钟，则需评定自己目前专心时间有多长，此项评估可以用一段时间，如3天来观察和记录，找出能够专心的平均时间。例如，专心读书的时间平均是15分钟。

第二，确定终点行为。这是期望完成的目标行为，终点行为定得越具体越可以评量。例如，专心读书的时间增长为30分钟和体重减为50千克。制定终点行为，要以服务对象的能力、资源为考虑依据。

第三，选择适当的增强物。增强是行为塑造的重要关键。因此，需要了解对服务对象有效且恰当的增强物是什么。如果增强物选择得不合适，就会失去增强作用，不容易产生期望的目标行为。

第四，采用渐进方式养成行为。把起点行为到终点行为之间的过程分为四个阶段，达到每个阶段的目标时就给予增强。在一个阶段的行为巩固之后，再以下一个阶段的行为目标为增强对象。如此循序渐进，达到最后的终点行为。

训练之初对每一个步骤的正确反应给予增强，但到最后唯有整个过程或反应阶段表现正确才给予增强。这种渐进方式能避免服务对象在训练之初认为终点行为太遥远而有泄气甚至放弃的情况发生。

第五，评估及分析行为改变的状况。经过前面四个步骤实施训练的方案以后，社工需要对服务对象行为改变的状况加以评估，确定行为改变是否得到巩固或者未达成目标的原因在哪里？可以运用撤除增强物的方式评估其行为是否已经巩固，或检查目标是否过高、增强物及方式是否适当、训练方式是否恰当等等，以分析并改进未达成目标的原因。

因此，行为塑造的过程是一个渐进式的过程。在尝试塑造一个社工的技巧的时候，要从简单的技巧开始，只有在熟悉简单的技巧之后才进行到困难的技巧。

（四）惩罚

惩罚是指当行为者在一定情景或刺激下产生某一行为后，若及时使之承受厌恶刺激（又叫惩罚物）或撤销正在享用的正强化物，那么其以后在类似情景或刺激下，该行为的发生频率就会降低①。简言之，惩罚就是降

① 张松鹤，朱丽萍．慎用惩罚［J］．郑州铁路职业技术学院学报，2001（01）：35-36.

低行为频频出现的机会。惩罚有三个程序：

第一，呈现一种嫌恶刺激。例如，当服务对象屡次插话，我们就绷着脸。

第二，让服务对象离开他可能会得到增强的情境。例如，隔离——和可能会提供正增强的人分开。

第三，减少服务对象所收集到的增强物。例如，拿掉一些糖果。

要针对某些行为进行惩罚是很困难的。很多时候，受到惩罚的事被发现，而不是行为本身。因此，当惩罚被用来当作是管理行为的主要方法时，人们通常会思考如何不被抓到，而不是如何减少问题行为。例如：

当小孩偷吃饼干，几个小时之后被逮到了。他觉得很讨厌，因为被抓到而受惩罚是很不好受的。当处罚和被抓到相连接，而不是和吃饼干相连接，所以，他就想以后不能再被抓到，他就会想其他方法偷饼干而不被抓到。

(五) 类化与分化

人类的行为是一项复杂的连锁反应，前后的关系十分密切。一种结果的发生又常和当时周围的刺激条件发生关联。例如，小明很敬爱他的老师，那么他也有可能非常喜欢该老师的课，甚至也喜欢该老师的穿着等等。对于有关联的刺激作概括性反应则称为类化，也就是所谓的“爱屋及乌”。反之，倘若不喜欢某一种物体，则也会讨厌与之相关的物体。对相异的刺激作辨别反应，则称为分化。例如，小张跟随李老师上街走过马路，两人看到红灯便停下，等到绿灯亮的时候才走过马路，那么，以后小张独自上街时则能辨别交通信号，而采取不同的行动。

(六) 削弱

当行为建立起来之后，经由增强物的撤销而降低行为一再出现的概率则称之为削弱。例如，如果父母将注意力放在兄弟姐妹之间的争吵，下一次当他们争吵时，父母忽略他们的争吵，并且让小孩子自己处理他们的问题，以希望争吵的行为会削弱。削弱通常会因为同时增强另一个不相容而且是比较好的行为而得到最佳的催化。因此，在前面的例子里，父母可以建议小孩子分开玩，如果他们安静地玩耍，父母可以给予赞美。

虽然操作制约的概念听起来相当直截了当，但是社工还是很难将它们使用在复杂的人性情境中，因为有些社工不太能够控制环境中的增强和处罚。在实务中，很多社工通常不会增强真正的改变，而是增强服务对象说要作某些改变。个案必须把在助人情境里提到要作改变时得到的增强转移到会谈之外，在实际生活中真的去作某些改变。

二、提供信息

在行动阶段，社工可以作为教育者的角色，以提供信息。提供信息是指提供特定的资料、事实、资源、回答问题或是提供个案意见等等，下面是关于信息提供的几种类型：

- 教导个案。例如，“让我们探索你过去对这个问题都做了一些什么?”“在角色扮演中，当你和你母亲说话时，你可以有什么不同的回应?”“找个特定的读书地点，让学生可以更专注于学习而不分心。”
- 提供关于活动和心理测验的相关信息。例如，使用量表测量一个人的兴趣。
- 教育更了解这些世界或是心理原则。例如，通常适度的压力是有助于提升个人动机的，但过多或过少的压力则会带来反效果。

在信息提供中，社工教育个案，让他知道自己的心理状况，或是在不同情况下可以有什么不一样的期望，或是社工可以跟服务对象解释，在恐慌的时候所经历的身心感觉是焦虑所造成的，而不是心脏病所引起的。当服务对象对学习的态度是开放的，这样的信息资料能够引起改变。因此，社工作为教育者是恰当的，只要这些资料是服务对象需要的，是服务对象已经准备好听取的，而且社工是以关怀的态度来提供这些资料的。

信息提供并不是在所有情况下都是最适合的处理方式，有时候在服务对象被告知“正常情况”或是“可以如何”之前，他们需要探索自己对情境的感觉。有时候服务对象需要去寻找资料，而不需要社工帮助他们探索。但有些服务对象需要鼓励，并且让他们想想为何没有需要的资料或是什么原因让他们依赖别人提供资料。

信息提供技术在使用时，社工要做到以下几点。

（一）检视社工自身意图

如果服务对象需要提供信息的帮助，社会工作者需要检视自己的意图，询问自己是什么动机促使自己在当下提供信息。社工可以问自己下列问题：

- 我想要教育个案吗？
- 我想要让个案的经验正常化吗？
- 我想要解释会谈中发生的一些现象吗？
- 个案需要知道这项信息吗？

如果以上问题的答案都是清晰的、肯定的、正当的，并且符合服务对象需求的，那么社工就可以考虑为服务对象提供信息的帮助。此外，提供信息不是专家的姿态或者像发表演讲一样，而是应该在同理的、友善的条件下进行，并且需要在服务对象准备好要学习，以及不会损坏他们自行搜索信息的独立能力的情况下教育他们。

（二）了解服务对象的动机

在提供信息前，社工要试着了解服务对象需要提供信息的动机是什么。对服务对象动机的觉察有助于社工决定如何回应服务对象的问题，社工可以通过询问来获取服务对象的动机，例如："你需要信息是为了什么？""有了资料，你接下来要做什么？""你希望社工为你做些什么？""我很乐意回答你的问题，但是你能告诉我这样问的原因吗？"

当服务对象询问信息时，社工不必马上为服务对象提供信息，最好是能发现服务对象背后的理由，不能忽略它们。如果有些服务对象是为了"依存"及维持某种人际关系、获得某种认同或者是让社工感到被需要的时候，社工需要及时地处理和回应这些议题。

（三）把握提供信息的适切性

首先，确定服务对象过往的信息。在提供信息之前，社工需要询问服务对象已经拥有了哪些信息、已经使用过哪些策略来获得自己需要的信息。这样有助于社工评估服务对象的知识基础，而不是假设服务对象需要哪些信息。

其次，提供的信息量不宜过多。社工提供的信息要是合适的，且不宜一次提供过多资料。因为一次性提供太多，服务对象反而有记不住的风险。常用的方式是将重要的信息写下来协助服务对象使用它们。

最后，要在提供信息之后进行跟踪。社工要记得在提供信息之后，将焦点转移到服务对象身上，看看服务对象的反应是什么。

对于信息提供，在某些特殊时刻最好避免提供，当社工对下列问题的答案是肯定的时候，最好使用其他技巧：

- 我想不适当地降低服务对象的焦虑吗？
- 我想让个案知道我懂得多少吗？
- 我要以这样的方式（主宰信息）来显示我的权威吗？

三、提供回馈

提供回馈是指社工对服务对象提供关于服务对象自身的行为对他人的影响的信息。虽然提供回馈也是提供信息的一种，但这项技术被限制为针对服务对象的特定信息。例如：

- 你在角色扮演过程中，对角色的把握、情绪的表达非常好。
- 你现在变得更有自己的主见了，这非常不错。
- 在进行放松练习时，我发现你眉头依然紧锁。

有效地回馈服务对象的自我觉察，可以引导服务对象改变、转换他们的行为。社工宜给服务对象正向的回馈，因为正向的回馈有助于建立关系并增强可信度。如果在某些情况下，需要给到服务对象负面的回馈，也最好使用“先扬后抑”的原则。

对服务对象的回馈应当及时。在行动阶段，对服务对象及时的回馈有助于帮助服务对象产生、实行和保持其内在想法、感觉和行为上的改变。此外，在考虑提供服务对象回馈时，应当遵守以下原则：

- 以叙述性的语气陈述而非评价。
- 强调服务对象优点、资源、能量等。
- 回馈是现实的而非夸大的。
- 回馈是要服务对象可以改变的事情。
- 回馈要及时。
- 回馈要带有同理和支持。

四、家庭作业

家庭作业是认知行为治疗中必不可少的部分，是指社工和服务对象共同决定，由服务对象在会谈以外的时间和地点进行的活动。它具有连接会谈情境和服务对象真实生活世界的功能，是辅导过程中必不可少的环节。服务对象发生改变的效果常常不是发生在会谈的当下，而是要看服务对象在实际生活中所表现的行为功能。因此，要让行为发生效果，就有必要给服务对象布置一些家庭作业。运用家庭作业的方式，帮助服务对象在会谈室中所认知、所获得知识、技能、方法也能在实际生活中操作、练习。这样不但可以真正养成所期望的行为，也能够使服务对象为自己的行为负责①。社工使用家庭作业时要注意以下原则：

第一，必须以服务对象的需要与意愿为前提。家庭作业不是社工一厢情愿、逼迫服务对象进行，而是双方共同商定之后达成共识的结果。

第二，家庭作业的内容要具体、明确。所谓具体、明确是指明确的行为描述并包括实施的具体时间及方法。例如，每天上学遇到同学要打招呼、下课和同学一起聊天以及放学时和同学一起搭车回家等等。

第三，家庭作业的内容切实可行，具有操作性。目标再好，但必须符合服务对象能力，服务对象能够做到才行。所以，要根据当前的实际情况，共同讨论商定切实可行的家庭作业。

第四，检查家庭作业并且讨论其效果及意义。如果没有能够完成，则探讨有何困难并加以修正，然后逐渐增加分量及内容。

本章思考题

1. 试述认知行为理论对服务对象行动的影响。
2. 试述寻解取向在行动阶段的作用及影响。
3. 试述社会工作行动阶段的目标。
4. 试述角色扮演的注意事项。
5. 试述行动改变的主要技术。

参考文献

高伟丰．个案社会工作介入城市丧偶老人再婚心理障碍问题研究［D］．广西师范大学，2014.

郑宇贺．Z 社区流动儿童偏差行为矫正的小组工作介入［D］．长春工业大

---

① 蔡燕翘．改善流动家庭婴幼儿教养方式的社会工作实践研究［D］．云南大学，2016.

学，2017.

王迎．“我想有个伴”项目总结书［D］．长春工业大学，2014.

陈飞．个案社会工作介入城市困难家庭精准帮扶研究［D］．扬州大学，2018.

董颖晗．提升乳腺癌患者抗逆力的小组工作介入［D］．河北大学，2015.

李云波，陈涛，林晓辉．北京市未成年人救助保护中心的社会工作实践［J］．社会工作（上半月），2010（12）：12-14.

陈力予．大学生参与型社会实践模式研究［J］．吉林师范大学学报（人文社会科学版），2013，41（03）：76-80.

张楠楠．戏剧治疗在高职院校职业规划团体中的运用［J］．教育与职业，2010（24）：89-91.

尹璐．引入团体辅导技术提高“基础课”教育教学效果的可行性研究［D］．哈尔滨工程大学，2011.

罗四清．心理教育在大学生社会化中的应用［J］．继续教育研究，2009（02）：58-61.

陈琳．特殊教育专业课《行为改变技术》教学质量提升策略之我见［J］．文教资料，2014（28）：179-180.

张松鹤，朱丽萍．慎用惩罚［J］．郑州铁路职业技术学院学报，2001（01）：35-36.

蔡燕翘．改善流动家庭婴幼儿教养方式的社会工作实践研究［D］．云南大学，2016.

王瑞．我国专业社会工作在提供服务过程中的本土化特性［J］．社会工作，2012.

第八章　技巧的整合与综合运用

本章的主要内容是技巧整合性运用，介绍助人过程中不同阶段的任务；通过社会工作面谈技巧整合性学习，并借由经验学习法训练让技巧内化和熟练掌握。需要注意的是，社会工作技巧的整合和使用无法机械地模仿学习，因为每个社工的性格、习惯不同，而且每个服务对象也有不同的需求及独特的反应。但是，在诸多不同中，他们能通过程序化的面谈阶段设计发现出共性规律。

第一节　社会工作面谈

大部分社会工作面谈可以划分为为了需求评估作的面谈；为了达到评价的目的面谈；为了帮助为目的治疗性面谈。这三种类型常常重叠。[①] 例如，保护服务工作员在第一次与被怀疑有儿童虐待的夫妇面谈中将经常得到有关家庭成员的背景信息和试图达到儿童虐待是否发生的评价。如果虐待一直发生的话，那么工作员可能也开始帮助这个家庭作出改变以结束进一步的虐待。尽管有重叠，但是这三种面谈在结构和做法上有所不同。面对服务对象来访或者进行外展服务，社工第一项重要的任务就是考虑与服务对象谈些什么。

本节将讨论社工在不同阶段与服务对象治疗性面谈和需求评估面谈。具体包括：需求评估面谈的目标和任务、第一次正式面谈、几次面谈之间的目标和任务、接下来的几次面谈、结案。

---

① ［美］查尔斯·H. 扎斯特罗，等著．晏凤鸣，译．社会工作实务应用与提高［M］．北京：中国人民大学出版社，2003.

一、需求评估面谈

对于社会工作服务来说，需求评估面谈可能收集资料评估需求。既要让服务对象了解社工及社工服务的内容和形式，又要搜集服务对象信息进行问题诊断，评估风险，并计划下一步的介入。

需求评估面谈中通常包括收集如下信息进行需求评估、诊断问题。

服务对象的基本资料：包括服务对象的姓名、年龄、性别、住址、种族、教育及工作史、过去的求助经验等。

1. 主要诉说的问题（来访问题需求的急迫性）：从情绪、认知及相关的观点收集对于来访问题的背景资讯，针对每个问题收集资料资讯（问题何时开始？如何发展至今？新问题出现时，服务对象的生活变得如何？其他人与问题演变至今的关系如何？问题的严重性？问题的挑战性以及曾经用过的问题解决方法）。

2. 服务对象背景资料和社会心理史：包括取得与服务对象要诉说的问题相关联的整个背景资料，例如原生家庭背景、现在的家庭关系、职业与学业状况、居住环境等。

3. 健康与医疗史：了解服务对象的疾病史有助于整体性地了解服务对象，通常包括现在的健康问题、用药情况、滥用药物、咖啡因摄取量、睡眠、饮食及运动形态。

4. 危险因子：评估服务对象对自己及他人的危害性，以及酒精与药物的滥用情况。

5. 面谈的期待：评估服务对象对治疗过程（例如社会工作介入过程如何进行）以及结果（希望结果能够如何）的期待。

由于需求评估面谈的目标在于收集资料，社工会比较具有指导性地使用比平常更多的封闭式问句，听起来过程比较程序化，但仍要使用专注与探索的技巧（如情感反应、重述与总结）协助服务对象放松情绪，让其更容易进行分享，便于社工收集到更具体的信息进行评估。

在助人过程中，服务对象的来源不同，也会影响到需求评估面谈的效果。对于主动前来的服务对象，需求评估面谈搜集资料的过程较为顺利。对于非自愿的服务对象，搜集资料往往会相对困难，可以运用提问技巧较快地搜集到想要的信息。目前，人们对社会工作的了解相对有限，自愿前来求助的服务对象较少，因此社工在需求评估面谈之前一般会通过与服务对象相关的他人收集资料。例如，在与社区矫正对象进行需求评估面谈的时候，社工一般会先向司法行政部门申请，查看该矫正人员的犯罪记录和审判资料。

在需求评估面谈结束时，社工可以询问服务对象是否愿意进入正式的助人历程。若服务对象不确定自己是否愿意正式接受帮助，社工可以建议服务对象先进行三至六次的短期面谈，再评估是否继续介入。

二、第一次面谈

当服务对象同意进入正式的助人历程时，社工便可以与服务对象进行第一次面谈。在第一次面谈之前，社工需要将评估性面谈的资料进行整理并分析，确定对服务对象的基本信息有了全面分析和评估。就第一次面谈的目标和任务而言，其流程及内容包括：由社工开始面谈、建立目标、澄清期待、建立关系、发展焦点、核查是否继续并结束面谈。

（一）开始面谈

在揭开面谈的序幕时，社工要事先让服务对象知道他们是否被录音、录影或督导。此外，社工也需要澄清关于保密的议题，例如：

“你所说的每件事都会得到严格的保密，除了某些例外情况，像是如果你谈到了任何有关虐待的事情，或者你想要伤害自己或伤害他人的意图，或是有幼童和老人可能受到虐待的状况，我就会打破保密的协定。”

社工必须知道，对于这类保密限制的声明，不仅在社工实务上是重要的，也是伦理甚至是法定的要求。虽然服务对象最关心自己问题的解决，但是保密协定方面的信息是很重要的，在当下社工实践中发现，保密协议也可以是口头约定。

社工应提供关于助人历程的相关信息，其原因在于让服务对象知道这一次来求助需要经历哪些过程，做好心理准备。在澄清的具体内容上：首先，社工要解释整个过程，例如：社工：本次面谈我们将会一起共度60分钟，探索任何你想要谈的主题。

社工也可以简短地分享自己的经验，让服务对象知道自己的背景与资格，更要让服务对象知道接下来一起面对问题的是一个怎样的人，例如：

社工：我是一名一线社工，有国家认证的中级社工师资格证，在这个领域工作了5年。

此外，在第一次面谈的时候，社工通常也会告知服务对象一些机构的相关规定，例如时间的长度及费用。当晚一点有必要时，社工也会告诉服务对象其他规定，例如，当服务对象咨询过于私密的问题时，如果有机构限制，社工可以解释为何不说出此类信息。如，在流浪儿童救助机构工作的女性社工，青春期流浪青少年要求见面和离开时拥抱，社工拒绝，并解释此举不恰当的理由是机构要求。提供助人历程的相关信息有助于服务对象了解该期待一些什么。若服务对象知道可以期待一些什么样的事情，他们比较容易在助人历程中扮演好伙伴的角色。

在这个阶段，社工也可以问问服务对象对于历程的预期有没有什么问题，例如：社工：你对于我个人或者这一面谈历程有没有什么问题？

社工不借助开放性的问句将焦点转移到服务对象的身上，以鼓励服务对象分享他们所关切的事物，例如：社工：你想要谈些什么或者你心里怎么想呢？如果服务对象对开放式问题没有立刻回应，或者回答："我没有什么想说的"，社工也许可以停顿一下，给服务对象一些时间思考。要注意的是，当服务对象没有立刻回答的时候，不要催促服务对象，但可以给一些暗示，让他们知道轮到他们说话了。如果服务对象还是不说话，社工则可以作些情感反应，例如，询问他/她是否不舒服或不确定，让服务对象能聚焦在感觉上。当社工耐心且同理地倾听的时候，服务对象通常在几分钟内就开始谈话。有些服务对象可能会担心自己要说的事情不值得在面谈中提起，需要社工再次保证他们在听，且觉得这些话题很重要。若服务对象还是不说话，那么社工就要用开放式的问题："能不能告诉我，你要与我谈的问题是什么。"

在第一次面谈时，最重要的是社工运用同理的倾听，并且鼓励服务对象开始谈话及探索，使用恰当的专注行为。社工也应该要观察服务对象的反应，并以此修正其专注行为，若服务对象移开视线，社工就不应该长时间注视服务对象。此外，如果服务对象看起来有些担心和退缩，社工可通过语言或非语言表达一些鼓励的话，让服务对象感受到被理解和支持。例如：社工：那很难，但在谈论这个问题时，你做得很好。当服务对象在谈论他们所关注的议题，并且谈得很流畅，社工可以安静地坐着，并且专注地倾听。

（二）建立目标并澄清期待

了解知道服务对象此时寻求协助的动机，因为这可能对接下来制订服务计划提供帮助。很多人都经历过长期的苦痛，且很难打破桎梏走出来，但一定会在某个时间因为某些事情使得他们越过心里的界限去寻求协助。

了解服务对象期待的结果。如“通过面谈，你希望有哪些变化?”如果服务对象的期待是不切实际的，社工可以在面谈中澄清实际上可以提供的。如果面谈的次数有限，社工和服务对象就需要有实际的期待，看能完成什么。如果有更多的面谈次数，社工可以协助服务对象处理较为深入的问题，例如，处理根深蒂固的人格问题及人际缺陷问题或处理儿童期的性虐待问题。在介入过程中，社工和服务对象必须统一思想，目标设定合理，是有可能达到的。

如果经历上述过程，服务对象还没有准备好要接受社工帮助，或认为该社工不是最佳人选。例如，服务对象需要药物治疗，但社工不能开处方；服务对象想要认知行为的治疗，但社工的专长不在此；社工出现强烈的、负面的反移情反应等①。在这些情况下最适合的做法就是把服务对象转介给更有能力提供服务的人，当然是以一种温和而非评判的方式转介。

（三）建立关系

第一次面谈的最终目标是要建立支持关系，并让服务对象知道社工是值得信任的。如果服务对象愿意开放自己，社工可以使用探索技巧。如果服务对象只是想说而并不想要深入地讨论自身问题，或服务对象很难投入，或是在社工面前觉得很紧张焦虑想避开谈话，这时社工就可以以真诚热情的态度做出示范，同时以开放式的提问方式促进服务对象分享，社工要更有耐心，并且试着了解和理解服务对象内心。

（四）评估是否需要继续面谈

在第一次面谈快结束的时候，社工会使用立即性技术回看此次面谈如何，具体做了些什么。每一次面谈后都一定要有成效评估，验证服务对象对不同介入方式的反应及面谈后的成效。社工要清楚上一次面谈中的有用信息及需重点关注的内容，且以此去计划下一次的面谈内容。有时候，社

---

① 王彤彤．城市特困老人社会支持的社会工作个案介入研究［D］．兰州大学，2018.

工需要直接询问服务对象对社工以及面谈过程的感受。要有效地评估干预服务对象的情况，就要客观地了解服务对象的正向回馈及负向反应。

(五) 结束第一次面谈

在面谈结束前的5到10分钟，社工就需要提醒服务对象面谈快要结束了[①]。对于即将结束的提醒，是为让服务对象能够有时间准备离开，并总结他们在此次面谈中完成了什么事情。有些服务对象比较“慢热”，可能会在结束前几分钟才带出重要的信息，对此在征求服务对象意见后，可适当延长时间。

三、在各次面谈之间

1. 面谈过程记录

建议社工在每次面谈结束后做过程记录，以协助自己记得面谈过程中所出现的重要议题。过程记录最好是面谈后马上做，社工以自己的经验和知觉记录以下几方面的重点：

(1) 面谈主要内容是什么？最凸显的问题是什么？

(2) 潜藏的内容，服务对象谈话中未说出的含义有哪些？

(3) 服务对象改变防御及阻碍，例如：服务对象如何逃避焦虑？

(4) 服务对象的扭曲之处，主要指服务对象对社工的反应方式，是否如同他/她在自己生活世界里对其他重要他人的反应方式，即移情。

(5) 反移情。社工的情绪态度及行为反应是如何被激起的。

(6) 个人评估，社工对自己所使用的介入方式的评量[②]。是否会有什么不同的处理方式？原因何在？

面谈记录的不同方式：

(1) 过程式记录：过程式记录是指将工作者与服务对象在面谈时的互动内容详细地记录下来。按照表达角度的不同，过程记录可以分为叙述式记录和脚本式记录。①叙述式记录：叙述式的过程记录，可能会因社工把握上的差异，记录的详细程度有所不同。但是，一般而言，过程记录必须包括有关的基本资料、服务对象与社工的谈话内容、身体语言、社工的感

① 华夏．养老机构中失能老人精神慰藉的社会工作介入研究［D］．南京农业大学，2013.

② 李娜．婚姻暴力中受虐妇女的社会工作介入［D］．苏州大学，2012.

受与反应、工作者的观察和思考等内容。②脚本式记录：也可以叫作对话式的记录，如同剧本一样，将面谈过程呈现出来，使得记录有立体感，给人以真实的现场感受。脚本式记录更多地用在观摩个案实务中，由观察员进行记录。

（2）摘要式过程记录：一般结构性很强，通过某种方式或角度归纳、组织材料，来表达社工对某一工作内容的总结、概括及基本观点。

摘要资料一般要设定一个标题大纲，将所要陈述的内容放于其中。摘要式记录是记录者对原始资料的分析、总结和归纳。

摘要式记录可以分为接案摘要、评估摘要、阶段摘要、转介摘要、结案摘要等。

2. 理论架构

从不同的理论及研究找到一个架构，以了解服务对象的心理动力，即问题出现以及一直持续的原因。社工需要选择一个理论架构或最近的研究，仔细思考他们对服务对象的处理。此外，如果服务对象来自不同的文化或有社工不熟悉的问题，则应该在几次面谈之间研究该议题，并向督导咨询，以确定能给服务对象最有效的服务。

3. 问题概念化

在这次面谈和下一次面谈的间隔当中，社工需要思考服务对象的问题，试着将服务对象的问题概念化。具体而言，社工需要想想服务对象问题的缘起、潜在问题之下的主题、适当的介入方式以及如何协助服务对象达成目标。

社工应当从服务对象所提出的不同问题里，找出潜藏的主题以及一再出现的类型。例如，服务对象在不同的关系里，一直都是被动的牺牲者吗？服务对象将所有的人都理想化了吗？或是服务对象总是生气吗？这些主题都为服务对象潜藏的人格问题提供了重要的线索，在面谈时需要注意。

督导的时候，社工除了反映他们对个案的情绪外，新进的社工在问题概念化方面也需要督导的协助。督导可以协助一线社工对个人问题的原因及发展建立起各种不同的假定，同时也能尝试着找出些不同的问题，以协助个案。当社工在实务当中遇到困难，进程卡住，或是出现反移情现象时，也可以提供不同的观点协助社工。

4. 发展假设

社工要密切注意服务对象的人格及其语言和非语言的行为。如服务对象对介入的反应如何？服务对象的互动方式如何影响助人过程？社工可以观察服务对象以发展假设，思考究竟是哪些因素让服务对象走到今天这个地步。在对服务对象作仔细的思考后，社工应该可以回答以下问题：

- 问题的严重性如何？
- 服务对象的行为表现如何？
- 服务对象对于问题的表露如何，又有多少隐瞒？
- 服务对象所说的事情当中有没有矛盾之处？
- 对于问题的形成及维持，服务对象所扮演的角色如何？

四、后续的面谈

后续的面谈与需求评估面谈以及第一次面谈稍有不同，社工要开始面谈与发展焦点。

（一）开始面谈

后续的面谈可以通过不同的方式开启面谈。第一，社工可以安静地坐着，等待服务对象谈论他们心中的想法。如果服务对象对社工不开启话题感到疑惑，社工可告诉服务对象，这是期望他先说话；第二，社工可以对上一次面谈所发生的事情做个摘要，询问服务对象对于先前面谈的感觉；第三，社工可单纯地询问服务对象想要在面谈当中谈论什么。具体应该选用哪一种方式，要看社工个人性格以及偏好。

如果社工不能认定服务对象会继续他们在之前面谈当中所讨论的事情，或服务对象会跟之前面谈中有同样的感觉时，许多新进的社工会在面谈之后花很多时间进行思考，然后针对先前所谈论的问题提出一个该如何协助服务对象的面谈大纲。在下一次的面谈中，他们在心里带着这些大纲来继续接下来的面谈。然而，当服务对象对于谈论同样的议题不开心或不感兴趣时，有些社工通常会感到不知所措。这是因为，服务对象在结束上一次面谈后，在他们的生活情境中发生的事情改变了他们的感觉。在这期间他们可能会花时间思考并解决一些议题，也可能其他的议题会变得较明显，让服务对象觉得想要讨论。因此，社工在准备面谈时要有所准备，但也要有弹性。

（二）发展焦点

对社工而言，最好是一次面谈以一个问题为焦点，否则会变得混淆和纠缠。一个清楚的焦点通常都包括一个特定的事件或行为，例如：和室友吵架、作业迟交或是不知道与父母如何沟通的问题。焦点不要太模糊或是太松散。要聚焦的时候，社工多半会问服务对象目前觉得困扰的问题，也许需要花几分钟的时间决定最迫切的问题。因为服务对象通常觉得某一个问题比较重要，但事实上另外一个问题才是更严重的。例如：糖糖一开始认为自己在社区矫正过程中无法跨区找工作是最让他着急的问题，但是经过面谈几分钟后，社工发现他更关心的是与交往 4 年的女朋友分手的问题。社工在这次面谈剩下的时间里，便把面谈的焦点放在服务对象对分手事件的感觉上。如果无法让服务对象聚焦，那么寻找焦点也可以成为社工与服务对象之间的重要议题。

社工必须尊重服务对象对于面谈焦点的决定。例如：小桃想要讨论生命存在的意义的议题，但是社工却更关心她因为多次打架斗殴即将被退学的问题。此时重要的是社工不可以强加自己的愿望在服务对象身上，除非服务对象有立即性的危机。因此，社工在发展面谈焦点的时候，需要觉察焦点是自己的需求还是服务对象的需求。

社工也需要维持聚焦于某一个特定的议题。许多新手社工由于缺乏经验，会发生让服务对象在不同的主题间跳跃的情况，如学业、人际关系、认知行为等。于是在一次面谈结束后，服务对象讲了许多事情，但都停在表面的层次，没有深入探索。因此，聚焦在一个特定议题上，对于面谈进展是很重要的，尤其是在处理短期问题方面。社工可以应用几种技巧的组合来协助服务对象有深度地聚焦在某一个议题上。具体而言，社工可以观察服务对象，以决定讨论哪个议题对服务对象而言是最凸显的。例如，什么地方服务对象的情绪最为强烈。在找出最重要的议题后，社工可以反映出服务对象对于该议题的感受。同时，社工可以分别探索核心议题的不同面向。即使聚焦于同一个议题，社工也可以催化服务对象探索该问题如何受到过去、现在以及未来的生命所影响，又如何影响服务对象哪些其他生活层面，例如，如果决定学业是服务对象的核心焦点，社工会要求该服务对象探索父母对其学业的期待，对于未来职业偏好的想法，并鼓励其探讨读书的技巧。

此外，无论何时，社工都需要记得聚焦在服务对象身上，即使服务对象主要在谈论其他的事情或者别人的事情，例如：

服务对象：我妈妈真的很糟糕。

社工：那时候，你真的被你妈妈激怒了。

社会工作者这样回答的时候，将焦点由服务对象妈妈身上转回服务对象对妈妈的反应。

（三）中间阶段

在接下来的每次面谈工作是要回应服务对象所带来的问题。社工同服务对象在探索、洞察、行动几个阶段循环解决问题。在工作阶段，主要目标是协助服务对象解决至少一个问题，以便服务对象能够有成就感，产生解决问题的信心和勇气。

工作阶段要解决的问题由服务对象决定。有些服务对象只希望减缓自己的症状，这种情况下工作时间通常会比较短，大概 6 到 12 次面谈。例如：害怕公众场合演说，害怕搭飞机等。有些服务对象焦点会在人际关系方面，这就需要较长的时间以便能够洞察和行动。当然，也有一些服务对象对长期的服务较为感兴趣，希望较为深层次的问题，这需要相当长期的探索。例如：人格问题、处理麻烦的家庭关系、解决悲伤或创伤的问题、探寻人生的意义等。在较为长期的服务中，社工除了与服务对象处理他们所带来的问题之外，通常也会遇到专业关系问题，例如社工与服务对象发生冲突，要积极面对和解决问题，为服务对象积累处理冲突的经验。

五、结束服务

社工和服务对象的专业关系是有时间性的，不会永远持续。分离是不可避免的，服务对象在学会处理问题后，会渐渐变得更负责任并能独立处理自己的问题和面对未来的生活挑战。社会工作的目标之一是让服务对象离开专业关系后依赖自己，就像父母亲抚养小孩儿，成年后让他们离家独立生活。社工应鼓励服务对象适应生活。

（一）何时终止

受外来事件的限制。例如：新进的社工只能对自愿的服务对象提供1到3次的面谈；有时候服务对象和社会工作机构搬家；政府支持项目到期等，所以社会工作服务就会结束[①]。在这样的案例当中，如果服务对象仍需要协助，社工必须准备好转介。

社工和服务对象共同决定时间。在开放式的长期的治疗过程当中，服务对象和社工共同决定何时终止专业关系。

服务对象放弃。最常见的终止现象是服务对象说他们累了，到达一个瓶颈期想休息或是与社工完成了他们尽可能可以完成的服务对象目标。

在实际工作中，通常会有些信息让社工知道可以结束了，这些情况包括：

- 服务对象的问题解决了。
- 服务对象已经具有能力应付和解决他/她自己的问题。
- 服务对象的进步潜力有限，并且双方都尽力了。
- 服务对象有新问题出现，而社工及社工机构都无力解决，必须转介。
- 服务对象实现了特定目标，但并非全部解决。
- 服务对象不满意社工服务，中途退出。
- 服务对象认为自己有进步，主动退出。
- 因搬家、疾病而不可能参加社会工作服务。

社工也不能假定一次的社会工作服务经验，就能让服务对象问题彻底解决。社工与服务对象做几次面谈，问题或危机解除，服务终止。然后当其他危机或生活转变时，重新建立专业关系。如此循环往复，终止就不会很困难。因为服务对象知道，当他们需要进一步协助时，可以再向社工求助。

（二）如何终止

服务终止，服务对象难免觉得失落，提前预告结束时间让他们有心理准备。但“天下无不散的筵席”，每个人都必须面对失去和结束，社工都

---

① 高张．多元互动：政府购买社工服务的机制与逻辑——对武汉X区政府购买社工服务的实践分析［D］．华中师范大学，2016.

要花足量的时间对结束做计划及准备。如果没有前期良好的心理建设，社工无法处理服务对象被遗弃或是失落的感觉。因此，在结束之前，社工必须评估服务对象是不是对结束关系有强烈的感觉，并适当地讨论这些感觉。

要有效地结束面谈服务，有三个主要的步骤：

1. 回顾过去：社工带领服务对象回顾助人过程，让服务对象了解自己在这个过程中学习到的以及所作出的改变。社工在回顾过程中，也可以针对服务对象最突出的改变和努力给服务对象一些回馈。对过程的回顾，可以让服务对象的改变更加稳固，增强他们的成就感。此外，回顾也可以有助于知道何种技巧对未来的服务有帮助。

2. 展望未来：在展望未来方面，讨论未来的计划，提出以后需要继续努力的方向或注意事项，也可讨论未来何时可能需要社工协助。社工也要协助服务对象找出新的问题，并讨论如何在日常生活中找到改变的支持点，即使现在不能解决，也期望在未来的生活中不断修正。如果讨论的计划不切实际，社工需要面质服务对象。

3. 道别：道别的时候，社工要引导服务对象表达对结束的看法和感受，同样，社工也要表达结束的感觉，说一些祝福的话。社工可以告诉服务对象，虽然服务结束，但以后他有需要仍愿意提供帮助。社工需要留意服务对象是否出现了离别焦虑，如有，社工需要开放地讨论服务对象对分离的感觉，而且需要确定有时间处理服务对象因为关系结束而产生的感觉。结束对社工及服务对象而言都是挑战，一旦两人说出许多深层的个人议题后，通常就很难想象两人不再见面。因此，结束对服务对象及社工而言常常会出现很多失落的感觉，社工可与督导讨论如何处理离别带来的失落问题。

六、转介

服务对象的需求有时候会超越社工资格所能谈论的或能力所能提供的范围，例如服务对象因有饮食异常及药物滥用的问题或严重的心理疾病，而社工并不专精于这些领域。有时候，社工和服务对象共同完成他们可以完成的，但服务对象还需要不同种类的协助。例如，某服务对象需要婚姻和家庭辅导，但社工只有个别治疗方面的训练，这时就需要转介。此外，服务对象在药物、长期治疗、金钱上的协助、住房资料和法律顾问方面也需要转介服务。

转介时社工要提供转介单位和服务者的姓名，并要让服务对象自己决定是否转介并且让服务对象自己进行联络。但有些情况，服务对象的转介工作需由社工协助服务对象完成整个历程。

社工必须对服务对象小心说明转介原因，否则服务对象很容易觉得自己没有希望，需要无止境地处理或者自己是很糟糕的服务对象。

第二节　疑难服务对象和复杂情境

社会工作技巧的使用适切性并不是容易的事情，社工和服务对象都会影响社会工作服务成效。社工方面，专业知识掌握不足、对服务和服务对象的非理性期望、对社工角色不恰当的理解及职业倦怠等等。除了社工本身的因素以外，还有服务对象的原因。社工面对疑难服务对象和复杂的情境，以通过督导协助解决问题。有时建议这类服务对象终止服务或者予以转介以获得其他处理方式。本节将罗列一些常见的类型及处理方法。

一、困难的服务对象

（一）非自愿或抗拒型服务对象

大部分的人对改变都会有抗拒，对许多服务对象来说，沉溺已知的不幸比面对未知的改变更容易，非自愿或抗拒型服务对象，通常会表现出自己并不需要协助，且觉得社会工作服务是没有用的。其表现多样，有的只谈论安全的主题，他们似乎不确定想要从服务中得到些什么，有的表现得过度合作，有的设立不切实际的目标然后又放弃，有的不努力改变或者会因为自己的问题而责怪他人，有的迟到、过于理智、过早结束、要求帮私人的小忙等，有的说琐碎的话或是在面谈结束要离开的时候才提到重要的事情。

有的服务对象只显现出极小的意愿建立关系，而且还试着操纵社工，他们可能会觉得怨恨并试着破坏服务过程，想尽快结束服务。在实践中，被要求来接受服务的服务对象通常会反抗。例如，一个男性因为聚众斗殴被司法行政机关要求参加认知行为治疗。在服务过程中，他会抗拒进行认知行为治疗，并认为从治疗经验中不会得到什么实际的利益。有研究指出，服务对象会抗拒的原因通常包括：

- 根本找不到要来面谈的理由。
- 被转介来接受协助，心生怨恨。
- 觉得参加服务很愚蠢。
- 有违法的记录。
- 社工提供的协助与自己的价值观和期待不一致。
- 对治疗有负面的态度。
- 觉得参加治疗就是承认软弱和不好。
- 感觉缺乏信任或是不喜欢社工。

当面对非自愿型或抗拒型服务对象的时候，新手社工会觉得恐慌、生气、沮丧。一种情形是，他们可能一边安抚服务对象，一边对服务对象不耐烦或有敌意，甚至降低对他们的期待，并且毫无决心地工作。另一种情形是，社工会变得更温暖和更能接纳以赢得服务对象的配合，甚至会允许服务对象对自己口出恶言和恐吓自己，试着尽快结束专业关系。压力的来源不仅是服务对象的行为，还有社工要注意自己的态度和假设，以减少对过程的影响。例如：

- 所有服务对象都应该作出要改变的承诺。
- 每一个服务对象都一定会喜欢并信任我。
- 每一个服务对象都是能得到帮助的。
- 有意愿的服务对象才能得到协助。
- 我要对服务对象所发生的所有事情负责。
- 我应该成功帮助每一个服务对象。
- 如果我无法帮助这个服务对象，我就是一个差的社工。

社工不应该逃避处理非自愿和抗拒型服务对象，在面对非自愿或抗拒型服务对象时，社工扮演的角色是要让他们做好改变的心理准备并做好改变的计划。因此，社工所面临的挑战就是找到有创意的方法来处理非自愿或抗拒。这里有几个处理非自愿和抗拒服务对象的建议：

- 学着把非自愿和抗拒看成是正常的。

- 认清非自愿和抗拒是服务对象逃避的一种形式，而并不一定是对社工的恶意。
- 探索自己在生活中对于改变某些问题的非自愿或抗拒态度，与服务对象分享如何处理自己的非自愿和抗拒现象。这或许更能帮助服务对象处理自己的不愿意原因、知觉自己的弱点，也让社工更有同理心。
- 检查社工介入技巧。社工可能会因为过度指导、太被动和不太喜欢服务对象而引起服务对象的抗拒。
- 想想自己是否愿意做那些要求服务对象做到的事情。
- 要有同理心，尝试服务对象的感觉。当某个人同理、接纳、不具威胁且不想争执的时候，是很难跟他起争执的，事实上你是要与服务对象结盟而非结怨。
- 不要使用标签、术语和客套不真诚的语言。
- 直接处理服务对象的非自愿或抗拒，而不是忽视它、被吓到或因为服务对象的行为而对他们生气。
- 帮助服务对象探索他们不愿意接受帮助和抗拒的感觉。
- 对你和服务对象所能达成的事情抱着实际的态度。
- 在互相信任的基础上建立关系，并共同计划，而不是试着要承担所有的力量。
- 和服务对象一起寻找改变的诱因。
- 将焦点拉到行为上，并要求服务对象探索该行为。
- 仔细倾听服务对象所说的并同意其中一部分，然后指出你会有些不同的做法，这样做可以提供保证，并且增加你的可信度。

（二）愤怒的服务对象

对大多数的社工而言，服务对象的愤怒是一件非常有压力的事情，当他们恶言相向的时候，社工会感到害怕和愤怒，常会导致中断服务过程，特别是当社工感到生气、困惑、受伤、有罪恶感、焦虑或不能胜任的时候，更难理性地处理服务对象的愤怒。社工要协助服务对象揭露潜在的感觉，用语言而不是用行动表达愤怒，并决定如何处理愤怒。因此，当服务对象愤怒时，社工需要倾听并尝试了解服务对象的愤怒。

此外，如果服务对象的愤怒是有道理的，社工应虚心接受并坦诚地道歉。如果服务对象的愤怒是不合理的，社工也可以仔细倾听并安抚其情绪，帮助其做好愤怒情绪的管理。如果自身难以处理这种困境，可以跟督导讨论。

（三）喋喋不休的服务对象

有些服务对象习惯说与面谈目标无关的话，一般理解为服务对象的自我防御表现，企图让他人维持在一段距离之外。这些话的形式被认为是陈述性，而非情感和认知的一种探索。如果服务对象喋喋不休地陈述，社工需要适时谨慎地干涉、有技巧地打断服务对象，可以说："抱歉，打断你，如果你这样讲，我无法帮助你。除非我可以在你的陈述中加点内容，看看我是否了解你说的话。"有些情况，社工甚至可以用手势做暂停的信号："抱歉，但是我想确定我是否有听到你所说的。"这样可以让服务对象知道他们打断是为了协助，而不是因为无聊或者烦躁。

社工要注意打断服务对象的方式。如果以敌意的态度打断服务对象的谈话，可能会妨碍专业关系，并且让服务对象觉得自己做错了某些事情。例如："喂，等一下，你说得太多。"相反地，如果能尊重和建设性地打断，服务对象会觉得较为释怀，能理解社工打断是为了帮助他们，并学习如何更适当地与他人互动。

社工应该理解服务对象沟通上的困难，而不要责怪他们。社工也可以思考服务对象为何以说话作为防御的理由，同时澄清这使得服务对象无法与他人建立亲密的人际关系，这样的概念化方式可以引领并发展更好的介入方式。

如果社工认为服务对象可以处理人际互动的挑战，社工也可以对喋喋不休的服务对象使用立即性的技巧。当服务对象让社工有机会可以说话，社工可以谈论他们的感觉，并询问服务对象在说话时的经验。

（四）沉默的服务对象

从概念上来说，沉默是主观的概念，从社工视角看不能主动发言，即使社工提问，沉默不语或用很少的字回答。从原因的解释上来说，有些可能是内向和害羞，他们在任何地方都很少说话；有些则是因为在表达自我方面有困难或是感到焦虑，缘于过去与重要他人的互动不佳而对与人互动感到恐惧；有些是因为抗拒社工及对服务带有敌意，可能是非自愿服务对象。因此，社工要试着评估服务对象安静的原因，这有助于思考使用不同的策略。

当然，虽有不同原因采取不同策略，也有共性的过度安静的服务对象可以采取以下几个方法。首先，社工要学会调整自己配合服务对象的步调，并让服务对象调整自己的状态；其次，开放式的问句促进其自我探索，开放式的问句很清楚地指出服务对象需要做些什么和回答什么；最后，社工可与服务对象讨论沉默现象，了解其沉默背后的想法。需要强调的是，很多社工想要填补这些沉默的时间，因为他们耐不住沉默带来的焦虑，缘于社工对于沉默的负面理解。

（五）有自杀意念的服务对象

近年来，自杀率逐年提高，而且自杀常被一些服务对象认为是摆脱困境的唯一途径。当服务对象提到自杀的话题，或者表现得很忧郁，表示自己可能会自杀时，社工要严肃地面对这些线索，可以认定服务对象是在寻求协助。当社工认为服务对象可能有自杀的危险时，社工应评估危险的严重性并进行自杀干预。

对自杀风险进行评估。评估通常包括直接询问自杀的可能性，社工可以问以下问题：

- 你想过自杀吗？
- 你有企图自杀的计划吗？
- 你有实行此项计划的方法吗？
- 你过去曾经企图自杀吗？
- 你有（或计划）喝酒或者用药吗？
- 你最近有很退缩和孤独吗？
- 你心里会一直想到死亡吗？
- 你感到无助或没有价值吗？
- 你对未来有什么计划吗？
- 有谁知道你想要自杀的想法吗？
- 如果别人知道你自杀的话，他们会感觉如何？

如果服务对象表达明显的自杀意图，并且有清楚的计划与方法，社工必须采取措施以确保服务对象的安全。例如，服务对象曾经表达今晚要自杀，并且已经想好了完成这个计划的方法，那么服务对象就是处于高度危险状况，社工就要及时处理这种情况，社工可以先向同事、督导咨询后，决定要采取的最佳干预措施：

首先，针对自杀情节严重的服务对象，建议其住院，以免他们伤害自己。其中有部分的服务对象能了解危险情况，同意住院并接受连续的精神及心理治疗。

其次，如果确定不必住院，可以与服务对象发展契约。契约内容包括服务对象同意不伤害自己，并答应如果自杀的想法出现了就会联系社工或是相关机构寻求帮助。社工通过服务对象的家庭、亲密的朋友和重要他人，让他们知道服务对象自杀的想法会是有用的。要注意，当服务对象威胁要伤害自己时，保密原则就不再适用了，因此，社工可以采取必要的步骤来确保自杀服务对象的安全。

最后，为服务对象提供社会支持。社工可以提供24小时危机专线的电话号码，并协助服务对象找出和发展周围的社会支持系统。对于有自杀想法的服务对象，社会支持是十分重要的。可以建议更多的面谈或是在几次面谈之间打电话给服务对象提供额外的支持，或者额外的治疗和辅导，如团体治疗。

处理企图要自杀的服务对象是非常有挑战性的。在实务中，通常会遇到两个误区：第一，很多社工通常会害怕询问自杀，认为谈论自杀是鼓励自杀。事实上和一般想法不同的是，一经谈论自杀的感觉，服务对象会把自己最糟糕的一面和恐惧展现出来，并且感觉有人倾听及了解。如果社工不愿意或者害怕与服务对象讨论自杀的感觉，服务对象通常会感到更加寂寞和羞耻。

第二，社工对自杀不当的回应，包括：否定服务对象的感觉。例如："你明天就会觉得好些"；指出他们生活中正面的观点。例如："你生命中有许多值得活着的事"；给错误的再保证。例如："所有的事情都会没有问题的。"这些回应让服务对象感到不被理解和重视，说出自杀的感觉不被接受，对别人来说自己太可怕了，甚至觉得无望。但社工也不要觉得自己是服务对象唯一的救命稻草，他们还有其他社会支持系统，否则社工会很快耗竭。

社工面临最困难的事情是：自己竭尽全力干预后服务对象仍然选择自杀，社工必定感到苦恼甚至有罪恶感，并花大量的时间去猜想他们应该可以做些事情来预防。社工一定程度的反省确实是重要的，未来在类似的案例中能处理得更好，但是社工没有必要承担太大的责任，可以寻求督导来帮助自己。

二、社工面临的复杂的情境

（一）情境一：对专业过高的期待而产生无力感

小飞是一个刚满16岁的男孩，他因为盗窃被宣告缓刑接受社区矫正1年。小飞在矫正期间，每周会准时到司法所进行报到。2014年，小飞被转介给社工接受认知行为矫正。经过面谈了解到，小飞自小父母离异，他从小的记忆就是父母无休止的吵架。他与父亲的关系非常疏离，甚至经常发生激烈的矛盾。他告诉社工，父亲是自己生命中的耻辱，因为父亲，自己常常被同学笑话是“吸毒犯的儿子”，因为吸毒更是常常抢劫、盗窃，监狱成了他的第二个“家”。因为这样，母亲与父亲离婚，很少管小飞的日常生活。从此以后，小飞与奶奶相依为命。社工非常同情小飞的遭遇，经过数次面谈的评估，社工发现，小飞面临辍学的风险，对学习毫无兴趣，并且结交了许多社会不良青年，经常出入网吧等场所。父母不管，奶奶只管吃住。社工将服务对象的学业和亲子关系作为改变的目标。在最近的一次面谈里，服务对象答应社工尝试去改变，并与社工约定了下一次面谈的时间。可是，服务对象在那一次面谈里迟到了一个小时。接下来的面谈，小飞经常迟到甚至缺席。社工非常担心小飞，打电话给小飞，小飞非常生气地向社工大吼：“你能不能不要管我！我不想改变！”

社工内心充满不解、委屈。小飞是这名社工从业以来第一位经手的案例，因此非常重视。他告诉督导，小飞屡次爽约，有时候是半小时、有时候是一小时，甚至一上午，尽管如此她还是尊重服务对象的时间，等待服务对象，期望能够对服务对象有一些帮助。在面谈以外的时间里，社工会整理面谈资料，思考下一次的计划。此外，会留意一些招聘广告，期望服务对象能够减少去网吧的次数，辍学后能够有一份工作。但是没有想到最后服务对象对自己的反应居然非常不满，社工十分委屈，找到督导：

社工：我对他尽心尽力，为什么他还是无动于衷？

社工：我做了我能做的，可是依然没有效果。

社工：以前我以为小飞是从小缺乏家庭关爱不愿意相信任何人，我以为只要我尽力就会有效果。

社工：我以前认为只要足够真诚、足够温暖就可以有改变。

社工，尤其是新进的一线社工，对社会工作这门以助人为己任的职业抱有很高的憧憬和期待。他们常常会过度认同专业辅导的功能，有时候会认为自己是无所不能的“救世主”，恨不得为所有人解决苦难。每一个社会工作从业者都会全力以赴地协助服务对象，并期望服务对象向好的方向发展，取得成功。社工对社会工作的积极肯定、对服务对象的负责态度、对自己的期许都是十分值得鼓励的。但是，也必须清楚地知道，对社会工作专业有不合理的期许，不仅会使自己在实务中常常感到挫折、无力，也会在实务中把“急于求成”的压迫感传递给服务对象，让服务对象感到十分有压力。因此，社工应该对自己、对专业、对服务对象抱有合理的期待并深切地了解到社会工作专业的功能与限制。

社会工作作为一门专业的助人工作，其目的在于协助服务对象自我探索、自我了解，并在社工的协助下真正地实现自我发展并解决困难。因此，它能达到帮助服务对象改变认知与行为，激发潜能的功能，但并非每一个服务对象均能达到这样的效果，因为影响服务的因素很多：一方面，社会工作的助人历程受社工和服务对象动机、能力、价值观、性格特质、行为态度的影响；另一方面，社会工作的助人历程还受到专业关系的建立程度、困扰问题的性质、环境因素的影响。例如，以小飞为例，小飞非常不喜欢上学，大家都认为他是“没的救”的坏学生，可是在面谈中，社工了解到在学校，他受到同学的排挤和嘲笑，他几乎是“独来独往”，这样的孤独感逼得他对学校没有任何归属感。因此，社工必须知道专业的功能和限制，才能避免在实务中自伤伤人，更好地发挥社会工作的助人功能。

（二）情境二：目标不切实际

阿玉在朋友的带领下开始喜欢买彩票，并且多次中奖。与他同村的阿明买彩票中了大奖，生活得到了极大的改善。这更加坚定了阿玉买彩票改变命运的想法。从此，阿玉渐渐迷上买彩票。“10 分钟一局，一天可以开

84局。”阿玉说，他下注的金额和参与的局数特别多。最开始，他一天只买一两局，偶尔会中奖，后来越买越多。两年来，阿玉总共输了300多万元，还是控制不住去买。由于输多赢少，他开始通过小额贷款来筹集资金。在家人帮忙还清最后一笔网贷后，他要求家人将其送至医院，最终被诊断为病理性赌博。

阿玉在医生和相关部门的转介下接受社工辅导。经过面谈发现，阿玉虽然后悔输掉了很多钱，并且觉得连累家人，但是内心总是充满对赌博的向往和冲动，不顾及家庭，甚至可以牺牲学业、工作及前途。社工与服务对象建立了契约，服务对象答应社工尝试去找一份新的工作，培养新的学习爱好，不再去购买彩票或参加任何赌博类的游戏。在社工及家人的督促下，阿玉坚持了一两个月。可是每当他看到关于福彩中奖的消息，便常常不顾后果继续赌博，甚至增加赌注，赌资越来越大。面对阿玉的情况反复，社工非常苦恼，甚至开始抱怨："情况已经这样糟糕了，为什么他还是改不掉，这样下去迟早越来越严重！"

在社会工作服务中常常会遇到很多服务对象虽然有改变的意愿，但是却没有明显的成效，严重的时候甚至出现反复或者倒退。就如上述案例中的阿玉一样，他要求家人将其送到医院并且愿意接受社工辅导，说明有改变的意愿和动机。但是，他为什么会重蹈覆辙？社工在辅导过程中，与服务对象一起制定一个清晰而明确的目标是正确的且无可非议的，但是在执行过程中，社工面对服务对象的毫无起色甚至倒退的情况，往往"恨铁不成钢"。每一种现象都有特定的原因，社工需要检视是哪一个环节出现了问题。一般情况下，当计划和社工使用的技巧没有问题，社工就需要去检视目标的适切性，即目标是否定得太高、目标是否社工期待的目标而非服务对象所期待的、目标是否服务对象力不能及的。无论是以上的哪一种，都会导致达不到预期的结果，反而会给社工本人和服务对象带来压力和打击。社会工作介入的目标应该要实际可行，并且具有可操作性。具体而言，目标需要分层渐进，获得逐渐改善。

回到上述案例，社工可以首先了解服务对象阿玉一个月去购买彩票的次数和频率，购买彩票的种类及下注的金额。了解这些信息后，制定的目标可以是：

- 减少每周去购买彩票的次数
- 减少每次去购买彩票的种类
- 减少每次投注的金额

当服务对象能够适应一些小的改变以后，再逐渐增加目标的要求，例如：

- 每个月只能购买一次彩票
- 限定购买彩票的种类（小额）
- 不能玩“老虎机”“连环夺宝”一类的游戏
- 每个月参加一次社区团体类的活动

如此这样，采取分层渐进的方法，帮助服务对象建立“耐受性”，逐渐形成新的行为习惯。当然，并非所有的服务对象都需要采取统一制定目标的模式，有些服务对象可能在经过几次面谈后就可以戒除，不必分得特别细致。社工应根据服务对象的个人特质采取相应的方法，但需要知道的是，无论是哪一种类型，当他们出现小小的改变，虽然离目标还有一段距离，但也需要立即性的赞美、鼓励、支持。服务对象的改变需要爱心及耐心的支持和等待，没有任何改变是一蹴而就的。因此，当服务对象步履缓慢的时候，多一些耐心是很有必要的。

（三）情境三：价值观冲突

阿斌从小性格开朗，非常受周围人的喜欢。不论是家人、朋友、同事还是邻里对他的评价都是：有上进心、乐于助人、有原则。正如大家对他的评价一样，阿斌从小就立志创业，希望能够通过自己的努力闯出一片天地。为了实现这个梦想，阿斌做了很多尝试，但均以失败告终。2015 年，一次机缘巧合，阿斌接触到电商行业，决心投身其中。两年的时间里，阿斌业务越做越大，应酬也越来越多。一次酒驾让阿斌成为社区矫正对象，并被司法行政机关要求接受社工辅导。

在面谈过程中，阿斌谈到自己的创业过程非常自豪。当谈到“成功”这个话题的时候，阿斌告诉社工：“成功就是有钱有权，这辈子最大的梦想就是干一番大事业。”此外，服务对象向社工分享了自己的情感经历，他说：“我现在小有成就，许多人给我介绍对象，我现在选的这个女朋友虽然身体不好，但对我的事业十分有帮助。”当服务对象分享完这段经历后，社工并不认同他对成功的看法和对感情的抉择，因此展开了与服务对象的讨论，甚至非常激烈。服务对象不以为然，并且认为社工“活得太天真”。当天的面谈气氛十分僵硬，双方互不认同。

在实务中，对于同一件事，常常会出现社工和服务对象持有不同或者截然相反的看法或价值观的情况。出现不同的看法是正常并且可以被理解的，因为每一个人都有不同的生活经历和成长情境而形成不同的价值观。但是，当遇到与服务对象价值观相悖的情况应该如何处理呢？从文献研究中发现，目前有两个观点：

一是社工必须价值中立，不能有任何的价值植入。如果社工不能做到价值中立，则表示社工有自己没有解决的问题。如果出现这种情况，社工应该坦诚告诉服务对象自己在某些方面无法做到价值中立。价值中立的观点强调社工的工作并不是在赞同或反对服务对象的价值观，而是帮助服务对象澄清价值观的来源，以及协助他们从自己的价值观出发去解决问题。

二是强调在社会工作服务中，只要对服务对象有益，社工应该尝试不同的方法去协助服务对象，包括提供不同的价值选择。如果服务对象的价值观是偏差有误的，必然会影响服务对象作出错误的行为选择。因此，社工有义务提供不同的价值抉择，但是决定权在于服务对象，并由服务对象承担相应的后果，社工不强迫服务对象必须作选择。

上述两个观点各有不同，没有孰是孰非的问题，每一个社工可以根据自己的情况做出仁者见仁、智者见智的选择。在上述案例中，社工与服务对象持有不同的价值观与看法，甚至与服务对象辩驳，社工没有必要站在批判或质疑的角度，因为事实上对于助人历程没有任何帮助。社工应用比较包容开放的态度去接纳服务对象，了解他们为什么会有这样的看法，并引导服务对象去审视自己的价值观。在社会工作服务过程中，社工应该像一面镜子反映出服务对象的价值观和价值观对他/她的影响，必要的时候提出疑惑、不同的看法，为服务对象提供更广阔、更多元的视角，以刺激服务对象思考、自省自查，为自己作出更有意义的选择。

在实务中，事实上一个社工很难完全做到价值中立，但必须格外小心和谨慎，切忌强迫服务对象放弃自己的价值系统，去接受其他的价值观。此外，也需要避免让服务对象以为社工的价值观是唯一正确的，而影响到服务对象的抉择。

（四）情境四：知识面不够广阔带来的自我怀疑

张叔今年已经48岁了，在一家民企负责销售工作。2015年，因虚开发票被判刑接受社区矫正，并被罚款。张叔觉得在公司抬不起头，便辞掉了工作从事期货、炒股等。在面谈中，张叔除向社工表达了对公司、判决结果的种种不满以外，还向社工分享了很多股票、投资理财的信息。但是，辅导他的社工并不了解金融方面的知识，又害怕说自己不懂会影响服务对象对自己的信赖。于是，该社工便附和服务对象，不懂装懂。几次面谈以后，社工发现这样很难进入服务对象所说的状况，无法对服务对象的生活、经历有真正的了解。

社工并非全能，面对所有的服务对象不可能所有的事情全部都能精通。因此，社工在实务中遇到上述案例同样的情况时，并非意味着自己是无知的、无能的，承认自己在某些方面知识的短板也并不一定会损坏自己的名声。坦然面对自己的不足，并坦诚地告诉服务对象，不但能够增加面谈的内容，也能够让服务对象看到社工的真诚，反而会更加信任社工。如果在面谈中不懂装懂，对服务对象的回应支支吾吾，社工无法真正同感服务对象的经历，还会引起服务对象的怀疑、猜测、反感和防御，反而破坏双方的专业关系。坦然直面自己的不足，运用不同的途径和方法去学习新知识、新领域、新经验，有助于在今后的服务中提供更适切的服务。

（五）情境五：简化问题，随意建议

阿武和婷婷本是一对非常恩爱的情侣，但是相处时间长了，两人吵架的次数越来越多，两年以后，两人分手。分手以后，阿武不久有了新的女朋友。婷婷得知消息以后，一时气急，服用了大量的安眠药被送往医院抢救。虽然两人已经分手，但阿武内心非常愧疚，他告诉社工，虽然两人已经分手，但希望彼此各自安好，希望婷婷能够有新的幸福和生活。现在，他不知道怎么做才能让婷婷不再有自杀的念头。

社工认真了解了他们以往的交流互动方式，并且从以往经验出发，告诉服务对象阿武："婷婷希望得到你的注意，而且非常重视你的话语。你不妨当面把你的担心告诉她，并且认真谈一谈你们的感情问题。"听了社工的话，服务对象带着新任女友前去探望婷婷……

在社会工作服务中，对于服务对象的各类问题加以探究，了解成因及有效的处理方法，能帮助社工有可供讨论的建议和参考依据。但是如果社工将以往经验作为唯一的参考依据，并且固守以往的方法提供给不同的服务对象，就容易产生问题和灾难。

一个人倾向于参考重要他人的意见，正如上述案例，在阿武和婷婷交往时，婷婷对阿武百依百顺，很少提出不同的意见。因为彼此是信任的，但是当双方感情发生变化时，这个准则也随之发生变化。人的行为有共同的部分，心理社会学原理对人的行为有相当程度的了解，以及能够预期行为的发生，但这并不说明所有人的心理行为现象都是完全一致的。事实上，不同的人在同一情境中都会有个别差异。问题类型可能会相同，但每个服务对象都有其独特性，同样的原理并不见得是通用的。社会工作常常惯用某一套模式方法处理某一类问题，很容易犯简化问题、随意建议的错误。

社工应时常自我检视，利用各种方法学习新知识，参加相关的培训，多与督导沟通，以自我改进，扩大视野，增加对问题的了解的高度与深度，这样才能做到对人真正的关怀。

第三节　一个延伸和互动的案例

本节将提供一个社会工作助人历程中的实例，包括探索、洞察、行动三个阶段。虽然面对一个问题时要经历三个阶段，通常需要不止一次的面谈，但为了方便呈现这个服务案例，在一次面谈中就呈现了三个阶段。

案例的主人公是个年轻的女孩小雅，23 岁，大四学生，在即将毕业的年纪对未来感到彷徨和不知所措。在最近一段时间，常常失眠、敏感，害怕与他人交流关于未来方向的问题。因不能决定未来的职业生涯规划而感到无助在毕业生中是相当普遍的，很多人在不同的周期里都挣扎着这个问题。然而内心彷徨、生涯困难并不是常人想象的那么单纯，职业生涯不单只是根据个人的天赋兴趣及技能去决定的。很多时候，生涯规划问题和个人生活是息息相关的，处理好生涯规划和个人生活是非常必要的。

一、探索阶段

社工：小雅，请你说一下，你今天来主要是想解决什么问题？（用开放式的问句进行互动，让小雅传递最迫切的担心。）

小雅：我已经大四了，应该需要决定我毕业以后要干什么，是就业还是考研，还是说和很多人一样去考公务员，但我还是无法决定自己要做什么。我的爷爷希望我去考公务员，但是我的父母希望我能够和他们一起学习创业。我感到很烦，每一次回家或者打电话，他们催促我尽快作出决定。但是我并不想随便作决定。事实上，我好像没有特别擅长的地方，我也没有特别的才能，一直都是平平凡凡，高中时大家都在参加书法、舞蹈、运动等学习活动，我其实什么都没做，我在任何方面都没有天生的才能。

社工：这么快就要决定将来自己要干什么，听起来你很焦虑。（社工让小雅将焦点放在情况的迫切感。）

小雅：在想这辈子我要做些什么，我想我从来也没有什么大的野心和抱负。

社工：嗯，听起来这件事情让你比较在意，影响到了你正常的生活。我想问你一个问题，你曾经有没有思考过“我是谁”这个问题？（社工尝试了解这个问题对服务对象在自我及其生活受此问题影响的程度。）

小雅：我没有考虑过这个问题。如果一定要说一个，我觉得我是一个无趣的人。我不知道自己究竟是谁，不知道要到哪里去。我觉得自己很糟糕，没有男朋友，而父母正在办离婚，这也让我觉得压力很大。

社工：哇，听起来你正面临许多困难的问题。（支持服务对象。）

小雅：对，这个学期好艰难。前阵子放假的时候我才发现父母亲要离婚，他们说他们已经等到我念大学了，我不确定他们在一起对我来说是不是好的，因为他们常常吵架，每次都告诉我对方有多可怕，我总觉得自己是个中介者，要试着让他们彼此了解对方。

社工：被夹在中间让你有什么样的感觉？（社工让服务对象探索深层次的感觉。）

小雅：有一部分是觉得喜欢这样，因为他们需要我，但也很糟，因为觉得他们对我的依赖太多，我不能有自己的生活，我很高兴离开家到学校来，但我又觉得离开是罪恶的。我经常回家，我觉得我需要照顾小妹，保证她免于痛苦，我不想让她最后也觉得自己很糟，就像我觉得自己很糟一样。

社工：听起来你现在已经无法再承受任何负担了。（社工帮助服务对象觉察自己的感觉。）

小雅：这是真的，我觉得自己比这里其他学生要老20多岁。他们在一起谈论着喝酒、聚会、做头发，诸如此类的事情。但是我对这些毫无兴趣，甚至觉得这些都是很无聊的事情。

社工：你提到你想要决定自己的发展方向，那么你能不能想一想你有什么特别的专长，能不能多说一点儿？（引导服务对象回到生涯问题的探索。）

小雅：嗯，我想我对学习是相当认真的，虽然我是一个普通的学生，但大部分的课程都能拿B等。我喜欢读书，但我并没有花很多时间来读书，也很难让自己专注于读书。

社工：你能告诉我，你喜欢哪些课？（探索具体的兴趣。）

小雅：嗯，我的数学和自然科学很烂，上学期生物几乎被挂科，我想我最喜欢的课程是心理学方面，我喜欢去猜别人的心，知道吗？很多人都会和我谈他们的问题。我正在学习心理学这门课，觉得很有趣，我想我在这方面是很不错的。

二、洞察阶段

社工：你想是什么原因让你这么喜欢学习心理学？（社工协助服务对象思考自己的动机。）

小雅：在生活中，很多同学喜欢跟我倾诉，每个人都带着他们的问题来找我。我觉得我很能听别人说话，还有我妹妹有困扰的时候我也能够帮助她。

社工：不知道你在家里所扮演的角色是不是有助于你对心理领域感兴趣？（社工试图解释服务对象是不是能参与解释的过程。）

小雅：你可能是对的，也许对妹妹的协助以及作为处理父母争执的中介者，让我觉得心理学很有兴趣、很好玩，我曾经也想过要不要去当心理学家。但是我的父母不喜欢，而且他们从来不会去找心理咨询师进行咨询，因为他们总是说人们应当自己解决自己的问题。你怎么会选择当社工？

社工：我和你一样，也喜欢帮忙别人处理他们的问题，我也发现我的朋友会和我谈论他们的问题。

小雅：很有意思，你喜欢这个领域吗？

社工：是的，我很喜欢。你如果很喜欢心理学领域，要不要多说一些你对心理学的看法？（再次将焦点转回到服务对象身上。）

小雅：嗯，我想我会喜欢的，但我不知道自己够不够聪明，我听说一个可怕的消息，要进入心理学研究领域的人，必须真的很聪明，我可能没办法。

社工：知道吗？你说你不聪明，但我没有听到什么足够的证据说明你不能胜任。

小雅：嗯，我成绩并不是很好，而且也不是心理学专业的，没有办法专心去学习它。

社工：听起来你不太自信，我是不是可以理解发生了什么所以让你失去自信，在班上也表现得不太好？你没有办法好好读书的原因是什么？（促进洞察，所以重述并问一个开放式的问句。）

小雅：嗯，我不确定也许跟家里的事情有关，但不清楚是怎么回事。

社工：也许对父母的担心以及离家让你分心无法好好读书。（刺激服务对象洞察，服务对象此时隐隐约约觉得自己的困难和家人有关。）

小雅：嗯嗯，我从来没有想过这个问题，但是你也许是对的，我一直这样关心别人而没有时间照顾自己的父母亲，因为无法处理他们的问题而搅乱了我的生活，这实在是不太公平。

社工：对呀，你似乎有点生气。

小雅：是的，我一直很担心把妹妹留在家里，她没有办法让父母亲可怕的争吵平静下来，这几年应当是我生命里最棒的几年，然而我最关怀的还是他们，我什么时候能有自己的生活？

社工：不知道你的父母亲是不是真的很需要你，就像你觉得他们需要你的程度是一样的。

小雅：也许他们不需要，事实上如果我不再介入他们就可以决定自己要做什么，而我的妹妹也不再是个小孩子，她已经18岁了，我的意思是说我爱他们，但也许我做得太多，太常回家了。

三、行动阶段

社工：所以你想要有什么不同的做法？（社工想要服务对象思考如何改变。）

小雅：嗯，我想我会告诉父母亲我不再听他们说他们的问题了，我会建议他们去找专业的人谈话，我必须离开这个中介的角色。

社工：要告诉你父母你决定不再处于中介角色，这让你心里面有什么样的感觉？

小雅：我现在已经觉得很厌烦了，所以应该可以做到比较难的部分。我这样做我妈可能会在深夜里打电话来哭哭啼啼的，说我是唯一真正了解她的人。

社工：如果这真的发生了，你会怎么样去处理呢？

小雅：嗯，当我真的需要专心读书的时候，我可以到图书馆去，这样我妈就找不到我，在图书馆我可以专心读书。

社工：这是个不错的点子。（增强感觉）

小雅：对，我不知道为什么之前没有想到这一点，我猜我是被自己的想法给卡住了，我一直认为我是唯一能帮父母亲的人。

社工：对，也许很难放弃。当你相信自己能让别人心情较好的时候，你会觉得自己很特别。（社工提醒，服务对象也许很难改变。）

小雅：嗯，可能很难，但我想我要开始过自己的生活了，我不想活在他们的世界里了。

社工：你可以如何让这个转变比较容易做到？（社工再一次让服务对象就改变可能遇到困难做准备。）

小雅：嗯，我走不出去的时候可以来找你吗？我想有你的支持，我会比较容易改变。

社工：当然可以。我们可以设置一个期限来完成你面临的困扰。

小雅：这样很棒，谢谢你！

社工：现在回到你职业生涯规划的问题，在这个时候你的想法是什么？（社工带进有关服务对象求助的问题。）

小雅：我比较倾向自己的兴趣发展，我觉得我应该有自己的主见和生活。学习心理学，以后从事相关工作是不错的选择。

社工：我觉得你真的很不错。也许在下一次面谈前，你可以想一想自己喜欢的以及不喜欢的，也可以收集一些有关职业生涯规划的资料。也许在下次面谈之前你可以把你喜欢的列一个清单，我们一起来看看你最适合什么以及要做哪些准备，你觉得如何？（给具体的引导，但不能过于催促。）

小雅：嗯，太棒了。

社工：对于今天的谈话你有什么样的感觉？

小雅：到目前为止我觉得好多了，我其实有很多的经历想要分享，但现在我很想赶快告诉父母，我想他们可以谅解我，我必须为自己这么做，他们一直都很担心我。我过去很沮丧，并不像真正的我，我可以看到另一道曙光了，觉得非常兴奋。

社工：那我们下一次见。

本章思考题

1. 试述社会工作面谈管理的主要内容。
2. 试述书中列举的困难情境以及应对方式。
3. 试述阅读完整本书的感悟以及对本书的建议。

参考文献

［美］查尔斯·H. 扎斯特罗，等著．晏凤鸣，译．社会工作实务应用与提高［M］．北京：中国人民大学出版社，2003.

王彤彤．城市特困老人社会支持的社会工作个案介入研究［D］．兰州大学，2018.

华夏．养老机构中失能老人精神慰藉的社会工作介入研究［D］．南京农业大学，2013.

李娜．婚姻暴力中受虐妇女的社会工作介入［D］．苏州大学，2012.

高张．多元互动：政府购买社工服务的机制与逻辑——对武汉 X 区政府购买社工服务的实践分析［D］．华中师范大学，2016.

第九章　社会工作技巧常用工具

引　言

社会工作技巧工具内含了社会工作的知识体系和价值体系。以家庭家谱图为例，每个家庭都是一个独特的系统，受其独特的生物、文化、社会力量的影响，而每个家庭成员都被家庭以不同的方式影响着。家庭系统理论强调的是一群互动的有机体，在彼此互动的过程中不断地寻求一个恒定的状态。在社会工作的实务中，社工接触各种各样的家庭，如何评估家庭关系的状态，更好地与家庭开展工作，可以借助家庭系统理论中两个重要的工具——家谱图和家庭生态图。[①] 从中可以看出，社会工作的整个助人过程会分为不同的阶段，在不同的阶段里可以使用不同的社会工作技巧。而不同的技巧工具可以辅助社工更好地进行、完成、记录本阶段的工作。家谱图的运用就可以看出家庭系统理论在社会工作实务中的运用，也体现了社工“人在情境中”的价值体系。

社会工作技巧工具在整个社会工作助人过程中发挥着重要的作用。社工在工作的过程中，为了达到了解服务对象的问题、记录服务对象的服务过程、促进服务对象更好地进行改变等目的，都会在恰当的时间辅以社会工作技巧工具。例如，在与服务对象接触到结案的整个过程，社工都要用书面的形式来记录服务对象的具体情况和面谈内容，以便之后的讨论和评估。再例如，利用列清单和绘画的方式来处理服务对象的感受，让服务对象清晰地了解当下自己的情绪，并且能够进行突破性的讨论。

本书第二章详细介绍了社工与服务对象之间应该如何运用言语和非言

① 杨暖榆．个案工作中“家庭关系图”怎么画？| 社工课［J/OL］．https：//mp. weixin. qq. com/s/rX1lnr0E5lt6EizMdXONUA，2020-09-09.

语沟通，这有助于社工与服务对象、同事之间的沟通。本章将具体地介绍在社会工作助人过程中常见的技巧工具及其使用方式。

第一节　书面沟通

一、书面沟通的作用

社工常常被要求运用不同的书面沟通，例如信件、报告及记录。书面沟通技巧在社会工作文献研究中备受忽略。在讲究证据的状况下，社会工作实务及社会工作的调查报告，经常受到质疑和批评。

书面沟通常常被人认为是一种工作手段，而非某一专业领域的专业技能，因此容易被忽略。但是，书面沟通有时候在与服务对象的沟通中发挥着关键性作用。例如：

黑叔曾经是一位赫赫有名的黑帮老大，后来为了“追求时髦”走上了吸毒贩毒的道路，从此在犯罪的道路上越走越远。吸毒的黑叔败光了所有家财，父母、兄弟姐妹也与他断绝了关系。20 世纪 90 年代初，黑叔被捕入狱。2016 年，黑叔因艾滋病保外就医接受社区矫正。回到社区的黑叔一无所有：没有房子、没有收入，也没有亲人的照顾和朋友的支持。社工在司法所了解黑叔的情况得知，他已经是艾滋病晚期，不久将离开人世。考虑到黑叔的病情，司法行政机关批准黑叔不用到司法所报到、集中学习和劳动。司法所采取走访的方式对黑叔进行管理。

社工接案后，负责跟进黑叔的情况。社工找到他的住所，很快门开了。社工说明身份和目的以后，黑叔简单地将自己的基本信息和日常状况跟社工交代以后便准备关门。

黑叔：你还有什么事情吗？

社工：我还想了解一下你的病情。

黑叔：（犹豫）你想了解的东西不都写在我的档案里吗？你们直接去看我的档案就可以了。

社工：我看了，大概了解一些。只是想看看我能不能帮你做些什么。

黑叔：（打断社工）谢谢你们，我不需要什么帮助。我平常需要养病，既不能动，也不能走，也不会犯什么罪。

黑叔说完便将门关上。

黑叔并不想与外界有过多的来往。唯一与他来往的人只有与他一起长大的“女朋友”和外卖小哥。社工找到他的女朋友，才了解到黑叔更多的信息。他的女朋友告诉社工：“他回来以后要么很暴躁，要么很沮丧，认为生活没什么希望，反正就是要死的人了……”“你不要见怪，他对我也不愿意多说。”

几次交谈以后，社工在黑叔女朋友的引见下再一次见到了黑叔，并且进到了屋内。社工与黑叔寒暄起来，渐渐地增加了相互之间的了解。黑叔也开始述说自己每天日常生活的无聊、生病的痛苦等等，相互信任的专业关系逐渐建立起来。

社工每周坚持去探望黑叔一次，并且会将社区内发生的一些有趣的事情分享给黑叔，黑叔的分享和笑容也慢慢多了起来。有一天黑叔突然对社工说道：

“我这一辈子对不起很多人，但是最对不起的就是我女朋友。我们从小在一起长大，她一直陪我，到现在还没有嫁人。很多人都离开我了，但是只有她在……”

社工：“她跟我讲过你们的一些事情，虽然没有这么细致，但还是可以看出她对你的感情很深。”

黑叔：“我对不起她……”

社工：“你跟她讲过这些吗?”

黑叔：“没有。”

社工：“你是不是想说但是不知道怎么讲?”

黑叔：（点头）“对，有时候甚至希望她不要来了，让我自己死了算了。活着也是拖累她。”

社工：“我知道，你是不知道该如何面对她，你心里觉得愧疚，对吗?”

黑叔：“嗯，是的。”

社工：“你其实还是很想对她说一些话，类似对不起她的话，但是又没有头绪或者不知道如何面对你们的过去。”

黑叔：“好烦……”

社工：“如果当面说不出来，你可以试试写下来。”

在社工的帮助下，黑叔将自己想对女朋友说的话写在了信里面。

在上面这个案例中，书面沟通起到了很大的作用。主要表现在两个方面：一是建立专业关系，降低服务对象的心理防御。黑叔虽然看上去很凶，不易亲近，但是内心对自己的病情非常恐惧，生活没有希望感。社工通过日常记录外界发生的趣事，传递给服务对象，消除语言带来的尴尬，从而慢慢让服务对象接受这样的沟通方式。二是书面表达带来“治愈”的效果。书面沟通不仅仅是社工使用来缓解沟通尴尬，同时也可以引导服务对象使用带来改变的效果。对于不善于表达的服务对象，书面沟通是可以尝试的方式之一。黑叔内心充满遗憾和后悔，在人生最后阶段，不知道该如何对女朋友表达歉意。书面沟通成功地解决了这样的难题，并且有效地化解了黑叔和女朋友之间的“伤痕”。因此，适宜的书面沟通常常是服务中的“催化剂”。

本节在社会工作复杂的书面沟通技巧上，也许无法充分提供完全参照的依据，仅能提供在第二章里面所讨论的一般性原则。然而文字分析能提供有用的指引，借由实务操作与回馈而学到技巧。

有学者指出：“写下来能减少不重要的口语沟通，因此可能更具影响力，况且这样也能有较长的保存期。因此当我们下笔时，需考虑到若未来进入正式程序，我们的写法就可能影响到他人的观点。”

本节会介绍信件、电子邮件、报告及记录等有关的书面沟通技巧。有学者指出，掌握这些技巧的一般性原则，能帮助社工规范书面记录，而这些对于指导我们有效沟通起到至关重要的作用。

我们需要进行非常广泛的思考，为何要用文字沟通？是为了逃避挑战与复杂的面对面互动？或是为了让服务对象与社工间讨论的内容成为清楚而永久的记录？这是必要的吗？学者认为，我们应该清楚地知道所属机构关于哪些事件需要文字记录的规定与章程。如果不清楚文字记录的一般性原则，我们可能发现有些东西需要写下来，却没有写下来，而将时间和精力都浪费在不需要写下来的东西上。

无论我们是写信给服务对象或是其他专业人员、发送电子邮件给同事、写机构记录、提供材料给法院或少年司法体系或儿童听证会，我们都需要流畅清楚的书写，对收信者使用适当的语言，同时保持我们最初进行文字沟通的本意。另外，也需要记住社工书写的内容，可能成为正式程序中的一部分，例如控告或正式调查的依据。在社工的文字沟通中，处理服务记录的客观性与准确性，以及其潜在的和长期性的影响力，是一个严肃的过程。

二、书面沟通的工具

（一）信件

在很多领域，机构对服务对象的服务常常是合作的、跨专业的。例如，在老年福利院，为老人提供的服务不仅仅只有社工服务，还有医疗服务、生活照顾等等。因为各个部门擅长的事情、掌握的信息各不相同，需要不断地沟通、联动才能提供精准的服务，所以跨专业合作常常涉及转介、合作等事项。这时候我们常常会使用到信件或电子邮件等书面沟通的方式。

在第二章指出沟通需要社工提供可取的方式、明白的语言，去反映支持、尊重、友善与同理。不论是转介还是写给服务对象，我们在信里需要同时注意清晰度与语气，如果不够清晰，他们可能在抱怨时引用信中的内容。例如，在写给养老院护工的信中陈述：

社工 1：服务对象的行为问题持续增加。

社工 2：服务对象因慢性疾病造成生理上的恶化，而导致生理照顾的需求增加。

可见，前者陈述会因为其陈述问题的不清晰、不具体而更容易遭到护工及后续其他部门工作人员的抱怨。

有些信件的语言、格式具有明显的规范性。给其他专业人员的信件是公共记录的一部分，它们与社工在报告中所撰写的内容具有相同的效力。电子邮件和书面信件一样，也具有正式文件的地位。因此，要确保信件的内容明确、清晰、真实有效。

（二）报告

社会工作的记录与报告常被批评为冗长、不清楚以及缺乏证据，而书面报告需要精确聚焦与个案相关的重要内容，这显然容易描述，但较难执行。简洁是重要的，社会工作报告就如其他报告，需要使用短句子及副标题来中断文句，同时带领读者进入重点。

以社会调查报告为例，罪犯在正式被裁决前会进行审判前调查，形成社会调查报告作为法院判决的依据。审前社会调查评估是指法院在刑事案件判决前，委托专门机构对可能被判处缓刑的被告人的个人情况、犯罪动机、社会危害性、再犯可能性等进行调查评估，提出是否适用非监禁刑的建议，并制作评估报告，供法院在量刑时参考的制度①。审前社会调查评估为法院正确适用被告人非监禁刑提供了参考建议，有利于法院依法作出切实可行的判决。② 在中国，以上报告是由地方司法机关的工作人员负责，部分地区的司法社工会参与其中。在很多欧美发达国家，如英格兰，社会调查报告由地方机关的社工负责，其呈现报告的所有考量都与其他与之相关的正式报告有关，而且能适用到全英国。

社工需要考虑报告的目的，因为它不但决定报告的内容，而且决定报告的架构与呈现方式。在苏格兰，社会调查报告的撰写是从协助法院的观点出发，针对任何一个违法的人，帮助法院决定何种形式是最适合的处理方法。

社会调查报告试图以提供法院资讯的方法，以协助法院处理被控告的人。社会调查报告是判刑时的好帮手，因此应该提供法院：违法者的背景资料、犯法行为的评述与简洁的分析。它不应该建议有罪或无罪，但法院和警长可参考它来决定刑期；它也不是秘密文件，而是法院的财产，可能会在听证过程当中公开社会调查报告，也需要复印给被告以及律师。

什么样的内容最能达到这个目的？应该是使用清楚明确的语言，同时避免专业术语使用。例如：结构因素、偏差亚文化和物质剥夺等句子，可能让非社工的读者感到疏离。此外，报告必须包含正确的资讯，并需要小心核对与仔细检查，也必须确实区分证据与专业判断。

---

① 黄晶晶．社区矫正风险防控研究［D］．福建师范大学，2015.

② 黄敬．审前社会调查评估存在的问题与建议［Z］．安阳市：汤阴县法院，2013.

报告在一开始就需要把握一些细节，包括违法者的年龄及基本资料。社工需要在下列两件事之间取得平衡，即所有报告都持续使用同一种架构，以及个别化每一份报告。使用固定的标题，能帮助法院很快熟悉每份报告的内容，但刻板的格式可能无法及早呈现并强调出重要的资讯，例如家人近日死亡、与继父或继母之间的冲突、饮酒和药物使用模式的改变，这些资讯依据标准格式会在报告后面阶段才出现，这样可能无法突出这些因素的重要性，而无法达到这份报告的目的——提供法院处理违法者时的必要资讯。

因此，社工会在结合广泛与持续的结构的同时，也需要有弹性地提供有关特定违法者的相关信息。在中国，社工还没有全部介入审判前调查，但社工撰写报告的重要性对司法行政机关而言是相同的。以社区矫正而言，社工会为矫正人员提供服务，每月会定期撰写报告提供给社区矫正管理机关，这些报告会作为司法行政管理机关管理社区矫正人员的依据，与其他正式报告均相关，因此同样需要准确地提供信息、小心核对、仔细检查和严谨的专业判断。

本节以社会调查报告为实例来阐述应该如何建构一份报告。包括：

第一，以下列方式提供司法行政机关咨询与建议。

1. 将违法者的违法行为置入其个人与社会脉络之中。

2. 了解、检视违法者对其行为的看法（认知）。

3. 考虑、评估未来降低违法者的范围与可能性。

4. 评估法院的处理方式可能带来的影响，包括对违法者和任何未成年人。

第二，提供违法者的意愿、动机，处理与违法者行为有关的问题和形成对违法者能力的评估报告。

第三，若建议需要社工服务，需要在行动计划中明确说明可提供哪些服务，且这些服务的目的是协助违法者降低在未来违法的风险。

第四，确保提供高品质报告。

这些要点并不仅仅限于社区矫正的审判前调查报告，也能更广泛地应用在社会工作评估与风险评估及管理的报告中。这些报告的一般架构可能是：例如由个案的家庭生活与关系开始，再缩小到特定违法事件的考量。标题可能如下：

- 家庭细节与关系
- 违法者与其家庭关系
- 工作、财务
- 关系人、休闲方式、饮酒模式
- 人格评估
- 过去的犯罪行为
- 目前犯罪行为的特征
- 与社工相关的法院决定（如果适用）

报告必须要有结论，但报告不应该判断有罪或无罪，或是夺取法院决定适当刑期的功能。报告可以包含建议，Streatfield 委员会称，表达“意见”是报告不可缺少的一个部分。然而，社工不应感到必须在每一份报告都提出看法，如果作者有任何怀疑，例如：缺乏关于违法者的充足资讯，或特殊处理可能带来的影响，社工就可以不作建议。任何意见的表达，正如任何结论的得出，都必须依据报告中的证据。在最后一段，即使没有任何建议，也都应该指出并摘要与法院判决有关的主要因素。

提供给苏格兰的儿童听证报告也有类似的考量，因为少年司法里的儿童听证体系，对违法的儿童与需要照顾及保护的儿童一样，都是采取福利取向（Buckley，2007）①。

以下关于儿童与家庭的重点基本资料清单，报告内容着重的范围与社会调查报告相似，包括：

1. 家庭关系——父母关系，父母角色与权威
2. 父母的社会习惯，亲子关系以及手足关系
3. 家庭的违法状况
4. 财务状况
5. 休闲状况
6. 学校状况
7. 之前与社会工作、警方和听证的接触
8. 人格

① Buckley P. J.，L. J. Clegg，and A. R. Cross，et al.（2007）. The Determinants of Chinese Outward Foreign Direct Investment［J］. Journal of International Business Studies，38（4），pp. 499-518.

本节需要再次强调，社工在撰写报告时需要使用简单清楚的语言，而且要避免术语，以确保家庭成员与非听证成员都能够清楚地了解报告内容。社工需要在一个一般报告结构以及能呈现和突出特定儿童的个别因素与问题之间取得平衡。此外，社工也需要考虑到，报告的目的是提供评估，以作为听证成员能够在儿童权益上作出适当决定的工具。

报告不仅需要包含事实的证据，还需要包含社会工作作特殊转介的原因，如偷窃行为，对于团体参与、贫困家庭对违法的态度、对赃物与金钱的支配等进行调查，都能协助了解行为模式的线索、儿童的需要以及最适当的处置。

报告需要有结论。再者，因为报告是提供给听证会以决定应该如何转介，为了满足儿童的需要，以及社会大众所关切的安全与控制，社工应提出范围内所有可能的处置建议。

社会调查报告与提供给听证的报告，这两个例子都是突出撰写报告较一般但关键性的技巧与原则，包括：清晰、容易简要、运用结构、具有弹性，这些技巧与原则也适用于社会工作与社会照顾报告，包括领养与寄养专门小组、儿童保护审查会，或负责分配老年人、学习障碍及身体障碍的专门小组。这些对撰写有生理心理问题的服务对象也很重要，因为平衡照顾与风险是很复杂的。

（三）工作者记录

对社工而言，记录具有多重目的，包括工作服务计划、工作完成的记录、评估，以作为后期督导和实务发展的基础。

1. 服务计划

社会工作的服务计划，可以帮助社工提前架构面谈提纲，为面谈中可能出现的面谈内容、流程、氛围的营造做好充分准备，以更好地聚焦服务对象的需求和问题，精准提供服务，提升服务质量。

一般的工作服务计划包含本次面谈的对象、联系方式、面谈目标、围绕目标罗列的面谈提纲及相关注意事项，通过清晰简洁的语言，既可以厘清即将开展的服务过程，也可以作为服务完成后评估的基准，还可以成为后期督导及实务能力提升改进的参照。例如：

社工 1 和社工 2 分别无计划和有计划地为服务对象开展个案面谈，目的是跟进服务对象的家庭矛盾问题，提供家庭关系辅导。面谈内容如下：

社工1：最近和你妻子的关系和好了吗？

服务对象：还是那个样子，也没有好。

社工1：那现在情况怎么样呢？

服务对象：我们暂时分开一段时间，就一个人住在公租房，她还是会一直给我打电话，跟我闹，这个问题很难解决。哎，麻烦！婚后就变了。

社工1：你们毕竟是夫妻，长期这样的分居也不是办法，你回家以后找个时间跟你妻子好好沟通一下，看看问题出在哪里。

社工2：上次面谈的时候，你曾说到和妻子有一些矛盾，这让你很有压力、很焦虑，现在关系缓和一点儿了吗？（提纲内容）

服务对象：要好一点儿了，不会每天吵闹了。

社工2：是什么让你们关系缓和的？（提纲内容）

服务对象：嗯……一方面，是美发店找到了新的股东入股，减轻了经济压力；另一方面，应该是她现在不敢跟我吵太厉害了吧！

社工2：哇，首先恭喜你们，有股东入股，经济压力要小很多了。另外，她不敢跟你吵闹了，我能了解一下原因吗？

服务对象：我现在住在公租房这边，她吵不到我了，但是每天还是会一直打电话，甚至到凌晨3点左右。

社工2：你喜欢你们现在这样的关系模式吗？（提纲内容）

服务对象：不喜欢，但是也不知道怎么解决。

社工2：你有想过你妻子这样做的原因吗？

服务对象：没有想过，不清楚，反正一直反反复复的。

社工2：那我们现在想一想怎么样？只有清楚了原因才能找到解决问题的办法。（提纲内容）

服务对象：（沉默……）可能与她前夫出轨有关系，她没有安全感吧！

社工2：那我们可以做什么让她更有安全感一点儿呢？（提纲内容）

服务对象：其实我一直没有主动给她打过电话，主动找过她，一直都是她在追我。

社工2：那我们要不从打电话入手，每天习惯主动给她打个电话呢？

服务对象：好，我试一下。

以上针对同一个服务对象的两次面谈内容，第一次面谈为无工作计划面谈内容，较为随机，服务深度也不够；而第二次内容，因为有提纲内容，面谈节奏把握较好，并且逐渐让服务对象认识到关系中的矛盾点在哪里，愿意主动去解决目前的问题。立足于服务计划，不仅社工后期评估更为便利，同时，在面对督导时，也能更清晰地展现服务情况，提升督导成效。

2. 工作记录

社工记录是对机构甚至是对社会的责任。例如在儿童保护工作中，正确的记录方式是，记录直接观察儿童及儿童所受到的照顾，这是重要的证据，也能提供工作者对后续行动与研究的证据和依据。同时，社工不仅要以记录来保障自身的专业责任，也可以用来监控及评估自己的所作所为。社工不仅要描述自己做了什么，而且应该包括为什么这样做，如何做，以及这样做能够/应该有什么样的效果。

3. 个人评估

科学评估是实务的功能之一①。然而，许多社工配合季候统计上的要求而记录他们的工作，但未能有系统地以评估方式来记录实务与成果分析。在大多数时候，社工记录自己做了什么（探访了谁），但并未记录自己如何做或为什么这样做，要达到什么样的结果。未评估自己的实务工作，就意味着可能永远没有检查，因而提供了无帮助的实务，同时失去了改善后续实务工作的机会。

在一项评估里，社工应该经常回顾、比较自己对实务工作的看法（依据记录）与服务使用者对这项服务的看法。这项练习显示了记录中目标与处理的模糊、个人看法与服务对象看法的冲突，以及社工未能检视两者是否确实具有共同的目的。书写记录的存在使得某些评估成为可能，但未能与服务对象分享和检查服务对象看法的无系统记录也会产生出新的问题。

很多时候，社工会忽视他们对服务对象干预后的成效。不可置疑，社工对服务对象是尽心尽力的，但无法假设社工的干预全部是有帮助的。评

---

① Shaw, I, & Lishman, J. (Eds.) .(1999) . Evaluation and Social Work Practice [M] . London: SAGE, pp. 1-8.

估效能是专业社会工作实务的重要部分（Shaw 和 Lishman，1999）[①]。

社工要监控与评估某项服务的效能，以及自己提供的专业服务的效用，因此需要在实务中建立个别专业的评估。

实务评估、机构评估，需要进行高标准的记录。Trevithick（2005）引用 Munro（1998）提到保存不良的儿童死亡记录："特别是因为缺乏社工记录所导致的缺乏资讯。" Trevithick（2005）注意到，记录中需要最初的基线资料以监控社工干预是否回应了最初的问题，以及是否具备证据可证明服务是有效的，而不只是只有"我做过探访"，却少了"我为何去探访""我完成了什么"[②]。

个人层面的评估能被视为行动上的反思。行动上的反思，包括下列问题：

1. 我如何跟这些人建立关系？
2. 我做了什么？
3. 我为什么这样做？

分析这些问题与社工的回答，能够改善我们重要的效能评估，同时协助我们发展记录实务。这既能满足让服务对象同意与看重记录的需求，也可能帮助在未来可以在法院站得住脚。

社工有责任去系统地记录并评估自己达成了多少目标。社工能够运用记录而为服务使用者争取更多的资源，但社工的记录必须与服务对象分享并获得认同。

第二节　采取决策的常用工具

在第一节，讨论了如何应用书写技术来协助服务对象解决问题和改变态度或行为。正如我们前面讨论过的，将事情写下来，能使它们具体化。说过的话语会消失，我们会忘记或流失前几次面谈看似重要的资料。书写

---

① Shaw，I，& Lishman，J.（Eds.）.（1999）. Evaluation and Social Work Practice［M］. London：SAGE，pp. 1-8.

② Trevithick，P.（2005）. Social Work Skills［M］. Open University Press，Berkshire.

下来，能留住我们曾经工作过及无法逃避的困难、复杂的态度或感受。如果我们写下问题和承诺的行动，那张纸便代表了承诺。

它也是回顾的方法，如果我们写下强烈或被禁止的感受，我们比较有可能去觉察与面对它们；若用说的，这些感受便容易流失。有时服务对象会写信给工作者，以分享困难的感受和经验，例如关于受虐和性的相关议题，因为面对面探讨有时会让服务对象感到威胁或不好意思。在网络上，我们也看到类似运用在网络上的书写沟通，对于感到受伤害、受虐或感到羞耻的服务对象，能够具有匿名和保护隐私的效果。正如在第一节看到，我们也需要觉察文字沟通（如信件、电子邮件和网络信件）的长久性与法律地位，它虽然事实上是一份记录，但也同样要求具有责任。

书写技术能在下列领域中帮助我们：采取决策、改变态度、监控改变行为、较有效地处理情绪和面对过去。

一、采取决策：头脑风暴

对于许多犹豫不决或没有头绪的服务对象，社工可鼓励服务对象运用头脑风暴来产生造成改变行动或是问题解决的想法。任何疯狂的想法都可以写下来，而且不会受到批评，它能帮助人们从局限的思想轨道中释放出来，这些思考轨道可能局限在自己经验中的满足需求或解决问题上。

头脑风暴能够产生热情的感受和希望。一名服务对象从精神康复机构搬到一个没有提供家具的公租房，而他仅有的只有一些随身物品和极少的金钱。他用头脑风暴的方法想出取得家具与各项用具的可能方法，他列出的清单包括：

1. 去贷款
2. 抢银行
3. 向朋友求助
4. 向社会服务机构申请
5. 向兄弟姐妹借一笔钱

头脑风暴时不要批判，因为这样会限制创造力。一旦完成清单，社工和服务对象就可以开始评估这些想法。有些想法会因为太疯狂或不实际而被舍弃，但经过删减过的清单，我们能够开始衡量每一个行动的优缺点，以决定哪一个行动最可行或最有益。在此，我们可以从排列优先顺序及目标来评估可能的行动，如果能达成决定，就能解决服务对象的问题。

评估可能行动的有用方法是列出每一个行动的成本与益处。有位服务对象获得一个工作机会，但是这份工作离他住的地方非常远。他对跳槽去另一个工作或是保持现状感到困惑与矛盾，社工鼓励他列出每一个行动的成本与益处。他的清单包括下列项目。

选择	成本	益处
跳槽	离家远 无家可归 找房子 不确定性 我是否办得到	收入较多 富有挑战 交朋友的机会
留在目前的工作	无聊 低收入 孤单	安全 离家近 知道自己在做什么

衡量这些成本与益处，部分是依据我们的性情与人格，如果我们认为改变与刺激是有价值的，它们可能比其他成本更重要。相似地，安全也可能重于其他成本。可能的成本与益处的现实性也会影响决定。

最后，当我们决定行动时，写出达成的时间表会很有用。时间表必须定得合理，但写下来就形成要做到的压力。例如："我星期二会去就业中心"比起"我会去就业中心"具有更强的承诺。

头脑风暴也是团队工作中非常有用的技术，它使我们能够考虑更多的方法与可能。例如，关于评估、计划和资源分配，以及如何挑战与评估它们，因此也更可能达成具有共识的行动。写下对于时间表与个别责任的共识，对于有效团队及专业间的行动也很重要。一份文字的记录，在社工的专业责任上便是承诺，会在特定的时间范围内执行完成。

二、改变态度：挑战负面清单

很多服务对象常常会出现自我挫败的信念，而书写便是一个挑战他们负面的自我评价的有用的方法。例如，社工常常在活动中要求服务对象写下他们认为自己很好的地方。有时，社工也会把这项任务当作家庭作业，让服务对象在下一次面谈的时候带来。有时，也会让服务对象在面谈当中跟社工一起做。通常这些服务对象表示写下负向的东西会更容易许多。写下负向的清单，能用来进一步解释他们的认知及挑战他们。有些服务对象真的很难发现自己正向的部分，或者他们真的不符合那些正向的特质：

- 唉，我努力工作，但他让我急躁。
- 我做家务很在行，但我经常对孩子大吼大叫。
- 我真的是一个倒霉的人。
- 我对自己的长相、身材不满意。

虽然许多服务对象不会为低自尊和负面的自我形象所困扰，他们仅是在参与一项社工能够提供的服务；但也有一部分服务对象苦于和负面的自我形象对抗。跟他们一起工作来挑战负面自我形象，引导服务对象发现自己身上存在的优势，建立一个客观的自我评价，是社会工作的重要技巧。

着重在产生他们的复原力与坚持社会工作价值中尊重每一个人的价值，具有独特性（Clark，2000）①。

询问与提示是社工提醒服务对象觉察到他们优势的有用技巧。当我们用这些技巧成功地说服服务对象来完成他们优势与弱势的分析，但强调他们的优势，会使他们感到有成就感：在某种程度上协助他们去思考正向的事物，能帮助他们相信自己。

重要的是，社工应该了解：服务对象要改变自我形象是很困难的。许多服务对象找到社工的主要原因可能是负面的自我形象所引起的。社工需要觉察到这点，并挑战他们如何去认知自己的正向态度与行为。例如无家可归的年轻人，他们可能使用禁药、历经父母长期的虐待或拒绝、几乎没有入学稳定性和教育成就，并可能犯罪。社工和服务对象建立专业关系，签订知情同意书、制订改变计划、提供租房政策、就业信息、社会沟通及药物管理，便能够帮助这些年轻人。把这些写下来，就增强了服务对象改变的可能。

① Clark, M. K. and Royden, L. H.（2000）. Topographic Ooze: Building the Eastern Margin of Tibet by Lower Crustal Flow［J］. Geology, 28, 703-706.

第三节　处理过去的常用工具

本书一开始就讲到沟通技巧的重要性，无论在社会工作还是其他助人行业的任何一个领域里都非常重要，而且社工需要不断努力改善技巧的使用。有些社会工作的有效沟通，着重在运用行为与认知理论来处理目前的行为与特性，但有效沟通也包括我们对过去的认知与了解，以及过去如何影响我们。

在帮助服务对象处理过去方面，书写经验对于回避面对面的沟通更加有帮助。当顿悟来整合时，写下的东西就可以丢掉，因为它们已经发挥了它们的作用。

有些纸上工作可能是有用的，这不仅是在评估上，也能帮助服务对象了解与过去的关系，以及或许能驱散过去的一些阴影。

一、生命线

生命线是一条画在纸上的线，代表某人的一生或部分生命。

Priestley 与 McGuire（1983）建议以“线”来代表我们的生命。因此，人们从儿童期开始，就需要开始思考对我们是转折点的事件、人物或地点等，并将这些画在“线”上。社工需要引导服务对象画下不同时段的重要事件，并思考这些事件如何引导他们到目前的状况。下面这条线是某一服务对象的生命线，如图 9-1 所示：

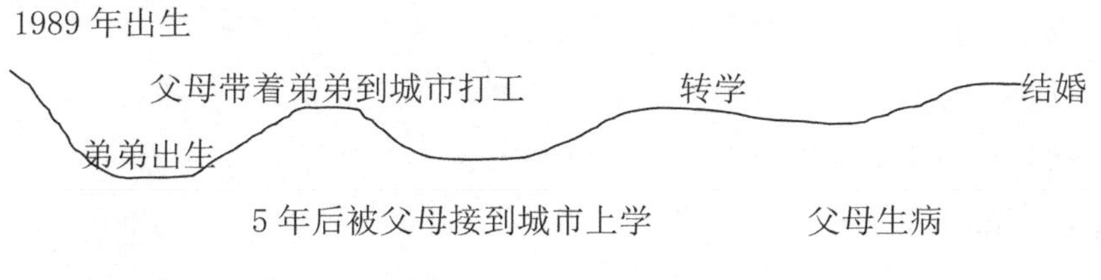

图 9-1　生命线示例图

如上图，生命线对于成年人而言，以这样的方式画出生命的历史，可能比口头讨论更能清楚呈现先前未察觉到的过往事件或行为模式的影响。

例如：在示例中的服务对象，与父母相处时间很少，前后出现留守、转学等，能清楚地了解到服务对象与父母的关系，除了照顾父母责任以外，其他方面的感情较为疏离。

对儿童来说，尤其是对于内向的孩子或者与自闭症儿童沟通时，画图（画线）是一种有效的方式去了解这些孩子的历史，以及了解关于他们照顾关系中的毁坏与中断。他们能够提供一个简单图片代替生命故事书的运用。尽管其中有复杂历史的儿童，生命故事书可能是必须且较合适的方式，因为儿童所需要的有形历史（照片、纪念品、记忆等）通常是由父母来保存。

二、家谱图

家谱图和家庭树一样，也能满足相似于生命线的功能，来协助家庭成员在他们的历史里了解过去的事件，以及发现以前未认知到的事件和行为模式。儿童的服务对象也可以制作家谱图，这能帮助他们跟父母沟通关于他们不知道和困扰的家庭关系层面。家谱图通常是由家庭中的子女开始，从纸的下端开始往上，在画家谱图的时候，要邀请家庭成员参与讨论，同时写下显著的议题。

有时候，家庭树和家谱图会变得相当复杂。完成家谱图本身并未结束，但它能协助家庭与过去有更好的沟通，同时了解它的重要性。例如：

一名医务社工接到一名个案婷婷。婷婷今年 28 岁，和丈夫结婚已经 4 年时间，两人有一个 5 岁的儿子，非常可爱。但是她的儿子免疫力低下，经常生病住院，夫妻两人经常请假轮流照顾孩子。让婷婷非常焦虑的事情是，她非常担心儿子的身体以及未来的身体状况。因为她的爷爷死于心脏病，她的爸爸也有心脏方面的问题。虽然她儿子的病症与心脏病都没有关系，她与她的爷爷素未谋面，但是她仍然深感焦虑，她担心同样的事情会发生在自己和孩子身上。

家谱图会将复杂的家庭历史以画图的方式写下来，能够协助家庭连接与了解持续影响他们行为的显著模式。例如：缺席的父亲，独断的母亲，所有个人的点点滴滴也都能为家庭成员所知晓。家谱图记录家庭的分离与重塑，也能协助儿童及他们的照顾者与专业人员了解过去如何在影响现在

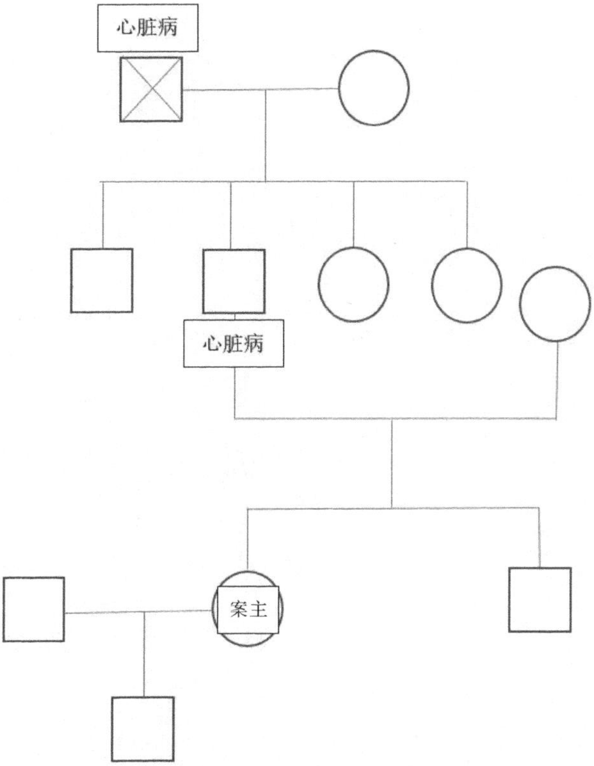

图 9-2　服务对象家谱图

的方面扮演主要角色。

家谱图呈现个人与家庭生命循环的改变。社工去了解自己家庭的历史，包括情绪元素，对于社工也是必要的。因为只有这样社工才能够了解他们所协助的家庭，而不是从他们自己的家庭推论而来。图 9-3 是一个社工的家谱图：

以书写技术来探索家庭历史对社工个人与专业生涯的影响。当社工画出她的家谱图，她更加清晰自己的状态以及家庭、家庭关系对自己带来的影响。例如从历史上来看，该社工家庭婚姻关系比较脆弱，父母婚姻关系对自己造成影响，最近自己也遭遇分居或是指责。这些经验可能影响社工在开展服务时对服务对象的专业回应。

经过这样的探索，社工可能会遭遇矛盾，即复原和忧虑的相互竞争。作为一名专业的社工，觉察自己个人的历史非常重要，因为社工的状态会

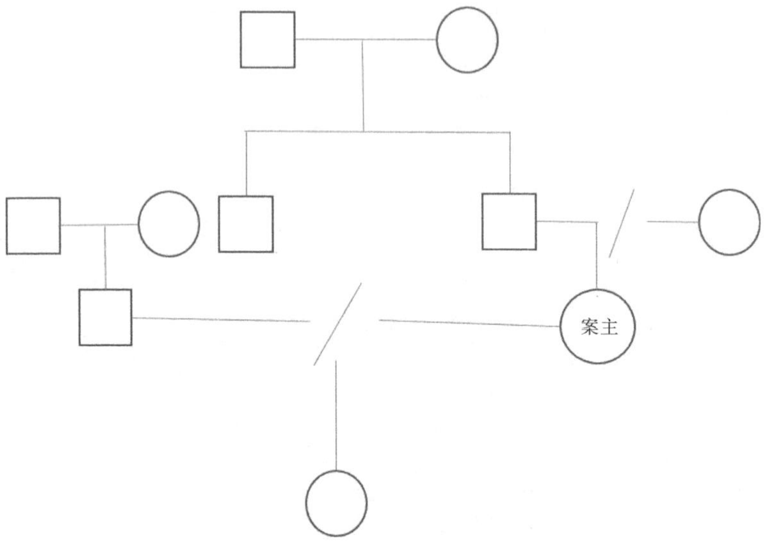

图 9-3　某社工的家谱图

影响他们对专业回应。此外，我们还应该注意的是，对服务对象而言，家谱图也可能提供议题，包括正向与负向的依附、闲聊与可能的问题。Coulshed 与 Orme（2006）参照 Hill（2002）运用社会工作里的网络连接："这就是人们常转向求助的亲戚、朋友与邻居的关系网络"①。可见，通过家谱图社工可以找出其中的优势与问题。

家谱图的概念还延伸到了其他图形上，例如生态图：将主要人物放在中心，呈现服务对象如何与其他主要人物连接，再画上圈圈，来呈现家庭成员如何看待跟主要人物间的距离与亲密程度，这样的文字沟通与非语言技术——家庭塑雕非常相似。

社工在运用家谱图时，不但要了解家庭阶级、种族、宗教、年龄和性别有不同的重要性，还需认知生命循环、家庭模式与网络的重要性。在社会工作服务中，家谱图是探索这些对于目前行为问题影响与重要性的方法之一，因此不会无意识地重复过去无效的协助。

① Coulshed, V. and Orme, J. 2006. Social Work Practice, 4th edn [M]. Hampshire: Palgrave Macmillan.

三、生命故事书

生命故事书是一个指认出有关过去事件的强烈感受，解决问题及修正错误认知的机会的常用技巧，即生命故事书是探索、了解人们的个人、家庭、社会及结构性历史的一种方法。

生命故事书不仅可以运用于成年人，也常常运用在儿童身上。通常，生命故事书的作用表现在以下几个方面：

1. 依据时间顺序架构组织过去的世界。
2. 帮助自我发展。
3. 提高自尊。
4. 重新以服务对象的步调阅读。
5. 以有顺序的方式选择他人分享服务对象的过去。
6. 与帮助他编辑这本书的社工建立信任关系。
7. 提升服务对象接受自己的生命，协助服务对象接受自己的过去。
8. 增进与他人的连接。

这些目标似乎同样可以适用于其他探索过去的模式。写下历史，以能够更明确地指认出议题。在实践中，出现在儿童与成人的共同问题包括：拒绝、剥夺、失落、虐待、污蔑。倾听与记录这些历史可能会极度痛苦，而社工必须是值得信赖、敏感与同理的。社工必须了解自己的个人历史可能会影响自己在服务使用者身上的解释，也必须花时间来探索服务对象对这些共同议题的思考与感受。某些服务对象的主要问题是如何处理过去带来的感受，例如，如果施暴的父亲已经死亡，所以他无法接受挑战，也无法接受责任。有些服务对象会指认并说出这些感受，了解它们的来源及被一位可信任的社工接纳，这样可能就足够了。写下这些感受是有用的。

一方面，写下历史比口头诉说更能清楚地指出差距。因为有些细节会在诉说过程中遗漏，遗漏的部分或许能从其他家庭成员处获得，也许根本就被遗忘了。这些失落的历史，几乎必须都先经历过伤痛才能被接受。

另一方面，写下历史也能够指出认知错误。例如，有位孩子可能认为他是被抛弃的，但历史显示母亲是因为生病住院，才将他安置在寄养家庭。这个孩子可能会问，为什么没有其他家庭成员能够照顾他，而且这个部分为什么一直没有被解释：他母亲所关心的是，让他有很好的照顾，并非是拒绝他。这个孩子现在可能已是85岁的男人或女人，但这个早期被拒绝所产生的影响，使得老人在选择未来照顾方式上发生困难。通过生命故事书能够让他看到不同时间、不同人物发生的适应以及影响，进而这项错误认知能被有效地澄清。

因此，成人建构自己的书写历史，能够帮助他们经历伴随原始事件而带来的感受，提高他对儿童期的感受的察觉。很多时候成人需要对痛苦的儿童经验感到伤痛，例如亲子亲密感不足或拒绝所带来的失落。书写历史能够开始这个过程：成人因为失落及被不当地对待而经历愤怒与伤痛，能够帮助他们化解一些儿童期的痛苦，同时能够接受他们的过去，并在成年生活中较自由地放下这些痛苦。

第四节　处理感受的常用工具

列清单、写日记、写信，都是能够帮助治疗性探索与表达感受的书写技术。

一、列清单

检查表在第一节已经讨论过，在这一节将讨论如何要求服务对象列出他的清单，以作为治疗性的基础。

社工在对一个受到家暴的家庭妇女进行服务，在服务中邀请服务对象写出下列的事件，这样会有所帮助：

第一，写下她到目前为止仍然受到施暴影响的所有层面。

第二，写下当她还是孩子的时候的应对方法。

第三，写下她开始求助后，对受虐感受的转变。这个清单需要包括她的成就与成功，以及任何困难。

第四，列出她到今天做过的所有做对的事情。

第五，写下她做过哪些事，会让自己感觉好一些。

通常，写下清单人与服务对象有关。受虐妇女或因其他原因而具有低自尊的服务对象在列清单的时候较难体会和认知他们的优势。这是社工在服务过程中会普遍面临的一个现象，在许多更广泛的服务领域中发现，邀请服务对象写下问题或劣势清单，远比写下优势清单来得更加容易，对他们而言，坚持写下优势和成就，可能是挑战他们自我形象的开始。

有些服务对象很难发现愤怒，列清单是一项不错的选择。例如，针对一位情绪管理有困难的服务对象，邀请他写下“让我生气的事件的清单”，比要他说出来更能安全地表达。对于很多服务对象而言，承认生气可能被视为禁忌。相似地，对于焦虑、抑郁的服务对象，列出“让我伤心和焦虑的事件”，列清单可能是指认与管理这些痛苦情绪的起点。

二、日记

日记、旅行日志已经被认为与提供问题行为基准线及监控认知行为改变有关。Hall 与 Lloyd（1989）提出日记有以下功能①：

1. 增进自我表达与充权。
2. 确认改变与发展。
3. 指认曾经处理但仍继续发生的问题。

因此，日记能够提供一般性协助过程的有用记录，包括：

1. 期待一次面谈和会面。
2. 面谈中好和不好的经验。
3. 新的记忆。
4. 在面谈中所进行的与过去的连接。
5. 对过去和现在关系的反思。

这样的思考与感受的记录，就像生命线与家谱图，能从过去和目前的治疗性工作中确认与形成具体及真实的问题。日记在社会工作范围内，是有价值的自我表达方法。例如，在社区矫正领域里，社区矫正对象被要求记录活动日记及思想动态。服务对象则可能运用日记来记录每天的生活情况、接受服务的情况及改变。

三、绘画

绘画可以用在表达和试图处理复杂与困难的感受时使用。绘画在儿童服务的过程当中使用会非常普遍。例如有个孩子的父母感情十分疏远，他

---

① Hall, L, & Lloyd, S.（1989）. Surviving Child Sexual Abuse［M］. New York: Falmer Press.

画了两个人，各自站在悬崖边，两人离得很远，但都伸手朝向对方；另一个孩子的妹妹去世了，而他画了一张车祸与救护车的图，他讨论这张图的时候，提到医院及他妹妹去世的场面。社工在听这个孩子讲述的时候，感受到当时情景的恐怖，但是这个孩子在描述和绘画过程中看起来放松了许多。社工确认他的感受，他点点头并停止画图。在这段时间里，所叙述的已经足够。

社工可以运用绘画与儿童探索、讨论感受与关系。下面列举几种常见的绘画主题：

第一，快乐脸和悲伤脸：我们可以画每位家庭成员的脸，并问孩子那应该是快乐的脸还是悲伤的脸；接着，我们可以探索为何在孩子眼里，那个人是快乐或悲伤的，什么能使悲伤的人快乐。在不同的服务情境里，社工都可以在儿童服务过程中使用“快乐脸和悲伤脸”。例如：他或她会在哪里快乐/哪里悲伤？

第二，自己的家：我们能要求孩子画出自己的家，以及有谁住在那里。这是一种从孩子眼里探索家庭关系与问题的方法。在孩子画出来以后，我们可以问：谁跟谁比较亲近？谁会跟谁打架？母亲、父亲或同居人是否在场？是否还有延伸的家庭成员包括在内？

当怀疑发生虐待时，这也是探索儿童世界很好的方法。社工可以询问每一个房间里发生了什么：孩子在任务中是容易相处且开放的吗？是否有任何房间似乎会造成紧张、焦虑？是在这个房间吗？这是可怕的吗？

运用绘画能协助儿童表达被禁止或令人害怕的焦虑、感受或经验，而不会有像在审问的感觉。在这里需要强调的是，跟孩子一起进行绘画的成人必须是孩子可以信任的，否则会影响儿童表达。

绘画也可以运用在成年人的辅导过程中，但是在成人的使用过程中，需要进行很清晰的说明，例如主题、目的、规则等，否则容易受到服务对象的拒绝或敷衍。

本章聚焦在脆弱的服务对象、成人与儿童，然而其中所有描述的技术也能在对非自愿服务对象身上进行有效干预时占有重要的地位。例如，生命线和家谱图，可以协助严重犯罪者了解他的过去影响了他现在的态度和行为，以及鼓励他形成需要改变的认知。又例如，信件书写能提高性侵犯者对被害人的同理心。

【互动练习】

1. 你会记录反思的日记吗？如果没有，你是如何来进行你的专业发展的？

2. 你对于某些技术可能会运用到儿童保护与犯罪矫正有何看法？

3. 分享一项你曾经用过的在本章提到的任一技巧经历，你觉得它有用吗？服务对象觉得有用吗？

本章思考题

1. 试述书面沟通的作用及工具。

2. 试述采取决策的工具。

3. 试述处理过去的工具。

4. 试述处理感受的工具。

参考文献

杨暖榆．个案工作中“家庭关系图”怎么画？丨 社工课［J/OL］．https：//mp.weixin. qq. com/s/rX1lnr0E5lt6EizMdXONUA，2020-09-09.

黄晶晶．社区矫正风险防控研究［D］．福建师范大学，2015.

黄敬．审前社会调查评估存在的问题与建议［Z］．安阳市：汤阴县法院，2013.

Buckley P. J.，L. J. Clegg，and A. R. Cross，et al.（2007）．The Determinants of Chinese Outward Foreign Direct Investment［J］．Journal of International Business Studies，38（4），pp. 499-518.

Shaw，I，& Lishman，J.（Eds.）．（1999）．Evaluation and Social Work Practice［M］．London：SAGE，pp. 1-8.

Trevithick，P.（2005）．Social Work Skills［M］．Open University Press，Berkshire.

Clark，M. K. and Royden，L. H.（2000）．Topographic Ooze：Building the Eastern Margin of Tibet by Lower Crustal Flow［J］．Geology，28，703-706.

Coulshed，V. and Orme，J. 2006. Social Work Practice，4th edn［M］．Hampshire：Palgrave Macmillan.

Hall，L，& Lloyd，S.（1989）．Surviving Child Sexual Abuse［M］．New York：Falmer Press.